交通运输执法实务系列丛书

FALÜ JICHU
法律基础

汪建江　主编

人民交通出版社股份有限公司
China Communications Press Co.,Ltd.

内　容　提　要

浙江省交通运输厅在总结历年执法实务的基础上，组织精兵强将编纂了“交通运输执法实务系列丛书”，共六个分册。本分册为《法律基础》，在介绍法学基本理论、当代中国社会主义法律制定和实施的基础上，全面讨论了法律基础知识、宪法法律制度、民事法律制度、刑事法律制度、经济法律制度、行政法律制度、诉讼法律制度等基本规范和知识。

本系列丛书既可作为广大交通运输执法人员的培训教材，也可供其他法制工作者、法律爱好者阅读使用。

图书在版编目(CIP)数据

法律基础／汪建江主编. —北京：人民交通出版社股份有限公司，2018.6
(交通运输执法实务系列丛书)
ISBN 978-7-114-14652-7

Ⅰ.①法…　Ⅱ.①汪…　Ⅲ.①交通运输管理-行政执法-基本知识-中国　Ⅳ.①D922.14

中国版本图书馆 CIP 数据核字(2018)第 078297 号

交通运输执法实务系列丛书
书　　名：**法律基础**
著 作 者：汪建江
责任编辑：郭红蕊　张征宇
责任校对：孙国靖
责任印制：张　凯
出版发行：人民交通出版社股份有限公司
地　　址：(100011)北京市朝阳区安定门外外馆斜街 3 号
网　　址：http://www.ccpress.com.cn
销售电话：(010)59757973
总 经 销：人民交通出版社股份有限公司发行部
经　　销：各地新华书店
印　　刷：北京鑫正大印刷有限公司
开　　本：787×1092　1/16
印　　张：15
字　　数：297 千
版　　次：2018 年 6 月　第 1 版
印　　次：2018 年 6 月　第 1 次印刷
书　　号：ISBN 978-7-114-14652-7
定　　价：35.00 元

本书编委会

主　编:汪建江

委　员:张建光　于建国　韩　霞　王广飞　陈姝娴　陈　松　李春燕

PREFACE 前言

近年来，在浙江省委省政府和交通运输部领导下，浙江交通以习近平新时代中国特色社会主义思想为指引，深入践行“八八战略”，全面落实法治浙江总体部署，交通法规体系更趋完善，执法规范化水平有效提升，法治队伍不断优化，为推进现代交通发展提供坚实保障。

面向新时代，为服务交通强国和“两个高水平”建设目标，纵深推进交通法治政府部门建设，努力打造“政治过硬、本领高强”的交通执法队伍。浙江省交通运输厅以开展“大学习大调研大抓落实”活动为契机，围绕“‘八八战略’再深化、改革开放再出发”要求，在系统总结历年执法实践的基础上，组织编纂了“交通运输执法实务系列丛书”，包括《法律基础》《执法基础》《公路执法实务》《水路执法实务》《道路运输执法实务》《工程监管执法实务》六个分册。

“交通运输执法实务系列丛书”立足浙江、面向全国，体现交通行业特色，采取以案释法的形式贯穿整个系列的编纂，侧重以发生在浙江省的交通执法案例来总结工作经验、普及法制教育。本系列丛书既可作为交通运输执法人员培训教材，也可供其他法制工作者、法律爱好者阅读使用。

丛书编写组

2018 年 6 月 29 日

CONTENTS 目录

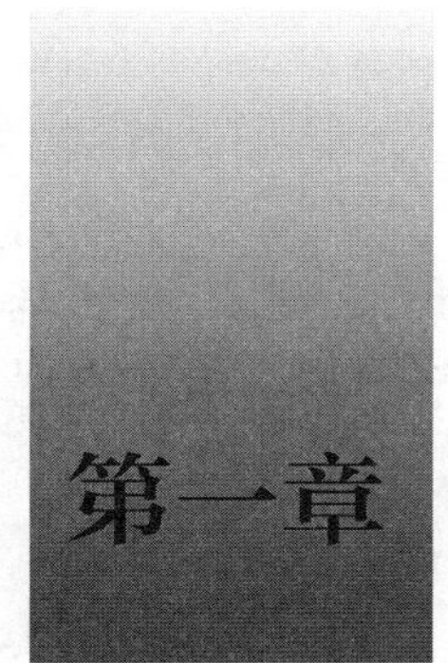

第一章　法律基础知识

学习目的

法律与我们的日常生活密切相关。目前,依法治国已经成为我国的基本治国方略,它既是发展社会主义市场经济的客观需要,是国家民主法治进步的重要标志,也是建设中国特色社会主义文化的重要条件,是国家长治久安的重要保障。作为新时代的行政执法人员,既需要掌握科学文化知识和业务知识,也需要培养法律意识与法律思维,做知法、用法、守法、护法的楷模。因此,需要加强对法律基础知识的学习。

重点提示

法律的概念和特征;法律的形式;我国的法律体系。

第一节　法的基本概念

一、法和法律

(一)法的发展

通常理解,法就是一种社会规范,是规范人们行为和调整人与人之间关系的社会规范。法的产生和发现经历了从习惯到习惯法、再到成文法的漫长过程。在原始社会,调整人们社会关系和行为的主要是习惯。后来,国家产生了,统治阶级为了巩固自己的统治,将有利于自己的习惯确认为法律,这就是习惯法。但是,“习惯”毕竟有限。随着社会的发展,统治阶级需要更多的法律来规范人们的行为,因此就按照自己的意志制定一些社会规范,即形成了成文法。

与社会的发展历程相关,法的发展也经历了“原始社会法——奴隶制社会法——封建社会法——现代社会法”的过程。现在,随着越来越多的国家认识到法的重要性,法进入到国家管理的各个领域,这体现了人类社会的进步和发展。

(二)法的概念

法是法学领域使用范围最广、使用频率最高的概念,是法学研究的起始性和基础性的概念,但也是法学领域中语义较为模糊的一个概念。目前各种法学学说都尽可能地对法作出清晰和准确的解释,比如从立法者的角度说,法是某种意志或者命令;从司法者的角度说,法是法官的判决;从法的作用来说,则更为强调法的工具性。对于法的定义尽管各有不同,但是按照目前的通说,通常认为法是由国家制定或认可,并由国家强制力保证实施的,反映着统治阶级意志的规范体系。这一意志的内容由统治阶级的物质生活条件所决定,它通过规定人们在社会关系中的权利和义务,确认、保护和发展有利于统治阶级的社会关系和社会秩序。

(三)法与法律

我国古代把“法”称为“律”;近代则多将“法”与“律”连用,称为“法律”。目前,提及“法律”,一般有广义和狭义之分:

1.广义的法律

广义的法律指的是法的整体,即国家制定或认可的各种行为规范的总和。此时,法律和法同义。例如,就我国现在的法律而言,它包括作为根本法的宪法,全国人民代表大会及其常务委员会制定的法律,国务院制定的行政法规,地方国家权力机关制定的地方性法规,国务院各部委和省级人民政府、设区的市人民政府制定的规章等。

2.狭义的法律

狭义的法律特指全国人民代表大会及其常务委员会依照立法权限和程序制定和颁布的规范性文件,如《中华人民共和国合同法》(以下简称《合同法》)《中华人民共和国刑法》(以下简称《刑法》)《中华人民共和国行政复议法》(以下简称《行政复议法》)等。此时,法律只是法的外在表现形式之一。

目前,学界为了有效地加以区别,通常把广义的“法律”称为“法”,但是在很多场合下,仍旧按照约定俗称的原则,统称为法律,即“法律”有时作广义解,有时作狭义解。

二、法的本质与特征

(一)法的本质

任何事物都有本质和现象两个方面,本质是事物的内部联系,现象是事物的外部联系。这两个方面是相互统一、密不可分的整体,本质总要通过一定的现象表现出来,而现象总是本质的显现。如果把这一辩证法用于法学研究,那么可以说“法的本质”与“法的现象”是一对范畴。尽管目前各学说对于法的本质的表述观点不同,但根据现有表述来看,法的本质主要表现在以下两个方面:

第一,法是统治阶级意志的体现。法不是超阶级的产物,它是统治阶级意志的体现,是由统治阶级的物质生活条件决定的,是社会客观需要的反映。同时,法体现的是统治阶级的"整体"意志和"根本"利益,并不是某个人或某个群体的意志。

第二,法的内容是由统治阶级的物质生活条件决定的。统治阶级意志的内容由社会物质条件决定,这是从最终决定意义上说的。相对统治阶级的意志是较浅层次上的"初级本质"而言,社会物质生活条件则是法的更深层次的本质。法的阶级性和社会物质生活条件的制约性是相互统一的。

(二)法的特征

认识法的特征,一定要将其与相近的社会现象(如道德规范、政策、司法判决等)进行比较,因为法不同于其他社会规范,其具有自己独有的特征。

总结以往法学研究的成果,一般认为,法具有以下特征:

1.国家意志性

法是经过国家制定或认可才得以形成的规范,制定和认可是国家创制法的两种方式,是统治阶级把自己意志变为国家意志的两条途径。法是由国家发布的规范性文件,是按照法定的职权和方式制定和发布的,有确定的表现形式。

2.强制性

法凭借国家强制力的保证而获得普遍遵行的效力。相比道德、纪律等,法是最具有强制力的行为规范。法的国家强制性,既表现为国家对违法行为的否定和制裁,也表现为国家对合法行为的肯定和保护;既表现为国家机关依法行使权力,也表现为公民可以依法请求国家保护其合法权利。是否具有国家强制性,也是衡量一项规则是否是法的决定性标准。正如德国法学家耶林所说,没有国家强制力的法律规则是"一把不燃烧的火,一缕不发亮的光"。

3.利导性(即利益导向性)

法是确定人们在社会关系中的权利和义务的行为规范,通过权利和义务来分配利益,影响人们的动机和行为,进而影响社会关系,实现统治阶级的意志和要求。

4.规范性

法是明确而普遍适用的行为规范,通过规定人们的权利和义务,以权利和义务为机制,影响人们的行为动机,指引人们的行为,调整社会关系,因此具有明确的内容和普遍适用性。

第二节 法的形式和分类

一、法的形式

(一)法的形式的概念

法的形式,主要指法的具体表现形态,即法的外部表现形式。它所指称的,主要是法由何种国家机关制定或者认可,具有何种表现形式或效力等级。法的形式是个已然性的概念,表明法产生和存在的方式,是以某种形式存在的已然的法。任何法都有一定的表现形态,如以成文法形式表现或以判例法形式表现,以法律形式表现或以行政法规形式表现。

一国的不同法的形式构成该国现实的政治体制,尤其是法律体制。立法者或执政者的重要职责之一,便在于使其所制定或认可的法,获得适当和科学的形式,法的应用者则应明了不同法的形式与自己经办事项的关系。

(二)法的形式的分类

按照创制法的国家机关和创制方式的不同,法主要有如下表现形式:

1.宪法

宪法既是法的形式概念,也是法的体系概念。作为法的形式,宪法是由国家最高权力机关——全国人民代表大会(以下简称"全国人大")通过,是国家的根本大法,规定国家的基本制度和根本任务,具有最高的法律效力。只有全国人大才能行使修改宪法的权力,宪法应由全国人大以全体代表的三分之二以上的多数通过,宪法的修改应由全国人大常委会或五分之一以上全国人大代表提议。

现行宪法于 1982 年 12 月 4 日第五届全国人民代表大会第 5 次会议通过,1988 年、1993 年、1999 年、2004 年、2018 年对现行宪法作了修改和补充。宪法规定和调整的内容比其他法更为重要、更为系统,它综合性地规定和调整诸如国家性质、社会经济和政治制度、国家政权的总任务、公民基本权利和义务,国家机构这些带有根本性、全局性的关系或者事项。宪法是其他法的立法依据或者基础,其他法的内容或精神应当符合或者不得违背宪法的基本规定和精神,否则即归于无效。

2.法律

这里的"法律"是指作为当代中国法的形式的法律,不是各种法的总称。由全国人大及其常务委员会制定,规定和调整某一方面具有根本性的社会关系或基本问题,其法律效力和地位仅次于宪法,是制定其他规范性文件的依据。

法律分为基本法律和基本法律以外的法律。基本法律由全国人大制定和修改,在全国人大闭会期间,全国人大常委会也有权对其进行部分补充和修改,但不得同其基本原则相抵触。基本法律规定国家、社会和公民生活中具有重大意义的基本问题,如《刑法》《民法总则》等。基本法律以外的法律由全国人大常委会制定和修改,规定由基本法律调整以外的国家、社会和公民生活中某一方面的基本问题,其调整面相对较窄,内容较具体,如商标法、文物保护法等。

全国人大及其常委会还有权就有关问题作出规范性决议或决定,它们与法律具有同等地位和效力。

3.行政法规

行政法规是由最高国家行政机关国务院依法制定和修改的,有关行政管理和管理行政事项的规范性法律文件的总称。

行政法规的基本特征主要在于：

(1)它在法的形式体系中处于低于宪法、法律而高于地方性法规的地位。

(2)它在法的形式体系中具有纽带作用，其目的是保证宪法和法律实施，有了行政法规，宪法和法律的原则和精神便能具体化，便能更有效地实现。

(3)它调整的社会关系和规定的事项，远比法律调整的社会关系和规定的事项广泛、具体。只要不带根本性或者一定要由宪法、法律所调整的，行政法规均可以调整。

4.地方性法规

地方性法规是由特定地方国家权力机关依法制定和修改，效力不超出本行政区域范围，作为地方司法依据之一，在法的形式体系中具有基础作用的规范性法律文件的总称。地方性法规是低于宪法、法律、行政法规但又具有不可或缺作用的基础性法的形式。在现阶段，省、自治区、直辖市的人大及其常委会以及设区的市的人大及其常委会根据本地的具体情况和实际需要，在不同宪法、法律、行政法规相抵触的前提下，可以制定地方性法规。全国人大常委会有权撤销同宪法、法律、行政法规相抵触的地方性法规。

5.自治法规

民族自治地方(自治区、自治州、自治县)的人民代表大会有权依照当地民族的政治、经济和文化特点，制定自治条例和单行条例。自治区的自治条例和单行条例，报全国人大常委会批准后生效；自治州、自治县的自治条例和单行条例，报省或自治区人大常委会批准后生效，并报全国人大常委会备案。自治条例和单行条例可作为民族自治地方的司法依据。

6.特别行政区法

特别行政区法由“全国人民代表大会制定的特别行政区基本法”和“特别行政区有效的规范性法律文件”构成。目前，我国特别行政区法主要是指包括《中华人民共和国香港特别行政区基本法》《中华人民共和国澳门特别行政区基本法》在内的法律规范的总称。

7.行政规章

行政规章是有关行政机关制定的关于行政管理的规范性法律文件的总称，分为部门规章和地方政府规章。部门规章是国务院所属部委根据法律和国务院行政法规、决定、命令，在本部门的权限内，所发布的各种行政性的规范性法律文件，也称为部委规章。国务院所属的具有行政职能的直属机构发布的具有行政管理性质的规范性法律文件，也属于部门规章。部门规章的地位仅次于宪法、法律和行政法规。地方政府规章是省、自治区、直辖市人民政府以及设区的市人民政府根据法律、行政法规和地方性法规，制定的规范性法律文件。地方政府规章除了不得与宪法、法律、行政法规相抵触外,还不得与上级和本级人大及其常委会制定的地方性法规相抵触。

8.国际条约

国际条约,指两个或两个以上国家或国际组织之间缔结的,确定其相互关系中权利和义务的各种协议。形式上,国际条约不仅包括以条约为名称的协议,也包括国际法主体间形成的宪章、公约、盟约、专约、协定、公报和联合宣言等。国际条约属于国际法的范畴,但是对于缔结或者加入条约的国家及其国家机关、公职人员、社会组织和公民均有法的约束力。正是在这个意义上,国际条约也是法的形式,与国内法具有同等约束力。

9.其他法的形式

除了上述法的形式外,在我国还有几种成文的法的形式需要引起高度重视,一是中央军事委员会制定的军事法规和军内有关方面制定的军事规章;二是一国两制条件下特别行政区的规范性法律文件;三是有关机关授权别的机关制定的规范性法律文件。经济特区的规范性法律文件,如果是根据宪法、立法法和地方组织法规定的权限制定的,属于地方性法规;如果是根据立法机关授权制定的,则属于根据授权制定的规范性法律文件的范畴。

二、法的分类

(一)法的分类界说

法的分类,主要是以一定的标准,将法与法之间的界限廓清。如果说法的要素问题所针对的是法的内部结构或逻辑关系问题,那么法的分类问题所指的就是法与法之间的一种界限或逻辑关系问题。

法的分类标准相当宽泛,但并不是漫无边际的,而是有着内在的结构和规则。目前,我国法理学大体是从形式或者技术的角度对法进行分类,主要涉及两个问题:一是法的一般分类;二是法的特殊分类。但无论是哪种分类,其主要目的在于将有关类别的法相互之间的界限廓清。鉴于法的分类的多样性,了解不同类别的法的特性,不仅有助于从不同侧面了解法的各有关方面,而且对于从整体上、大局上把握法的范围也具有积极意义。

(二)法的一般分类

1.成文法和不成文法

根据法的创制方式和发布形式,法可以分为成文法和不成文法。前者指依照法定程序制定、具有条文形式的规范性文件;后者指国家机关认可的、不具有条文形式的行为规范。

理解不成文法的表现形式时应当注意,这里所谓的不成文法只是具有相对意义,即相对于规范化成文形式而言。不成文法不仅包括习惯法,也包括判例法、不成文宪法等。

2.根本法和普通法

根据法的内容、效力和制定程序,法可以分为根本法和普通法。这种分类主要适用于成文法国家。

根本法,指在一国法的形式体系中居于最高地位的规范性法律文件。在单一制国家中,根本法通常就是宪法。而在中央和地方都有立法权的联邦制国家中,根本法则是宪法的一种,即联邦宪法。无论何种国家,作为宪法典的宪法,都是国家的总章程,是国家最高立法机关经由特殊严格程序制定和修改的,综合地规定国家、社会和公民生活的根本问题的,具有最高法的效力的一种法的形式。

普通法,是宪法以外的所有法律文件的总称。普通法中所包括的法的分类是繁多的,它们各自的地位、效力、内容和程序都各有差别,但是无论何种普通法,一般来说,其地位和效力都低于宪法,其内容涉及的是某类社会关系,其程序也没有根本法那样严格和复杂。需要说明的是,这里作为与根本法对称的普通法,不同于与衡平法对称的普通法。

3.实体法和程序法

根据法的适用范围,法可以分为实体法和程序法。

实体法,指从实体内容上规定法律关系主体的权利和义务的法,一般是以规定法律关系主体的权利、义务关系或职权、职责关系为主要内容,如民法、刑法等。程序法,通常指为了保证实体权利和义务的实现而制定的有关于程序方面的法律,如刑事诉讼法、民事诉讼法等。

实体法和程序法这一分类是基于它们的主要内容而成立的,并不意味着两者互不涉及对方的内容。事实上,实体法中也有某些程序方面的内容,程序法中更是有权利和义务或职权和职责的内容。如果简单地认为实体法是规定权利义务的法,程序法是规定实现权利和义务程序的法,就误解了实体法与程序法这种分类。

4. 一般法和特别法

根据法的空间效力、时间效力或对人的效力,法可以分为一般法和特别法。

一般法通常在一国内对全体居民和所有的社会组织普遍适用,如刑法、民法、婚姻法等。特别法是指只在一国的特定地域内(或主体或时间内)有效,如战争时期的法。

一般法与特别法的分类,其相对性比其他分类更为明显。有些法无论从对人、对事、对时间、对空间哪个角度看,都属于一般法,如刑法、民法等。但更多的法则兼有一般法和特别法的双重特性,从一种意义上看属于一般法,从另一种意义上看则属于特别法,如高等教育法对教育法而言是特别法,但是对具体规定高等教育领域各有关方面或有关具体问题的法律、法规而言,则又是一般法。

5.国际法和国内法

根据法的主体、调整对象和渊源，法可以分为国际法和国内法。

国际法的主体是国家，调整对象是国家之间的关系，渊源是国际公约和公认的国际惯例，以国家单独或集体的强制来保证实施；国内法的主体是该国的公民和社会组织，调整对象是一国内的社会关系，渊源是颁布的规范性文件（法律），以该国的强制力保证实施。

6.公法和私法

根据法律运用的目的，法可以分为公法和私法。

通常而言，公法、私法的划分主要存在于民法法系国家，是民法法系国家划分部门法的基础。普通法法系国家原本没有划分公法、私法的传统，但是后来这些国家的法学著述也开始认同公法、私法的划分。公法和私法的划分源于古罗马，划分的标准主要参照罗马法学家乌尔比安的观点，即法所保护的利益是国家公益还是私人利益。凡是保护国家公益的法则为公法，保护私人利益的法则为私法。这里主要采纳学界的通说观点，即凡是规定国家与个体之间权力与服从关系的法则为公法，主要包括宪法、行政法、刑法、程序法；而规定个体相互之间权利和义务关系的法则为私法，主要包括民法、商法等。

第三节　法律关系

一、法律关系的概念

法律关系是法律规范在调整人们的行为过程中所形成的特殊的社会关系，即被法律规范所调整的权利与义务关系。在历史上，法律关系的概念并不清晰，甚至在罗马法上，法和权利、法律关系之间并没有明确的概念界定。因而，当时并没有“法律关系”这样一个专门的法律术语。直到19世纪，法律关系才作为专门的概念而存在，法律关系也就成为目前法学研究中的重要理论问题之一。

法律关系是一个基本的法律概念。其他的法律概念（如法律规范、法律行为、法律责任和法律制裁等），大多都直接或者间接同此概念相关联。一定意义上可以说，任何法律现象的存在都是为了处理某种法律关系，某一法律规则（规范）的目的是要为法律关系的存在创造形式条件；没有对法律关系的操作就不可能对法律问题作出任何技术性的分析；没有法律事实与法律关系的相互作用就不可能科学地理解任何法律规定。所以，认识和研究法律关系，具有重要的理论意义[1]。

---

[1]张文显：《法理学》（第四版），北京：高等教育出版社，2012年版，第131页。

二、法律关系的构成

法律关系主要包括三个方面的内容:即主体、客体和内容。

(一)法律关系的主体

法律关系的主体是法律关系的参加者,即在法律关系中一定权利的享有者和一定义务的承担者。在现实社会生活中,法律关系的主体是多种多样的。理论上,能够参与一定的法律关系的任何人和机关,都可以成为法律关系的主体。宏观上,法律关系的主体主要包括自然人、法人、非法人组织、国家、外国人和外国社会组织等。

1.自然人

除我国公民外,还包括个体工商户、农村承包经营户等特殊主体。其中,具有中华人民共和国国籍的中国公民,是多种法律关系的参与者。

2.法人

指具有民事权利能力和民事行为能力,依法独立享有民事权利和承担民事义务的组织,包括营利法人、非营利法人和特别法人。

3.非法人组织

指不具有法人资格,但是能够依法以自己的名义从事法律活动的组织。

4.国家

在国内,国家是国家财产所有权唯一和统一的主体;在国外,国家则是国际法关系的主体。例如,国家作为主权者是国际公法关系的主体,可以成为外贸关系中的债权人或者债务人。在国内法上,国家作为法律关系主体的地位比较特殊,既不同于一般公民,也不同于法人。

5.外国人和外国社会组织

根据我国有关法律以及我国与有关国家签订的条约,外国人和外国社会组织(包括无国籍人)都是法律关系的主体。例如,外国人和外国社会组织都是车船税的纳税人。

(二)法律关系的内容

法律关系的内容,指法律关系主体所享有的权利(依法享有的权益)和承担的义务(依法承担义务)。法律权利和法律义务构成法律关系内容的两个重要方面,二者是相互依存、不可分离的有机整体。在法律关系这一统一体中,没有无义务的权利,也没有无权利的义务,各方主体都既享有权利,又承担义务。法律上的权利和义务,都受国家法律保障。

(三)法律关系的客体

法律关系的客体,指权利义务所指向的对象。它是确立权利与义务关系性质和具体内容的依据,也是权利行使和义务履行的客观标准。权利和义务只有通过客体才能得到体现和落实。从一个视角上看,它是法律关系的权利和义务联系的中介,法律关系通过中介而发生,又通过中介而构成。法律关系的发生和存在也离不开中介。从另一个视角上看,它也是法律关系主体的权利、义务所指向、影响、作用的对象。总的来说,由于权利和义务类型的不断丰富,法律关系的客体的范围和种类也有不断扩大和增多的趋势。

归纳起来,主要包括以下四类:

1.物

物是指能满足人们需要,具有一定的稀缺性,并能为人们支配和控制的各种物质资源。它可以是天然物,也可以是生产物;可以是活动物,也可以是不活动物。作为法律关系客体的物与物理意义上的物既有联系,又有不同,它不仅具有物理属性,而且也应当具有法律属性。从内容上看,既包括土地、矿产、机器、设备等,也包括电力、天然气、空气等。在我国,大部分的天然物和加工生产物均可以成为法律关系的客体,但是有四种物不得进入国内商品流通领域,成为私人法律关系的客体:

(1)人类公共之物或者国家专有之物,如海洋、山川、水流、空气;

(2)国家所有的文物;

(3)军事设施、武器(枪支、弹药等);

(4)危害人类之物(如毒品、假药等)。

2.行为

法律意义上的"行为"不是指人的一切行为,而是指法律关系主体为了实现特定目的而从事的、能够引起法律关系发生、变更和消灭的"最普遍"的法律行为。例如,义务人的行为(劳动)凝结于一定的物体,产生一定的物化产品或营造物(房屋、道路、桥梁等)。有时候义务人的行为没有转化为物化实体,而仅表现为一定的行为过程,直至终了,最后产生权利人所期望的效果。例如,权利人在义务人完成一定行为后,得到了某种精神享受或物质享受,增长了知识和能力等。

法律行为是法学研究中的核心内容,其主要包括如下分类:

(1)合法行为与违法行为:这是根据行为是否符合法律规范的要求(即行为的法律性质)所作的分类。

(2)意思表示行为与非表示行为:这是根据行为是否需要通过意思表示所作的分类。

(3)单方行为与多方行为:这是根据主体意思表示的形式所作的分类。

(4)要式行为与非要式行为:这是根据行为是否需要特定形式或实质要件所作的分类。前者指必须具备某种特定形式才能成立的法律行为;后者指无须特定形式即能成立的法律行为。

(5)积极行为与消极行为:这是根据行为的表现形式不同所作的分类。

3.人身(包括人体的整体和部分)

人身是由各个生理器官组成的生理整体(有机体)。它是人的物质形态,也是人的精神利益的体现。活人的整个身体不得视为法律上的"物";权利人对自己的人身不得进行违法或者有伤风化的活动(如滥用人身或自践人身和人格,卖淫、自杀、自残行为等);对人身行使权利时必须依法进行,不得超出法律授权的界限(如父母不得虐待未成年子女的人身)。

4.智力成果

作为法律上确认的特殊的客体,通常指的是因为发明创造所产生的特殊的物,由此产生了著作权、专利权等。

第四节　我国的法律体系

一、法律体系的界定

法律体系,法学中有时候又称之为“法的体系”,或者简称为“法体系”,主要是指一国全部现行法律规范按照不同的法律部门分类组成的系统化的有机联系的整体。

法律体系通常具有以下四个特点:

1.法律体系是一个国家的全部现行法律规范构成的整体

这就是说,法律体系既不是几个国家的法律规范构成的整体,也不是一个地区或几个地区的法律规范构成的整体,而是一个主权国家的全部法律规范构成的整体。法律体系不仅是一个国家的社会、经济、政治和文化等条件和要求的综合性法律表现,而且是一个国家的主权的象征和表现。同时,法律体系是一个国家现行有效的法律规范构成的整体,不包括该国已经失效的法律规范,也不包括该国尚未生效的法律规范。

2.法律体系是一个由法律部门分类组合而形成的呈体系化的有机整体

“体系”一词主要指的是由若干事物构成的一个相互联系的有机整体,它和静态意义上的“系统”概念相似。法律体系作为一个“体系”,它的内部构成要素是法律部门,并且法律部门也不是七零八落地堆积在一起的,而是按照一定的标准进行分类组合,呈现为一个系统化、体系化的相互联系的有机整体。这既是法律体系的客观构成,也是法律体系的一种理性化要求。

3.法律体系的理想化要求是门类齐全、结构严密、内在协调

门类齐全,指在一个法律体系中,在宪法的统摄下,调整不同社会关系的一些最基本的法律部门应当具备,不能有明显缺陷;结构严密,指不但在整个法律体系内部要有一个严密的结构,而且在各个法律部门内部也要形成一个从基本法律到与基本法律相互配套的一系列法规、实施细则等的严密结构;内部协调,指在一个法律体系内,一切法律部门都要服从宪法并与其保持一致,各相关法律部门也要协调一致。

4.法律体系是客观法则和主观属性的有机统一

从终极意义上讲,法律体系是经济关系的反映,它必须适应总的经济状况,因此,法律体系的形成是由客观经济规模和经济关系以及由此决定的社会政治制度和文化传统决定的;但从法律关系的形成过程来讲,它又离不开人的意志和主观能动性等作用,由此而使世界各国的法律体系呈现出不同的模式、形态等。因此,法律体系是客观法则和主观属性的有机统一。

二、我国的法律体系

2011 年 3 月 10 日,吴邦国委员长在十一届全国人大四次会议第二次全体会议上正式宣布:中国特色社会主义法律体系已经形成。我国已经实现了由无法可依到有法可依的转变,开始步入全面的法治化轨道。我国的法律体系大体由在宪法统领下的宪法及宪法相关法,民法、商法,行政法,经济法,社会法,刑法,诉讼与非诉讼程序法七个部分构成。

(1)宪法及宪法相关法法律部门:包括有关国家机构的产生、组织、职权和基本工作制度的法律;有关民族区域自治制度、特别行政区制度、基层群众自治制度的法律;有关维护国家主权、领土完整和国家安全的法律;有关保障公民基本权利的法律。

(2)民法、商法法律部门:包括有关公司、破产、证券、期货、保险、票据、海商等方面的法律。

(3)行政法法律部门:包括有关行政主体、行政行为、行政程序、行政监督以及国家公务员制度等方面的法律。

(4)经济法法律部门:有调整纵向法律关系的法律,也有调整横向法律关系的法律,因而具有相对独立性。

(5)社会法法律部门:调整的是政府与社会之间、社会不同部门之间的社会关系。

(6)刑法法律部门:包括有关犯罪和刑罚的法律,它所调整的社会关系最广泛,强制性最严厉。

(7)诉讼与非诉讼程序法法律部门:诉讼制度分为刑事诉讼、民事诉讼、行政诉讼三种。解决经济纠纷,除通过诉讼外,还可通过仲裁、调解等途径。这些法律规范构成了诉讼与非诉讼程序法法律部分。

第二章 宪法法律制度

学习目的

宪法是国家的根本大法，规定了国家的根本任务和根本制度，以及公民的基本权利和义务，是公民的最高行为准则。目前，“依法治国，建设社会主义法治国家”的基本方略已被正式写入宪法。学习宪法是遵守和维护宪法的前提，既有利于更好地理解我国的国家机构，同时也有利于实践和推动依法治国。作为新时代的公民，应当准确掌握宪法的内容，依法维护宪法的权威。

重点提示

了解宪法的演变发展过程；掌握我国现行宪法的基本内容和历史发展；掌握我国宪法确定的公民的基本权利、义务和国家机构。

第一节 宪法的概念和特征

一、宪法的概念

“宪法”这一概念主要来源于拉丁文 constitutio（英文为 constitution），具有“建立”“组织”“构造”等意思。它承载起国家权力制约和公民权利保障的现代政治法律意蕴经历了一个较长的发展过程。1787 年，美国颁布了世界上第一部成文宪法，“宪法”这一概念才逐渐获得普遍认同和应用。

古代中国与西方在使用“宪法”一词时既有相同之处，也有不同之处，如古代西方的宪法概念往往侧重于组织、结构等方面的意义，而古代中国的宪法词汇则没有此含义。宪法在我国出现并具有现代意义主要是清朝末年的资产阶级改良运动的结果。1908 年，清政府颁布了《钦定宪法大纲》，从而使得宪法真正具有了现代意义上的法律含义。目前，宪法是指规定国家的根本制度和根本任务，集中表现各种政治力量对比关系，保障公民基本权利和义务的根本大法，是民主制度化、法律化的基本形式。

二、宪法的特征

通常认为,宪法具有以下特征:

1.宪法是国家的根本大法

与其他的部门法相比,宪法作为国家的根本大法主要表现在:第一,宪法规定了我国国家生活和社会生活中最根本、最重要的问题,如我国的根本政治制度、政权组织形式、公民的基本权利义务、国旗国歌国徽等内容。第二,宪法具有最高的法律效力,在国家法律体系中处于最高的地位;宪法是一般法律制定的基础和依据,是我国的根本法律依据,一般法律与宪法内容相抵触即归于无效。现行宪法序言明确规定"本宪法以法律的形式确认了中国各族人民奋斗的成果,规定了国家的根本制度和根本任务,是国家的根本法,具有最高的法律效力。全国各族人民、一切国家机关和武装力量、各政党和各社会团体、各企业事业组织,都必须以宪法为根本的活动准则,并且负有维护宪法尊严、保证宪法实施的职责。"第三,宪法的制定和修改程序比一般法律更为严格。宪法的修改程序非常严格,必须由全国人大常委会或者 1/5 以上全国人大代表提案,并且经过全国人民代表大会全体代表的 2/3 以上的多数通过,宪法修正案也需要由全国人大公布。

2.宪法是公民权利的保障书

从宪法与国家的关系看,宪法是国家的根本法,具有最高法律效力,而国家负有保障和实现人权的义务。因此,作为国家根本法的宪法最重要、最核心的价值是保障公民的基本权利。在此意义上,宪法是公民权利的保障书。1789 年法国《人权宣言》就明确宣布,凡是权利无保障和分权未确立的社会就没有宪法。列宁也曾经指出,宪法就是一张写着人民权利的纸。从宪法的基本内容上看,宪法的规定涉及国家生活的主要方面,但其基本内容仍然可以分为两个部分,即对国家权力的规范和对公民权利的保障。就两者的关系而言,对公民权利的保障居于核心与支配地位。因此,在国家法律体系中,宪法不仅是系统全面规定公民的基本权利的国家根本大法,而且其出发点和目的就是保障公民的权利和自由。

3.宪法是民主事实法律化的基本形式

近代意义的宪法是资产阶级革命取得胜利、有了民主事实之后出现的产物,是资产阶级民主事实的法律化。伴随着资本主义生产关系的形成和资产阶级革命的胜利,资产阶级不仅夺得了国家政权、争得了民主,而且也面临着反对封建势力复辟、防止工农革命、培养本阶级管理国家人才这三大任务。为了完成这一任务,最好的方法就是把自己取得的民主事实法律化、制度化,并且将这种确认民主事实的法律上升到根本法的地位。由此可见,宪法与民主事实有着密切的关系,是伴随着资产阶级民主事实的出现而产生的,是民主事实法律化的基本形式。我国宪法对民主制度的规定主要表现为:以根本法的形式确认人民当家作主的宪法地位,规定了人民代表大会制度的基本原则,通过选举制度、基层群众性自治组织等形式,不断扩大社会主义民主的基础。随着社会主义民主制度的发展,宪法在内容上和形式上都将不断完善。

三、宪法的本质

宪法和其他法律一样,都是被上升为国家意志的统治阶级的意志。但是宪法在表现统治阶级意志的过程中却存在着自身的特点,宪法比其他法律更集中、更全面地体现了统治阶级的意志。在制定和修改宪法的时候,统治阶级必须全面综合地考察各种政治力量的对比关系,并以这种政治力量对比关系为依据来规定宪法的基本内容。因此,如果说“宪法是国家的根本法、宪法是公民权利的保障书、宪法是民主事实法律化的基本形式”是宪法本质属性的话,那么这些本质属性到底如何表现,其表现的程度如何等等,则完全取决于各种政治力量的对比关系。因此,宪法的本质在于,它是各种政治力量对比关系的集中表现。因此,宪法就是规定国家的根本制度和根本任务、集中体现各种政治力量对比关系、保障公民基本权利的国家根本法。

第二节 我国现行宪法的基本内容

一、我国宪法的基本结构

新中国成立以来,我国共四次颁布宪法,即 1954 年宪法、1975 年宪法、1978 年宪法和 1982 年宪法。现行宪法指 1982 年宪法,即 1982 年 12 月 4 日第五届全国人民代表大会第五次会议通过,同日由全国人民代表大会公告公布施行的《中华人民共和国宪法》(下文简称《宪法》)。全国人民代表大会在 1988 年、1993 年、1999 年、2004 年、2018 年先后对 1982 年宪法进行了五次修订。

现行宪法由序言和四章构成。序言部分回顾了我国的历史,特别是近现代史和新中国成立以后的发展历史,明确了国家的根本任务是沿着中国特色社会主义道路,集中力量进行社会主义现代化建设;确立了宪法的指导思想是四项基本原则,即坚持社会主义道路,坚持人民民主专政,坚持中国共产党的领导,坚持马克思列宁主义、毛泽东思想、邓小平理论、“三个代表”重要思想、科学发展观、习近平新时代中国特色社会主义思想[1];确立了宪法的地位,是国家根本的活动准则。第一章为总纲,主要规定了我国的根本制度是社会主义制度,我国的国家性质是人民民主专政的社会主义国家;我国的根本政治制度是人民代表大会制;我国的经济基础是生产资料的社会主义公有制;我国的经济体制是社会主义市场经济。第二章为公民的基本权利和义务;第三章为国家机构;第四章为国旗、国歌、国徽和首都。

二、公民的基本权利和义务

(一)公民的权利和义务

1.公民的概念

根据《宪法》第三十三条的规定,公民是指具有一国国籍,并根据宪法和法律规定享有权利和承担义务的人。我国公民是指具有中华人民共和国国籍的人。

需要特别注意的是,按照《中华人民共和国国籍法》的规定,我国公民的国籍主要依据其出生地和血统来定,如果其父母是中国人,则其为中国人;如其父母不是中国人但是在中国出生,也具有中国国籍。但是由于我国不承认双重国籍,所以如果承认出生地国的国籍,则不拥有我国国籍;如果父母是外国国籍,子女出生在中国,其父母不承认我国国籍的不是我国公民。

2.公民的权利与义务界定

公民的权利,指公民在宪法和法律规定的范围内,有可作某种行为以及要求国家或其他公民为或不为某种行为的资格。权利是可以放弃的,并且公民不会因放弃权利而遭受制裁。

公民的义务,指国家宪法和法律规定的公民必须遵守和应尽的某种责任,通常表现为公民应为或不为一定的行为。义务是不能放弃的,不履行义务的公民将承担相应的法律责任。

(二)公民的基本权利和义务

公民的基本权利和义务,指宪法所规定的,可以表明公民在国家生活基本领域中所处法律地位的,那些首要、根本和具有决定性意义的权利和义务。按照学界的通说观点,公民的基本权利和义务具有如下特征:第一,公民的基本权利和义务是由宪法确认的,其范围和内容也由宪法所规定;第二,公民的基本权利和义务是公民其他权利和义务的基础与依据;第三,公民的基本权利和义务反映了国家与公民之间的基本关系。

---

[1] 1982年宪法将坚持四项基本原则作为一个整体写入了宪法,使之成为宪法总的指导思想;1999年宪法修正案将邓小平理论载入了宪法,确认了邓小平理论在我国的指导思想地位;2004年宪法修正案把“三个代表”思想写入了宪法,使马克思列宁主义、毛泽东思想、邓小平理论和“三个代表”重要思想,共同成为我国社会主义现代化建设的理论基础,成为贯穿整个宪法的指导思想。2018年将习近平新时代中国特色社会主义思想写入了宪法。

1.公民的基本权利

我国《宪法》第二章明确规定了公民的基本权利和义务。所谓基本权利,是指由宪法规定的公民享有的主要的、必不可少的权利。众所周知,公民的法律权利名目繁多、范围广泛,既包括基本权利,也包括一般权利。但是宪法作为国家的根本法,没有必要也不可能对公民所有的权利都进行规定,宪法规定的只能是一些最重要的权利,具体内容如下:

(1)平等权。《宪法》第三十三条规定:“中华人民共和国公民在法律面前一律平等。”平等权,指公民不因民族、性别、职业、财产状况、教育程度和居住期限等的不同而有超越宪法和法律的特权,所有公民都平等地享有宪法和法律规定的权利,任何人的合法权利都一律平等地受到保护,对违法行为一律依法予以追究,绝不允许任何公民享有法律以外的特权,任何人都不得强制任何公民承担法律以外的义务,不得使公民受到法律以外的处罚。

(2)政治权利和自由。指公民依法享有参加国家政治生活的权利和自由,包括公民管理国家事务、参与政治生活的权利和自由。

第一,选举权和被选举权。根据《宪法》第三十四条的规定,凡是年满18周岁的中华人民共和国公民,不分民族、种族、性别、职业、家庭出身、宗教信仰、教育程度、财产状况、居住年限,都有选举权和被选举权,但是依照法律被剥夺政治权利的人除外。同样,选民也有依法被选举为人民发表大会代表的权利。这里的“剥夺政治权利”,按照《刑法》第三章第七节的规定,包括选举权和被选举权;言论、出版、结社、集会、游行示威自由的权利;担任国家机关职务的权利,担任国有公司、企业、事业单位和人民团体领导职务的权利。此外,为了保障我国公民选举权和被选举权的有效行使,全国人民代表大会还制定了《中华人民共和国选举法》,对公民行使选举权的原则、程序和方法等作出了明确的规定,对选举权的行使提供了法律和物质上的保障。

第二,言论、出版、结社、集会和游行示威的权利。根据《中华人民共和国集会、游行、示威法》的规定,公民在集会、游行、示威时,其负责人必须在举行日期的5日前向主管机关递交书面申请,并载明实施的目的、方式、标语、口号、人数、车辆、起止时间和地点、职业等。主管机关在接收到相关的申请书后,应当在申请举行日期的2日内,将许可或者不许可的决定书面通知其负责人,不许可的,应当说明理由,逾期不通知的,视为许可。

有下列情形之一的,将不予许可:一是反对宪法所确定的基本原则的;二是危害国家统一、主权和领土完整的;三是煽动民族分裂的;四是有充分根据认定申请举行的集会、游行、示威将直接危害公共安全或者危害社会秩序的。

(3)人身自由权。根据《宪法》第三十七条的规定,我国公民的人身自由不受侵犯。任何公民,非经人民检察院批准或者决定或者人民法院决定,并由公安机关执行,不受逮捕。

人身自由有狭义和广义之分,狭义的人身自由仅指公民的身体不受非法侵犯,而广义的人身自由则还包括与狭义人身自由相关联的生命权、人格尊严、住宅不受侵犯、通信自由和通信秘密等与公民个人生活有关的权利和自由。人身自由是公民参加各种社会活动和实际享受其他权利的前提。具体来说,其主要包括以下类型:

第一,住宅不受侵犯。根据《宪法》第三十九条的规定,公民的住宅不受侵犯,禁止非法搜查或者非法侵入公民的住宅。住宅不受侵犯主要指的是任何机关、团体的工作人员或者其他个人,未经法律许可或者未经户主等居住者的同意,不得随意进入、搜查或者查封公民的住宅。根据我国法律的有关规定,公安机关、检察机关为了收集犯罪证据、查获犯罪嫌疑人,需要对有关人员的身体、物品、住宅及其地方进行搜查时,必须要严格依照法律规定的程序进行。

第二,通信自由受到法律保护。公民有根据自己的意愿,以信件、电报、电话、传真等方式进行通信不受他人干涉的自由。根据《宪法》第四十条的规定,我国公民的通信自由和通信秘密依法受到法律的保护,除因国家安全或者追查刑事犯罪的需要,由公安机关或者检察机关依照法律规定的程序对通信进行检查外,任何组织或者个人都不得以任何理由侵犯公民的通信自由和通信秘密,包括家长为了了解孩子的情况,偷看孩子信件或偷听孩子电话,电信局给私人提供其他通信用户的电话清单等,都属于侵权行为。

(4)宗教信仰自由。根据《宪法》第三十六条第一款规定,公民有宗教信仰的自由,其基本内容包括:公民有信仰宗教和不信仰宗教的自由;有信仰这种宗教的自由,也有信仰那种宗教的自由;在同一宗教内,有信仰这个教派的自由,也有信仰那个教派的自由;有过去信仰宗教而现在不信仰宗教的自由,也有过去不信仰宗教而现在信仰宗教的自由。

(5)公民的监督权和获得赔偿权。根据《宪法》第四十一条的规定,公民对于任何国家机关和国家机关工作人员,有提出批评和建议的权利;对于任何国家机关和国家工作人员的违法失职行为,有向有关国家机关提出申诉、控告或者检举的权利。

公民的监督权包括批评建议权和申诉控告检举权,但不得捏造或者歪曲事实进行诬告陷害。由于国家机关和国家工作人员侵犯公民权利而受到损失的人,有依照法律规定取得赔偿的权利。

(6)社会经济权利。指公民享有的经济生活和物质利益方面的权利,是公民实现其他权利的前提条件和物质基础。主要包括如下内容:

第一,财产权。根据《宪法》第十三条的规定,公民的合法的私有财产不受侵犯。国家依照法律规定保护公民的私有财产权和继承权。国家为了公共利益的需要,可以依照法律规定对公民的私有财产实行征收或者征用并给予补偿。

第二,劳动权。根据《宪法》第四十二条的规定,公民有劳动的权利和义务。即,有劳动能力的公民有获得工作并取得相应报酬的权利和义务。劳动是一切有劳动能力的公民的权利和义务。国家采取各种措施和途径,创造劳动就业的条件,加强劳动保护,改善劳动条件,提高劳动报酬和福利待遇,保障劳动权利的实现。

第三,休息权。根据《宪法》第四十三条的规定,劳动者有为保护身体健康和提高劳动效率而休养生息的权利。国家提供劳动者休息和休养设施,规定职工的工作时间和休假制度,保障劳动者休息权利的实现。

第四,物质帮助权。根据《宪法》第四十五条的规定,公民在年老、疾病或者丧失劳动能力的情况下,有从国家和社会获得物质帮助的权利。国家建立待业保险、养老保险、社会救济、医疗卫生等社会保障制度,以保障公民享有和行使这一权利。

(7)文化教育权利。文化教育权利是公民根据宪法的规定,在教育和文化领域享有的权利和自由。公民的社会经济权利(财产权和继承权除外)、文化教育权利都属于公民的积极受益权,即公民可以积极主动地向国家提出请求,国家也应当积极予以保障的权利。其主要包括:

第一,受教育权。根据《宪法》第四十六条的规定,我国公民都有受教育的权利和义务。同时,《中华人民共和国教育法》还规定,公民不分民族、种族、性别、职业、财产状况、宗教信仰等,依法享有平等的受教育机会。在一些偏远农村,父母认为女孩上学没有用,就不让女孩子上学,而让她在家帮忙干农活,该行为实际上就剥夺了孩子的受教育权,因此是违反《宪法》规定的违法行为。

第二,进行科学研究、文学艺术创作和其他文化活动的自由。《宪法》第四十七条规定,中华人民共和国公民有进行科学研究、文学艺术创作和其他文化活动的自由。为了上述自由的实现,宪法还规定:"国家对于从事教育、科学、技术、文学、艺术和其他文化事业的公民的有益于人民的创造性工作,给予鼓励和帮助。"

(8)特定人的权利。《宪法》第四十八至第五十条规定了妇女、老人、儿童、华侨、侨眷、归侨等特定人的特定权利。具体来说,妇女在政治、经济、文化、社会和家庭生活各方面享有同男子平等的权利,国家依法保护妇女的合法权益,实行男女同工同酬,培养和选拔妇女干部的政策;婚姻、家庭、母亲、儿童和老人受国家保护;禁止破坏婚姻自由,禁止虐待儿童和老人;依法保护华侨的正当权力和利益,保护归侨和侨眷的合法的权力和利益。

2.公民的基本义务

(1)维护国家统一和各民族团结的义务。根据《宪法》第五十二条的规定,公民有维护国家统一和全国各民族团结的义务。维护国家统一是建设社会主义法治国家的要求,民主宪政以国家统一为基础,公民基本权利的实现以国家统一为前提。该义务具体体现在以下两个方面:第一,我国是单一制的国家,拥有统一的宪法和不可分割的领土,任何行政区划都不得脱离中央而独立;第二,任何公民均不得从事分裂国家的活动,否则要承担相应的法律责任,甚至刑事责任。

民族团结是国家统一的标志。维护民族团结对国家统一和稳定有着非常重要的影响。维护民主团结的路径主要包括:实行民族区域自治制度;保障少数民族的权益;禁止任何民族歧视和民族压迫,禁止任何破坏民族团结、制造民族分裂的行为;各民族有使用本民族的语言及保持本民族风格的自由。

(2)遵守宪法和法律,保守国家机密,爱护公共财产,遵守劳动纪律,遵守公共秩序,遵守社会公德的义务。该义务来自《宪法》第五十三条的规定。我国宪法和法律是全国各族人民意志和利益的集中体现,是保护人民、打击敌人,促进社会主义现代化建设顺利发展的重要工具。因此,维护宪法和法律的尊严是每个公民对国家和社会应尽的神圣职责,国家秘密关系到国家的安全和利益,因而严守国家秘密是关系到国家安危的大事。根据《中华人民共和国保守国家秘密法》的规定将国家秘密的密级分为绝密、机密、秘密三级,在保密期限方面,除另有规定外,绝密级不超过三十年,机密级不超过二十年,秘密级不超过十年。保密期限已满的自行解密,延长保密期限应当在原保密期限届满前重新确定保密期限。同时,国家秘密受法律保护。任何危害国家秘密安全的行为,都必须受到法律追究。

(3)维护祖国的安全、荣誉和利益的义务。国家安全,指国家领土完整、主权不受干扰、政权不受威胁;国家荣誉,指国家的尊严不受侵犯,国家的名誉不受侮辱;国家利益,指国家政治、经济、安全等各方面的利益。国家安全是中国公民生产生活、安居乐业的必要条件;国家的荣誉也就是国家和民族的尊严;国家利益则是相对于他国国家利益的国家整体利益。毫无疑问,如果国家安全得不到维护,公民的工作和生活也就无法正常进行;国家的荣誉和利益受到破坏也就是中国人自己的荣誉和利益受到损害。

(4)保卫祖国、依法服兵役的义务。我国《宪法》第五十五条规定:“依照法律服兵役和参加民兵组织是中华人民共和国公民的光荣义务。”军队建设直接关系到国家建设和民族存亡,依法服兵役是每个公民义不容辞的职责,凡是年满 18 周岁的我国公民均有服兵役的义务。根据宪法和兵役法、国防法和国防动员法的规定,依法服兵役义务的主体是中华人民共和国公民,外国人不能成为服兵役义务的主体。

(5)依法纳税的义务。我国《宪法》第五十六条规定:“中华人民共和国公民有依照法律纳税的义务。”税收是国家财政的来源,是国家参与国民收入分配与再分配的手段,是国家参与经济、调节生产的重要杠杆。所谓“取之于民、用之于民”,每个公民都应当有支援国家建设的意识和行动。纳税是一种法律行为,要体现税收法定原则。纳税义务具有双重性:一方面纳税是国家财政的重要来源,具有形成国家财力的属性;另一方面,纳税义务具有防止国家权力侵犯其财产权的属性。与纳税义务相对应的国家权力是课税权。由于纳税直接涉及公民个人财产权的保护问题,因此依法治税是保护公民财产权的重要保证。

(6)其他义务。除了前述几种义务,宪法还将受教育和劳动确定为公民的基本义务。

三、国家性质、国家制度与国家机构

(一)国家性质

国家性质,即国体,指国家的阶级性质,反映社会各阶级在国家中的地位,体现一定阶级的专政。一般来说,在经济领域中居于主导地位的阶级总是控制或掌握着国家政权,处于统治地位。我国的国家性质是工人阶级领导的、以工农联盟为基础的人民民主专政的社会主义国家。社会主义制度是我国的根本制度,中国共产党的领导是中国特色社会主义最本质的特征。

(二)国家制度

1.人民代表大会制度

政权组织形式,是指特定社会的统治阶级采取什么样的形式去组织自己的政权机关,实现自己的统治。一国的政权组织形式由其国家性质所决定,是国家性质的表现形式,为国家性质服务。

我国的政权组织形式是人民代表大会制度。人民代表大会制度是我国的根本政治制度,其基本内容如下:

(1)国家的一切权力属于人民,这是人民代表大会制度的实质;

(2)人民在民主基础上选举代表,组成全国人民代表大会和地方各级代表大会,作为人民行使国家权力的机关;

(3)其他国家机关由人民代表大会产生,接受其监督,向它负责;

(4)人民代表大会常务委员会向本级人民代表大会负责,人民代表大会向人民负责。

2.中国共产党领导的多党合作和政治协商制度

中国共产党领导的多党合作和政治协商制度是我国的一项基本政治制度,是我国政治制度的特点和优点。中国人民政治协商会议是具有广泛代表性的统一战线组织,是中国共产党领导的多党合作和政治协商的重要组织形式。它既不属于国家机构,也不同于一般的人民团体。

3.经济制度

我国将长期处于社会主义初级阶段,坚持公有制为主体、多种所有制经济共同发展是我国的基本经济制度。该经济制度的基础是生产资料的社会主义公有制,即全民所有制和劳动群众集体所有制。

在法律规定范围内的个体经济、私营经济等非公有制经济,是社会主义市场经济的重要组成部分。国家允许外国的企业和其他经济组织或个人依照中国法律的规定在中国投资,同中国的企业或者其他经济组织进行各种形式的经济合作。

国家实行社会主义市场经济。国家加强经济立法,完善宏观调控,依法禁止任何组织或个人扰乱社会经济秩序。

社会主义公有制消灭了人剥削人的制度，实行各尽所能、按劳分配的原则；国家在社会主义初级阶段，坚持按劳分配为主体、多种分配方式并存的分配制度。

宪法规定，社会主义的公共财产神圣不可侵犯。国家依照法律规定保护公民的私有财产权和继承权。

4.国家结构形式

国家结构形式是指国家整体和部分之间、中央和地方之间的相互关系，可以分为单一制和复合制两种。单一制是指由若干行政区域构成的具有统一主权的国家结构形式。单一制国家有统一的宪法、统一的国籍、统一的国家立法机关和统一的行政机关。复合制是指由两个或两个以上的成员国联合组成联盟国家或者国家联盟的结构形式，分为联邦和邦联两种形式。

我国是一个统一的、多民族的单一制国家。我国在民族自治地方实行民族区域自治制度；特别行政区是中华人民共和国不可分离的一部分，是我国一级地方行政区，直辖于中央人民政府，享有高度的自治权。

（三）国家机构

国家机构是统治阶级为了保证国家权力的有序运行而建立的相互联系的国家机关的总称。

其特点是：第一，阶级性，国家是阶级矛盾不可调和的产物，作为国家组成要素及其存在形式的国家机构，其本质取决于国家的本质。第二，历史性，国家机构不是从来就有的，也不是永远存在的。不同历史时期的国家，国家机构的组织、活动、职能是不一样的，并随着国家的发展变迁而变化。第三，强制性，国家机构的某些组成部分本身即是暴力机关，如警察、监狱，有的国家机关则以国家强制力作为坚强后盾。第四，组织性，国家机关的建立、活动以及国家机关之间的相互关系均依据一定的原则和程序，不同层次的国家机关、同一层次的不同的国家机关、国家机关的整体与组成部分构成有机的系统。

在我国，从纵向维度上看，国家机构可分为中央国家机构和地方国家机构；从横向维度上看，国家机构可分为权力机关、行政机关、监察机关、军事机关和司法机关。《宪法》对各类国家机构的性质、地位和组成作出了明确规定，简要介绍如下。

1.全国人民代表大会及其常委会

全国人民代表大会是我国的最高国家权力机关，又是行使国家立法权的机关。它的性质决定了它在国家机构体系中居于首要的、最高的地位：第一，其他国家机关由它产生，并对它负责，受它监督；第二，它制定的法律、作出的决议和决定，其他国家机关都必须遵守和执行。

全国人大常委会是全国人大的常设机关，是全国人大闭会期间行使国家权力的机关，是经常性的最高国家权力机关，也是行使国家立法权的机关。

全国人大的职权包括：修改宪法；监督宪法的实施；制定和修改刑事、民事、国家机构的和其他的基本法律；选举中华人民共和国主席、副主席；根据中华人民共和国主席的提名，决定国务院总理的人选；根据国务院总理的提名，决定国务院副总理、国务委员、各部部长、各委员会主任、审计长、秘书长的人选；选举中央军事委员会主席；根据中央军事委员会主席的提名，决定中央军事委员会其他组成人员的人选；选举国家监察委员会主任；选举最高人民法院院长；选举最高人民检察院检察长；审查和批准国民经济和社会发展计划和计划执行情况的报告；审查和批准国家的预算和预算执行情况的报告；改变或者撤销全国人民代表大会常务委员会不适当的决定；批准省、自治区和直辖市的建置；决定特别行政区的设立及其制度；决定战争和和平的问题；应当由最高国家权力机关行使的其他职权。

按照《宪法》的规定，全国人大每届任期 5 年。

2.国家主席

国家主席是我国国家机构的重要组成部分，是一个相对独立的国家机关，同全国人大常委会结合行使国家元首职权，对外代表国家。

国家主席的具体的职权包括：根据全国人大及其常委会的决定，公布法律，任免国务院组成人员，授予国家勋章和荣誉称号，发布赦免令，宣布进入紧急状态，宣布战争状态，发布动员令。代表中国进行国事访问，接受外国使节，根据全国人民代表大会常委会决定，派遣和召回驻外全权代表，批准和废除同外国缔结的条约和重要协定。

国家主席和副主席由全国人大选举产生，有选举权和被选举权的年满 45 周岁的中国公民可以被选为国家主席、副主席。主席和副主席的每届任期同全国人民代表大会每届任期相同。

3.国务院

国务院即中央人民政府，是最高国家权力机关的执行机关，是国家最高行政机关。其具体职权包括：根据宪法和法律，规定行政措施，制定行政法规，发布行政命令；向全国人大及常委会提出议案；组织领导全国性行政工作；规定省、自治区和直辖市国家机关的职权的具体划分；改变和撤销各部委、地方各级国家行政机关不适当的指示、决定和命令；领导和管理各行业各部门的行政工作。

国务院每届任期五年，总理、副总理、国务委员连续任职不得超过两届。

4.中央军事委员会

中央军事委员会领导全国武装力量，是全国武装力量的最高领导机关，即最高国家军事机关。中央军事委员会主席对全国人民代表大会和全国人民代表大会常务委员会负责。

中央军事委员会的主要职权包括：领导全国武装力量、巩固国防、抵御侵略、保卫祖国、参与国家建设等。

中央军事委员会的任期与全国人民代表大会的任期相同，每届 5 年。

5.地方各级人民代表大会和地方各级人民政府

地方各级人民代表大会是地方国家权力机关,地方各级人民政府是地方各级国家权力机关的执行机关,是地方各级国家行政机关。

目前,地方各级人民代表大会和地方各级人民政府分省(自治区、直辖市)、市、县(市辖区)、乡(镇、民族乡)等四级。其中,乡(镇、民族乡)人民代表大会不设常委会。省、直辖市、设区的市的人民代表大会代表由下一级的人民代表大会选举;县、不设区的市、市辖区、乡、民族乡、镇的人民代表大会代表由选民直接选举。地方各级人民代表大会代表名额和代表产生办法由法律规定。

地方各级人民代表大会的职权主要包括:保障宪法和法律的实施;决定地方的重大事项,选举和罢免本级地方国家机关组成人员或领导人;监督由其产生的国家机关的工作;依法保护公共财产、私有财产,保障公民各方面的权利;制定和颁布地方性法规。

地方各级人民代表大会和地方各级人民政府的任期相同,每届 5 年。

6.民族自治地方的自治机关

民族自治地方的自治机关,包括自治区、自治州、自治县等民族自治地方的人民代表大会和人民政府,是地方国家权力机关和地方国家行政机关。

民族自治地方的自治机关的主要职权包括:制定自治条例和单行条例;对上级国家机关的决议决定、命令变通执行或停止执行;自主管理地方财政;自主管理经济建设;自主管理本地方的教育、科学、文化、卫生、体育事业,组织本地方的公安部队;适用本地方的语言;培养本民族的干部、专业人才和技术人才等。

民族自治地方的人民代表大会有权依照当地民族的政治、经济和文化的特点,制定自治条例和单行条例。自治区的自治条例和单行条例,报全国人民代表大会常务委员会批准后生效。自治州、自治县的自治条例和单行条例,报省或者自治区的人民代表大会常务委员会批准后生效,并报全国人民代表大会常务委员会备案。民族自治地方的自治机关有管理地方财政的自治权。凡是依照国家财政体制属于民族自治地方的财政收入,都应当由民族自治地方的自治机关自主地安排使用。

7.监察委员会

中华人民共和国各级监察委员会是国家的监察机关。其中国家监察委员会是最高监察机关,国家监察委员会领导地方各级监察委员会的工作,上级监察委员会领导下级监察委员会的工作。

国家监察委员会对全国人民代表大会和全国人民代表大会常务委员会负责。地方各级监察委员会对产生它的国家权力机关和上一级监察委员会负责。监察委员会依照法律规定独立行使监察权,不受行政机关、社会团体和个人的干涉。监察机关办理职务违法和职务犯罪案件,应当与审判机关、检察机关、执法部门互相配合,互相制约。

8.人民法院和人民检察院

人民法院是国家的审判机关,依照法律规定独立行使审判权。中华人民共和国设立最高人民法院、地方各级人民法院和军事法院等专门人民法院。最高人民法院院长每届任期同全国人民代表大会每届任期相同,连续任职不得超过两届。

人民法院的组织由法律规定。各级人民法院由同级国家权力机关产生,对它负责并报告工作,受它监督。人民法院的职权包括:受理和处理案件;依据事实和法律作出裁判;执行生效裁判及其他法律文书。

人民检察院是国家的法律监督机关,依法独立行使检察权。人民检察院实行双重从属制。最高人民检察院对全国人大及其常委会负责并领导地方各级人民检察院和专门人民检察院的工作;地方各级人民检察院对产生它的国家权力机关和上级人民检察院负责,并接受上级人民检察院的领导。人民检察院的职权包括:立案侦查贪污、渎职等案件;审查决定是否提起公诉或不起诉;派员出席法庭支持公诉,同时对公安机关的侦查工作、法院的审判工作和看守所、监狱的刑罚执行工作进行监督,对其违法情况给予监督并采取措施予以纠正等。

第三章　民事法律制度

学习目的

民法调整的是平等主体之间的财产关系和人身关系，与我们的日常生活密切相关。学习民法，可以有效保障民事主体的合法权益，并使其尊重社会公德，不损害社会公共利益，推动和谐社会的构建。

重点提示

了解民法的基本原则；理解民法的主体、客体、内容；理解物权与债权的区别和联系；掌握合同法的主要内容；了解婚姻法、知识产权法的基本规定。

第一节　民法的基础理论

一、民法的概念和基本原则

(一)我国现行民事立法

1986 年 4 月 12 日，第六届全国人民代表大会第四次会议通过《中华人民共和国民法通则》(下文简称《民法通则》)。该法对我国民事活动中的一些共同性问题作出了明确规定，自 1987 年 1 月 1 日起施行。

2017 年 3 月 15 日，第十二届全国人大五次会议表决通过了《中华人民共和国民法总则》(下文简称《民法总则》)，自 2017 年 10 月 1 日起施行。《民法总则》包括基本规定、自然人、法人、非法人组织、民事权利、民事法律行为、代理、民事责任、诉讼时效、期间计算和附则共 11 章，总计 206 条。《民法总则》在吸收《民法通则》规定的民事基本制度和一般性规则的基础上，进行了补充、完善和发展。《民法通则》规定的合同、所有权及其他财产权、民事责任等具体内容，还需要在编纂民法典各分编时作进一步统筹和整合。据此，《民法总则》的生效，并不意味着《民法通则》的废止。当《民法总则》与《民法通则》对同一事项的规定不一致时，根据新法优于旧法的原则,将适用《民法总则》的规定。

(二)民法的概念

根据《民法总则》第二条的规定,民法是调整平等主体的自然人、法人和非法人组织之间的财产关系和人身关系的法律规范的总称。民事主体的人身权利、财产权利以及其他合法权益受到法律保护,任何组织或者个人不得侵犯。与其他部门法相比,民法在调整对象上具有以下特点:

第一,调整的法律关系主体之间的地位是平等的,并不存在权利的大小和财力的强弱问题,在民事活动中,任何一方不得将自己的意志强加给他人。

第二,调整的法律关系主要是财产关系和人身关系。人身关系主要包括身份关系和人格权关系;财产关系涉及的内容非常宽泛,包括财产所有权关系、买卖关系、借贷关系和保管关系等等。

(三)民法的基本原则

1.平等原则

《民法总则》第四条规定:“民事主体在民事活动中的法律地位一律平等。”这主要指的是各民事主体之间在进行民事活动时,应当平等地进行协商、谈判。司法机关在进行民事纠纷的处理时也应当“一视同仁”。

2.自愿原则

根据《民法总则》第五条的规定,民事主体应当遵循自愿原则,按照自己的意思设立、变更、终止民事法律关系。“自愿”是“意思自治”的重要内容,指民事主体在进行民事活动时所表现出来的行为,完全是自己内心的真实意思,而且其意思表示必须是自主决定的,没有受到他人的强迫。

3.公平、诚实信用原则

根据《民法总则》第六条、第七条的规定,民事主体应当遵循公平原则,合理确定各方的权利和义务;遵循诚信原则,秉持诚实,恪守承诺。其中,诚实信用原则又被称为民法的“帝王”原则,是民事法律关系本质的体现,其主要指的是民事主体在活动中不欺诈、不隐瞒事实、不以次充好。

4.公序良俗原则

《民法总则》第八条规定:“民事主体从事民事活动,不得违反法律,不得违背公序良俗。”公序良俗是公共秩序与善良风俗的简称。公共秩序,指国家社会的存在及其发展所必需的一般秩序;善良风俗,指国家社会的存在及其发展所必需的一般道德。公序良俗原则要求民事主体从事民事活动时,应当合理确定各方的权利和义务,遵守公共秩序,符合善良风俗,不得违反国家的公共秩序和社会的一般道德。

5.生态环境保护原则

《民法总则》第九条规定:“民事主体从事民事活动,应当有利于节约资源,保护生态环境。”这就确立了生态环境保护原则(又称“绿色原则”)。生态环境保护已经成为当今世界特别是我国一种关系重大的社会利益,《民法总则》将生态环境保护原则确立为民法的基本原则,是对当代民法重大的价值发展,使得我国民法成为一部更具多元价值的社会化民法典,在追求个人关系的私本位关系合理的同时,也追求个人利益与自然生态利益关系的和谐。

6.禁止权利滥用原则

禁止权利滥用原则,指民事主体进行民事活动时,必须正确行使民事权利,如果行使权利损害同样受到保护的他人利益和社会公共利益时,即构成权利滥用。对于如何判断权利滥用,《民法总则》第十条规定:"处理民事纠纷应当依照法律;法律没有规定的,可以适用习惯,但是不得违背公序良俗。"

二、民事法律关系的主体、内容和客体

民事法律关系,指由民法调整的具有民事权利、义务内容的社会关系,即具体的民事权利和义务关系。它由民事法律关系的主体、内容和客体等三要素构成。

(一)民事法律关系的主体

民事法律关系的主体,指参加民事法律关系,享有民事权利和承担民事义务的人,通常称为民事法律关系的当事人。在我国,自然人、法人以及不具有法人资格的其他组织可以作为民事法律关系的主体,国家在一定范围内也是民事法律关系的主体。

1.自然人

自然人是基于自然规律而出生并生存的人。我国民法上的自然人,不仅包括中国公民,也包括外国公民和无国籍人。外国公民和无国籍人在我国境内参加民事活动,具有民事法律关系主体地位,但其活动必须遵守我国的法律。自然人取得民事法律关系主体资格,必须具有民事权利能力和民事行为能力。

自然人的民事权利能力,指法律赋予自然人享有民事权利和承担民事义务的资格。它是自然人取得民事权利,承担民事义务的前提条件,也是自然人具有独立法律人格,成为民事法律关系主体的必然要求和集中表现。根据《民法总则》的规定,我国自然人的民事权利能力始于出生,终于死亡。自然人的出生时间和死亡时间,以出生证明、死亡证明记载的时间为准;没有出生证明、死亡证明的,以户籍登记或者其他有效身份登记记载的时间为准。有其他证据足以推翻以上记载时间的,以该证据证明的时间为准。涉及遗产继承、接受赠与等胎儿利益保护的,胎儿视为具有民事权利能力。但是胎儿娩出时为死体的,其民事权利能力自始不存在。自然人的民事行为能力,是指自然人能够以自己的行为参与民事法律关系,取得民事权利和承担民事义务的能力。在法律上,依据年龄、心智发展及健康状况,可以将自然人分为三类:完全民事行为能力人、限制民事行为能力人和无民事行为能力人:

(1)完全民事行为能力人。主要指的是年满十八周岁以上的神智健全的自然人

或者已满十六周岁不满十八周岁、以自己的劳动收入为主要生活来源的自然人。

(2)限制民事行为能力人。主要指的是八周岁以上的未成年人和不能完全辨认自己行为的成年人。八周岁以上的未成年人实施民事法律行为由其法定代理人代理或者经其法定代理人同意、追认,但是可以独立实施纯获利益的民事法律行为或者与其年龄、智力相适应的民事法律行为;不能完全辨认自己行为的成年人为限制民事行为能力人,实施民事法律行为由其法定代理人代理或者经其法定代理人同意、追认,但是可以独立实施纯获利益的民事法律行为或者与其智力、精神健康状况相适应的民事法律行为。例如,15 岁的中学生自己购买一本标价 20 元的教科书,该行为是合法有效的;但是如果他去签订一份房屋买卖合同,该行为就得征得其法定代理人的同意,否则其行为无效。

(3)无民事行为能力人。主要指的是不满八周岁的未成年人,以及不能辨认自己行为的成年人和八周岁以上的未成年人。无民事行为能力人,由其法定代理人代理实施民事法律行为。无民事行为能力人、限制民事行为能力人的监护人是其法定代理人。不能辨认或者不能完全辨认自己行为的成年人,其利害关系人或者有关组织,可以向人民法院申请认定该成年人为无民事行为能力人或者限制民事行为能力人。被人民法院认定为无民事行为能力人或者限制民事行为能力人的,经本人、利害关系人或者居民委员会、村民委员会、学校、医疗机构、妇女联合会、残疾人联合会、依法设立的老年人组织、民政部门等有关组织申请,人民法院可以根据其智力、精神健康恢复的状况,认定该成年人恢复为限制民事行为能力人或者完全民事行为能力人。

2.法人

法人是具有民事权利能力和民事行为能力,依法独立享有民事权利和承担民事义务的组织。与自然人相比,法人的民事权利能力和行为能力具有自己的特点,即法人的权利能力和行为能力同时产生,同时消灭。一般来说,始于法人的成立,终于法人的撤销或解散。

根据法律或者法人章程的规定,代表法人从事民事活动的负责人,为法人的法定代表人。例如,公司的法定代表人是董事长。法定代表人以法人名义从事的民事活动,如参加诉讼、签订合同等,不需要法人另行出具授权委托书,并且其法律后果由法人承受。法人章程或者法人权力机构对法定代表人代表权的限制,不得对抗善意相对人。

根据《民法总则》第五十八条的规定,法人应当依法成立,并且应当有自己的名称、组织机构、住所、财产或者经费。法人成立的具体条件和程序,依照法律、行政法规的规定。

根据成立目的的不同,《民法总则》将法人分为营利法人、非营利法人和特别法人。

(1)营利法人。以取得利润并分配给股东等出资人为目的而成立的法人,为营利法人。营利法人包括有限责任公司、股份有限公司和其他企业法人等。依法设立的营利法人,由登记机关发给营利法人营业执照。营业执照签发日期为营利法人的成立日期。同时,营利法人还需要设立权力机关和行政机关。

(2)非营利法人。指为公益目的或者其他非营利目的而成立,不向出资人、设立人或者会员分配所取得利润的法人,主要包括事业单位、社会团体、基金会和社会服务机构等。

(3)特别法人。指机关法人、农村集体经济组织法人、城镇农村的合作经济组织法人、基层群众性自治组织法人等。其中,有独立经费的机关和承担行政职能的法定机构从成立之日起,具有机关法人资格,可以从事为履行职能所需要的民事活动。

3.非法人组织

非法人组织,指不具有法人资格,但是能够依法以自己的名义从事民事活动的组织。非法人组织包括个人独资企业、合伙企业、不具有法人资格的专业服务机构等。

(二)民事法律关系的客体

1.民事法律关系的客体概念

什么是民事法律关系的客体,目前学者的阐述多有不同,较多的著述认为民事法律关系的客体是指民事权利和民事义务指向的对象。确切地说,民事法律关系的客体是民事法律关系主体享有的民事权利和承担的民事义务所共同指向的对象,也称为民事权利客体❶。如果没有民事法律关系的客体,民事权利和民事义务就无所依托,无法落实。

2.民事法律关系客体的分类

民事法律关系主体因一定的客体而发生联系,产生相应的权利义务。是客体决定内容,而不是内容决定客体。民事法律关系的客体既是民事权利和民事义务的依托,也是确认民事法律关系性质的重要依据。例如,客体是物的民事法律关系是物权关系,客体是智力成果的民事法律关系是知识产权关系。按照目前民法通说,民事法律关系的客体主要有四类:物、行为、智力成果和人身利益。不同类型的民事法律关系有不同的客体,一般来说,物、行为、智力成果和人身利益,分别是物权关系、债权关系、知识产权关系和人身关系的客体。有些权利也可以成为民事法律关系的客体,例如国有土地使用权。关于民事法律关系的客体,其主要包括各种物质利益和非物质利益,其范围包括:

(1)物。物权是对物直接支配的权利。物权关系的客体是各种物,包括动产和不动产。

(2)行为。债权是请求特定人为一定给付的行为,这种行为通常体现为财产利

---

❶魏振瀛:《民法》(第六版),北京:北京大学出版社,2016年版,第121页。

益,所以,债务人的作为和不作为是债权的客体。

(3)智力成果。知识产权是对智力成果享有的权利,智力成果是知识产权的客体。

(4)有价证券。有价证券与物不是同一概念,有价证券通常为权利凭证,它既可以成为物权的客体,也可以成为债权的客体。

(5)权利。权利是否可以作为民事法律关系的客体,多有争议。通常认为,在法律有规定的情况下,权利可以成为民事法律关系的客体。如依据《中华人民共和国担保法》的规定,土地使用权也可以是抵押权的客体,知识产权可以成为质权的客体。

(6)非物质利益。人身权的客体为非物质利益,亦称之为精神利益,如人格权客体是人格利益;自由权的客体是自由利益,身份权的客体是身份利益等。

(三)民事法律关系的内容

民事法律关系的内容,指民事法律关系的主体所享有的民事权利和负有的民事义务。民事法律关系主体是否具有民事权利、义务,是民事法律关系与其他法律关系及非法律的社会关系相区别的标志。没有民事权利义务关系,就不能构成民事法律关系。因此,民事法律关系的内容是民事法律关系的要素之一。

民事权利与民事义务有些是由民事法律规范直接规定的,有些是在法定范围内由当事人协商决定的。不同的民事法律关系有不同的内容,不同的民事权利义务是不同的民事法律关系的具体表现,也是民事法律关系性质的具体表现。因此,根据民事法律关系的内容,可以认定该项民事法律关系的性质。例如,某项合同的性质是买卖合同不是承揽合同,有时当事人之间会发生争议,认定该项合同性质的根据是该合同内容,即当事人双方约定的权利义务。

所以,民事法律关系是主体、客体和内容三个要素不可分离的有机整体,“主体为权利之所属,客体为权利义务之所附,内容为权利义务之具体化。”❶

三、民事法律事实

(一)民事法律事实的概念

民事法律事实,指根据民事法律规范的规定,能够引起民事法律关系的产生、变更或消灭的客观现象。这一概念是法理学上的“法律事实”概念在民法学领域的运用。

不是任何事实都能成为民事法律事实,哪些事实属于民事法律事实,是民法上的价值判断问题。只有那些受到民事法律规范调整,能够引起民事法律关系发生、变更或者消灭的事实才是民事法律事实。例如,买卖商品、赠与商品是民事法律事

---

❶郑玉波:《民法总论》,台北:三民书局,1995年版,第76页。

实，起床、睡觉不是民事法律事实；结婚是民事法律事实，恋爱不是民事法律事实。有些客观现象，如潮起潮落、寒来暑往等均不会引起民事法律关系的发生、变更或者消灭，因此也不是民事法律事实。

(二)民事法律事实的分类

根据导致民事法律关系产生、变更或消灭的客观情况的不同性质，民事法律事实可以分为事件和行为。

(1)事件。指不以当事人主观意志为转移的客观现象。能够成为民事法律事实的事件主要有：不可抗力，时间的经过，人的出生和死亡。

(2)行为。指民事主体有意识的活动，包括积极的活动(称为"作为")和消极的不活动(称为"不作为")。成为民事法律事实的行为必须能够依法引起民事法律后果的产生，其主要包括事实行为、民事行为和违法行为等。

四、民事法律行为

(一)民事法律行为概念

法律行为是近代德国民法的标志性概念，民法将其称之为民事法律行为，同时在民事法律行为之外又用了民事行为的概念，因此民事法律行为也可以简称法律行为。其主要指民事主体通过意思表示设立、变更或者终止民事法律关系的行为。民事法律行为可以基于双方或者多方的意思表示一致成立，也可以基于单方的意思表示成立。法人、非法人组织依照法律或者章程规定的议事方式和表决程序作出决议的，该决议行为成立。

(二)民事法律行为的成立条件

民事法律行为的成立条件，指决定民事法律行为成立的必要条件。如不具备，便是无效的民事行为，不发生行为人预期的法律后果。如《民法总则》第一百四十四条规定"无民事行为能力人实施的民事法律行为无效。"无民事行为能力人实施的民事法律行为即无效。

总体上，民事法律行为的成立条件可分为实质要件和形式要件：

1.实质要件

根据《民法总则》第一百四十三条的规定，民事法律行为的成立应当具备下列三项实质条件：一是行为人具有相应的民事行为能力；二是行为人的意思表示真实有效；三是行为人行为不违反法律、行政法规的强制性规定，不违背公序良俗。

2.形式要件

《民法总则》第一百三十五条规定："民事法律行为可以采取书面形式、口头形式或其他形式，法律规定用特定形式的，应当依照法律规定。"这是对民事法律行为必须具备的形式要件的规定。

民事法律行为主要表现为如下三种形式：

(1)口头形式:以对话方式做出的意思表示,相对人知道其内容时生效。

(2)书面形式:以非对话方式做出的意思表示,到达相对人时生效。以非对话方式做出的采用数据电文形式的意思表示,相对人指定特定系统接收数据电文的,该数据电文进入该特定系统时生效;未指定特定系统的,相对人知道或者应当知道该数据电文进入其系统时生效。当事人对采用数据电文形式的意思表示的生效时间另有约定的,按照其约定。

(3)其他形式:按照《民法总则》的规定,行为人可以采用明示或者默示做出意思表示。但是沉默只有在有法律规定、当事人约定或者符合当事人之间的交易习惯时,才可以视为意思表示。

如果法律、行政法规规定需要采用特定形式的,则应当采用特定形式。例如,《中华人民共和国商标法》第三十九条明确规定,转让注册商标合同,经商标局核准登记且公告后生效;《中华人民共和国收养法》第二十一条规定,外国人在中国收养子女,该收养人应当与送养人订立书面协议,亲自向省级人民政府的民政部门登记。

(三)民事法律行为的分类

民事法律行为是民法的核心内容。从不同角度,可以对民事法律行为作不同的划分。

1.以构成民事法律行为的意思表示的个数为标准分类

以构成民事法律行为的意思表示的个数为标准,民事法律行为可分为双方行为、单方行为与多方行为。

单方行为,指仅根据一方当事人的意思表示就能成立的法律行为,这类行为的特点是不需要相对人的同意,该行为即告成立。单方民事法律行为有的是有相对人的,如遗嘱、代理权授予、无权代理的追认等,还有的是无相对人的,如抛弃所有权等。双方行为,指需要双方当事人意思表示一致才能成立的法律行为。这类行为的特点是必须有当事人双方的意思表示,而且必须相互结合、彼此一致。合同是双方行为的典范。多方行为,又称共同行为,指需要两个以上的多方当事人意思表示一致才能成立的法律行为。该行为的意思表示是一致的,例如合伙、法人合并、股东决议、公司章程等。共同法律行为对人类的群体生活有特别的认识和说明价值,如证券交易所的交易规则、竞技体育中的竞赛规则等。

2.以行为效果所处的领域为标准分类

以行为效果所处的领域为标准,民事法律行为可分为财产行为与身份行为。财产行为指发生财产关系变动效果的行为,有物权行为,如抛弃、交付等,也有债权行为,如买卖、承揽合同等;身份行为指发生身份关系变动效果的行为,其中有单方行为,如辞去委托监护,也有双方行为,如收养、协议离婚等。

3.根据当事人双方权利义务的关系分类

根据当事人双方权利义务的关系,民事法律行为可分为双务法律行为与单务法律行为。双务法律行为，指当事人双方均负担相应义务的法律行为，一方的义务也就是另一方的权利；单务法律行为，指当事人一方仅负担义务而另一方仅享有权利的法律行为。

4.以有无对价为标准分类

以有无对价为标准，民事法律行为可分为有偿行为与无偿行为。有偿行为，指当事人一方享有利益必须给付对方相应代价的法律行为，即约定各方当事人均需要履行义务，并获得有对价利益的权利。买卖、租赁等合同就是有偿行为。所谓对价或对价利益，是按照市场法则判断当事人在交易中各得其所，而不是按观念判断的绝对均等。无偿行为，指当事人一方享有利益不需要支付任何对价的法律行为。这种行为的特点是，双方不形成对应报偿关系。赠与、使用借贷等都是无偿行为。

5.以是否必须具备某种特别形式才能成立为标准分类

以是否必须具备某种特别形式才能成立为标准，民事法律行为可分为要式法律行为与不要式法律行为。必须具备某种特定形式或履行某种特定程序才能成立的法律行为，是要式法律行为，如书面形式、履行登记手续等；不必具有特定形式或履行特定程序即可成立的法律行为是不要式法律行为。实际上，要式行为在于强调民事法律行为的郑重性，表彰和强化行为的效力。民事法律行为是否为要式行为，须有当事人约定或者法律规定为限，否则为不要式。

6.以行为的成立是否须交付标的物为标准分类

以行为的成立是否须交付标的物为标准，民事法律行为可分为要物行为与不要物行为。要物法律行为，又称实践性法律行为，指除当事人意思表示一致外，还必须交付标的物才能成立的民事法律行为；不要物法律行为，又称诺成性法律行为，指当事人意思表示一致即告成立的民事法律行为。实践性民事法律行为，仅有意思表示，行为还不算成立，只有当按照该意思表示完成标的物交付时，行为才告成立，才能发生设定民事权利义务的效果。实践性行为因意思表示完成，还不能发生效力，所以，属于民事法律行为成立的例外，通常须按照约定或法律规定确定。根据我国现行法律的规定，保管、定金、质押等合同就属于实践性民事法律行为，此外的双方民事法律行为如未有约定的，应认定其为诺成性行为。

7.根据法律行为相互间的关系分类

根据法律行为相互间的关系，民事法律行为可分为主法律行为与从法律行为。主法律行为，指在两个有联系的法律行为中，不依赖于他行为而可独立存在的法律行为；而须依赖于他行为而存在的法律行为，则为从法律行为。

8.以效力为标准分类

以效力为标准，民事法律行为可分为负担行为与处分行为。负担行为，指发生债权债务的行为，也称为债权行为；处分行为，指使某特定权利直接发生丧失或变更的行为,可再分为物权行为与准物权行为。处分行为意味着享有某种权利,可以做某事,带有很大的自由性;负担行为恰恰相反,它意味着对他人负有某种义务,应该或必须做某事,带有一定的强制性或者说具有一定的约束力。

9.以后一个法律行为的效力是否须以前一个法律行为为条件分类

以后一个法律行为的效力是否须以前一个法律行为为条件,可以分为有因行为与无因行为。有因行为,指该民事法律行为的效力受原因行为的制约,原因行为如有欠缺、不合法、不可能或与该行为不一致的,则该行为不成立,也就是有因行为的效果,不仅要考虑行为法律要件,还要考虑原因行为是否有效;无因行为指不以原因为条件的民事法律行为,即不论原因是否欠缺、违法等,该行为自完成时起发生效力,不受原因行为的制约。

(四)无效和可撤销、可变更的民事行为

1.民事行为的无效

根据《民法总则》《民法通则》和《合同法》的规定,民事行为具有下列情形之一的,则无效:

(1)无民事行为能力人实施的行为;

(2)限制民事行为能力人依法不能独立实施的行为;

(3)一方以欺诈、胁迫的手段或者乘人之危,使对方在违背真实意思的情况下所为的行为;

(4)恶意串通、损害国家、集体或者第三方利益的行为;

(5)违反法律或社会公共利益的行为;

(6)经济合同违反国家指令性计划的行为;

(7)以合法形式掩盖非法目的的行为。

无效的民事行为从行为开始就没有法律约束力。

2.民事行为的变更或者撤销

根据《民法总则》《民法通则》和《合同法》的规定,下列民事行为,一方有权请求人民法院或者仲裁机关予以变更或者撤销:

(1)行为人对行为内容有重大误解的行为;

(2)显失公平的行为。

3.法律后果

民事行为部分被确认无效,但不影响其他部分的效力的,其他部分仍然有效。民事行为被确认为无效或者撤销后,当事人因该行为取得的财产应当返还给受损失的一方,有过错的一方应当赔偿对方因此所受到的损失。双方都存在过错的,应当各自承担相应的责任。双方恶意串通,实施民事行为损害国家、集体或者第三人的利益的,应当追缴双方取得的财产,收归国家、集体所有或者返还给第三人。

五、代理

(一)代理的概念和特征

1.代理的概念

代理,指代理人在代理权限内,以被代理人的名义与第三人实施民事法律行为,而被代理人承受代理人的代理行为的法律后果。

代理的含义有二:第一,代理是一种法律关系[1]。在代理关系中,依据代理权代替他人实施民事行为的人称为代理人;被他人代替实施民事行为,承受民事行为后果的人称为被代理人(又称本人);同代理人为民事行为的人称为第三人(又称相对人)。在代理关系中,有三方参与人,涉及三方面的法律关系:即代理人与被代理人之间基于委托授权或者法律直接规定而形成的代理权关系;代理人依据代理权与第三人之间的代理行为关系;被代理人与第三人之间因代理行为而形成的民事法律关系。第二,代理行为是民事行为。其本质属性在于意思表示,代理行为除受代理规范调整外,还受民事行为规范的调整。

在现代社会中,由于社会节奏的逐渐加快以及分工越来越细,通过代理人来实施民事法律行为已经变得越来越重要。例如,朋友去欧洲旅游,委托代购行为;请邻居帮忙照看房屋等。但是,依照法律规定,或者按照双方当事人的约定,或者按照民事法律行为的性质,应当由本人实施的民事法律行为,不得代理,例如,歌唱家的演唱合同就需要歌唱家本人去履行。

2.代理的特征

根据法律规定,代理行为具有如下特征:

(1)代理人在代理权限之内实施代理行为

代理人进行代理活动的依据是代理权,因此代理人必须在代理权限内实施代理行为。委托代理人应当根据被代理人的授权进行代理。法定代理人或者指定代理人也只能在法律规定或者指定的代理权限内进行代理行为。但是代理人实施代理行为时有独立进行意思表示的权利。为了更好地行使代理权和维护被代理人的利益,代理人可以在代理权限内根据具体情况为意思表示,完成代理事务。

(2)代理人以被代理人的名义实施代理行为

代理人应当以被代理人的名义实施代理行为,代理人如果以自己的名义实施民事行为,这种行为就不是代理行为。代理人只有以被代理人的名义进行代理活动,才能直接为被代理人取得权利、设定义务。

(3)代理行为是具有法律意义的行为

代理是一种民事行为,只有代理人为被代理人实施的是能够产生民事权利义务

---

[1]佟柔:《中国民法学·民法总则》,北京:中国人民公安大学出版社,1990年版,第263页。

的行为才是代理行为,如代签合同。而代友请客则不属于民法上的代理行为,在双方当事人之间不产生权利义务关系。

(4)代理行为直接对被代理人发生效力

代理人在代理权限内以被代理人的名义实施的民事行为,相当于被代理人自己的行为,产生与被代理人自己行为相同的法律后果。因此,被代理人享有因代理行为产生的民事权利,同时也应当承担代理行为产生的民事义务和民事责任。

(二)代理的种类

1.法定代理与委托代理

根据代理人的代理权来源,代理可划分为法定代理与委托代理。法定代理,指代理权直接根据法律的规定而产生的代理。适用于无民事行为能力人和限制民事行为能力人。这主要是因为他们没有民事行为能力或者没有完全民事行为能力,不能为自己委托代理人。法定代理人产生的根据是代理人与被代理人之间存在的监护关系。法定代理人所享有的代理权是由法律直接规定的,与被代理人的意志无关。

委托代理是指代理人根据被代理人的委托进行的代理。委托代理人所享有的代理权是指被代理人授予的,所以委托代理又称授权代理。授权行为是一种单方民事行为,仅凭代理人一方授权的意思表示,代理人就取得代理权,所以委托代理又被称之为意定代理。委托代理一般产生于代理人与被代理人之间存在的基础法律关系上,这种法律可以是委托合同关系,也可以是劳动合同关系(职务关系),还可以是合伙合同关系。例如,自然人甲与自然人乙就买卖货物签订的委托合同;企业授予售货、采购等工作人员代理权的劳动合同;合伙人依照约定相互授予代理权,每一个合伙人均有权代理其他合伙人签订或者履行合同。

2.一般代理与特别代理

以代理权限范围为标准,可以分为一般代理与特别代理。特别代理是指代理权被限定在一定范围或者一定事项的某些方面的代理,又称部分代理、特定代理或者限定代理。一般代理是特别代理的对称,是指代理权范围及于代理事项的全部的代理,故又称之为概括代理、全权代理。在实践中,如未指明为特别代理则为一般代理。

3.单独代理与共同代理

以代理权属于一人还是多人,代理可以划分为单独代理与共同代理。单独代理,又称独立代理,指代理权属于一人的代理。其核心要件是代理权属于一人,至于被代理人为一人还是多人,在所不问。另外,无论是法定代理还是委托代理都可产生单独代理。共同代理,指代理权属于两人以上的代理。在共同代理中,外国立法通常认为代理人之间形成共同关系,享有的代理权是同等的。每个代理人均有权行使全部代理权,每个代理人的代理行为的后果均由被代理人承受。

4.本代理与复代理

以代理权是由被代理人授予还是由代理人转托为标准,可以把代理划分为本代理和复代理。本代理是基于被代理人选任代理人或者依法规定而产生的代理，又称原代理。本代理是相对于复代理而言的，没有复代理的存在，也就无本代理。复代理是指代理人为被代理人的利益将其所享有的代理权转托给他人而产生的代理，故又称代理人、转代理。以代理人的转托而享有代理权的人，称之为复代理人。代理人选择他人作为复代理人的权利称为复任权。

5.直接代理与间接代理

直接代理是指代理人在代理权限内，以被代理人的名义为民事行为，直接对被代理人发生法律效力的代理。间接代理是指代理人以自己的名义为民事行为，其效果转移于被代理人的代理。

6.积极代理与消极代理

以代理人是否处于主动地位为标准，代理可以分为积极代理和消极代理。积极代理是指被代理人为意思的代理，又称主动代理；消极代理是指代理人受领意思表示的代理，又称被动代理。

（三）代理权的行使

代理权的行使是指代理人在代理权限范围内，以被代理人的名义独立、依法有效地实施民事行为，以达到被代理人所希望或者客观上符合被代理人利益的法律效果。依法行使代理权，应当达到以下三点要求：

1.代理人应在代理权限范围内行使代理权

代理人只有在代理权限范围内进行的民事活动，才能被看作是被代理人的行为，由被代理人承担代理行为的法律后果。代理权限又称代理权的范围，是指代理人在何种范围内为意思表示和受领意思表示，其效力及于被代理人。由于代理权的发生，或基于被代理人的意思表示，或基于法律的规定，或基于人民法院或者有关机关的指定。而就代理权而言，代理人非经被代理人的同意，不得擅自扩大、变更代理权限。代理人超越或者变更代理权限所为的行为，非经被代理人追认，对被代理人不发生法律效力，由此给被代理人造成经济损失的，代理人还应当承担赔偿损失。

2.代理人行使代理权应当维护被代理人的利益

代理人只有积极行使代理权，才能尽可能地实现和保护被代理人的利益。

首先，代理人应当认真工作，尽到相当的注意义务。在法定代理、委托代理的无偿代理中，代理人实施代理行为，必须尽到与处理自己事务相同的注意义务，在有偿代理中，代理人应当尽到善良管理人的注意义务。

其次，在委托代理中，代理人应当根据被代理人的指示进行代理活动。由于代理的后果由被代理人承受，被搭理人可以根据客观情况随时给代理人指示，代理人具有遵守被代理人指示的义务，代理人不遵守被代理人指示，构成代理人过错，由此给被代理人造成损失的，代理人应当承担赔偿责任。

再次，代理人应当尽到报告与保密的义务。代理人若未尽到职责，对于给被代理人造成的损失需要承担民事责任。

3.代理人应亲自行使代理权,不得任意转委托他人代理

在委托代理中,代理人与被代理人之间,通常具有人身依赖关系。在通常情况下,代理人应当亲自行使代理权,不得任意转托他人代理;在法定代理中,代理人与被代理人之间多为亲属关系或者监护关系,也应当亲自行使代理权,不得任意转托他人代理。通常只有代理人亲自行使代理权,才有利于代理事务的完成。

(四)无权代理

没有代理权、超越代理权或者代理权终止后的代理行为为狭义的无权代理。广义的无权代理还包括表见代理。无权代理行为只有经过被代理人的追认,被代理人才承担民事责任。未经追认的行为,由行为人承担民事责任。

一般来说,无权代理主要具有以下特征:第一,行为人所实施的民事行为,符合代理行为的表面特征,即以被代理人的名义独立对相对人为意思表示,并将其行为的法律后果直接归属于他人,若不具备代理行为的表面特征,则不属于代理行为,当然也为无权代理。第二,行为人实施代理行为不具有代理权。没有代理权包括未经授权、超越代理权和代理权终止三种情况。第三,无权代理行为并非绝对不能产生代理的法律效果。由于无权代理的行为未必对被代理人或者相对人不利,同时为了维护交易安全和保护善意相对人的利益,无权代理行为应当属于效力未定的民事行为,在经过被代理人追认的情况下,无权代理变成有权代理,能产生代理的法律效果。被代理人知道他人以自己名义实施民事行为而不作否认表示的,视为同意,由被代理人承担民事责任。代理人不履行职责而给被代理人造成损害的,应当承担民事责任。

第二节 物　权

一、物权概论

(一)物权的概念和特征

1.物权的概念

物权是权利主体在法律规定的范围内,直接支配其物,并排除他人干涉的民事权利。物权既具有权利主体对物直接支配的内容,又具有对抗权利主体以外的第三人的效力。因此,作为一个法律范畴,《中华人民共和国物权法》(以下简称《物权法》)第二条规定:“本法所称物权,是指权利人依法对特定的物享有直接支配和排他的权利,包括所有权、用益物权和担保物权。”

2.物权的特征

(1)物权是一种“绝对权”,亦称之为“对世权”。这是与债权的“相对权”相对而言的一个特征,意为其效力及于一切人,即义务人是不特定的任何人。“义务人是不特定的任何人”,即任何人均负有不妨害权利人实现其权利的义务。绝对权的主要特点在于,权利人可向任何人主张权利,权利人不须借助义务人的行为就可实现其权利。绝对权的主体一般不必通过义务人的作为就可实现自己的权利。各种人格权、知识产权、继承权、所有权等都属于绝对权。

(2)物权的客体是特定的独立的物,而不是行为或精神财富。从罗马法开始就有有体物与无体物的区分,有体物是指有形地存在的物权的客体,例如房屋、土地、衣服等。把物权的客体限定为有体物,是构建民法科学的概念体系的需要。物权的核心是有体物,这也是区分物权与债权的关键之一。

权利在特定的情况下也可以成为物权的客体,称为准物权,例如土地使用权可以成为抵押权的客体。知识产权也是一种支配权,但它是一种无体财产权,有不同于物权的概念和体系。例如,物权的排他性是由物的本身决定的,而知识产权的独占性、排他性是由法律拟制的。另外,人的尸体是特殊的物,应属于死者的家属,包括利用、埋葬等。

(3)物权的内容是对物的直接管理和支配。物权人对物的支配不需要经过义务人的介入,是一种尽情的支配。物权是支配权,具有优先性,其本质是权利人明确了对物的权利的范围。物权的优先性效力来源于对物的支配。

物权人对物的处分,不需要经过权利设定人的同意,所以物权具有可转让性。同时,物权的支配不受权利变动人的影响,因此,物权具有稳定性。

(4)物权具有独立性和排他性。物权为权利人直接支配物的权利,故必须具有排他性。首先,物权人有权排除他人对物上权利之行使的干涉,可以对抗一切不特定的人,所以物权是“对世权”。其次,同一物上不许有内容不相容的物权并存。例如一间房屋上不能同时有两个所有权,一块耕地上不能同时设定两个土地承包经营权。物权的排他性,说明物权不仅是人对于物的关系,而且还具有人与人的关系。但是,在共有关系上,只是几个共有人共同享有一个所有权,并非一物之上有多个所有权。在担保物权中,一物之上可以设定两个以上的抵押权,先设立的抵押权优先于后设立的抵押权。因此,共有关系和两个以上抵押权的并存与物权的排他性并不矛盾。

(5)物权具有追及权和优先权。

物权人有权排除其他人对物的干涉,而且同一物上不允许有内容不相容的物权存在。他人的干涉,可以是一种现实的干涉,也可以是一种干涉的可能性。此外,物权因为具有排他性,因而对第三人的利益一定会有所影响。物权有对抗第三人的效力,通过物权的公示公信原则来保证交易的安全。

（二）物权的分类

根据不同的分类标准，可对物权进行不同的分类：

1.自物权与他物权

自物权就是权利人对于自己所有的物所排他享有的占有、使用、收益、处分的权利；他物权则是指，权利人对于不属于自己所有的物，依据合同的约定或法律的规定所享有的占有、使用、收益的权利。他物权一般不包括处分的权利。因为只有享有所有权的人，才能合法行使处分权。他物权往往不能排他享有。

2.用益物权与担保物权

用益物权是物权的一种，指非所有人对他人之物所享有的占有、使用、收益的排他性的权利。如土地承包经营权、建设用地使用权、宅基地使用权、地役权、自然资源使用权（海域使用权、探矿权、采矿权、取水权和使用水域、滩涂从事养殖、捕捞的权利）等，都是用益物权。担保物权是与用益物权相对应的他物权，指的是为确保债权的实现而设定的，以直接取得或者支配特定财产的交换价值为内容的权利。

3.动产物权与不动产物权

这是根据物权的客体是动产还是不动产所做的分类。不动产所有权、地上权、永佃权、典权、不动产抵押权等是不动产物权，而动产所有权、动产质权、留置权则是动产物权。

4.主物权与从物权

这是根据物权是否具有独立性所进行的分类。主物权，指能够独立存在的物权，如所有权、地上权、永佃权。从物权，指必须依附于其他权利而存在的物权。如，抵押权、质权和留置权是从物权，因为它们是为担保的债权而设定的。地役权在与需役地的所有权或使用权的关系上，也是从物权。

5.有期限物权与无期限物权

典权、担保物权是有期限的。所有权没有存续期间而永久存续的，除了因转让、抛弃等特定情形以外，永久存续。

（三）物权的保护

所谓物权的保护，是指通过法律规定的方法和程序保障物权人在法律许可的范围内对其财产行使占有、使用、收益、处分权利的制度。这是物权法律制度必不可少的组成部分，因为权利应当受国家法律保障，具有不可侵犯的性质。侵犯他人的权利，就要承担一定的法律责任。

《物权法》第四条规定："国家、集体、私人的物权和其他权利人的物权受法律保护，任何单位和个人不得侵犯。"这一规定展现了对物权进行法律保护的鲜明态度。《物权法》还从权利人的权利请求角度，对物权的民法保护作出了比较详细的规定。具体如下：

1.请求确认产权

在物的归属发生争议而处于不确定的状态的时候,当事人可以向法院提起诉讼,请求确认产权。确认产权只能由当事人向法院提出,并通过民事诉讼程序解决。与物权人享有的其他请求权不同,确认产权是一种独立的保护方法,不能以其他方法代替。同时,确认产权又是采用其他保护方法的最初步骤。如果物的归属问题未得到确定,那么其他的保护方法也就无所适从。我国司法实践中一般都采用确定所有权的归属问题,然后再根据所有权的确认,按所有权被侵犯的情况,采取其他的保护方法。

2.请求恢复原状

物权人的财产因受非法侵害遭到损坏时,权利人可以请求修理、重做、更换或者恢复原状。恢复原状一般是通过修理或者其他方法使财产在价值和使用价值上恢复到财产受损害前的状态。然而,需要强调的是,如果被损坏的财产客观上有恢复原状的可能,所有人对于财产的恢复原状有特殊利益(如纪念意义),并且所有人要求恢复原状的,侵害人就应当恢复财产的原状,而不能只强调经济上的合理性。

3.请求返还原物

物权人在其所有物被他人非法占有时,可以向非法占有人请求返还原物,或请求法院责令非法占有人请求返还原物,或请求法院责令非法占有人返还原物。只要能够返还原物的,就必须返还原物,不能用其他的方法如金钱赔偿来代替。

物权人只能向没有法律依据而侵占物的非法占有人请求返还。这里的非法占有是指占有人占有财产没有法律上的依据,并不一定是指占有人取得手段上的违法或主观上的过错。由于财产所有人请求返还的是原物而不是代替物,因此原物必须存在,这是适用这种保护方法的前提。如果原物已经灭失,就只能请求赔偿损失。

4.请求排除妨碍、消除危险

物权人虽然占有其物,但由于他人的非法行为,致使物权人无法充分地行使占有、使用、收益、处分权能时,物权人可以请求侵害人排除妨碍,或者请求法院责令侵害人排除妨碍。这种保护方法可以体现为请求侵害人停止妨害行为,如停止向所有人的土地上排污水,以侵害人的力量或者资金排除所造成的侵害,如令侵害人搬走搁置在所有人房屋门口的物品。

物权人请求排除的妨碍所有权的行为应当是违法行为,对于他人的合法行为产生的妨碍不能请求排除。物权人只有对与履行物权人与侵害人之间的合同义务无关的妨碍时才可以请求排除之。

5.请求赔偿损失

物权人的财产因他人的不法侵害而毁损、灭失时,物权人有权请求侵害人赔偿损失,或者请求人民法院责令侵害人赔偿损失。

赔偿损失是对不法侵害造成的财产的毁损、灭失,依照原物的价值以货币形式进行赔偿。确认所有权、恢复原状、返还原物、排除妨碍、赔偿损失,这五种保护方法是物权的最基本的保护方法,其中,前四种保护方法是物权的保护方法,而赔偿损失则是债权的保护方法。在物权受到损害时,应当首先考虑运用物权的保护方法,在物权的保护方法不适用或者不够用时,应当考虑运用债权的保护方法。

二、物权法的基本原则

(一)物权法定原则

1.物权必须由法律设定,不得由当事人随意创设

当事人在协议中不得明确规定其通过合同设定的权利为物权,也不得设定与法定的物权不相符合的物权。

2.物权的内容由法律规定,而不能由当事人通过协议设定

3.物权的效力必须由法律规定,而不能由当事人通过协议加以设定

4.物权的公示方法必须由法律规定,不得由当事人随意确定

物权法定原则与合同自由原则的区别体现了合同法与物权法的不同之处。

(二)一物一权原则

1.物权的客体仅为独立的特定的物

只有在作为物权的客体的物具有独立性和特定性的情况下才能明确物权的支配范围,使物权人能够在其客体之上形成物权并排斥他人的干涉。

2.一个所有权的客体仅为一个独立物

所有权是一种最终的支配权,决定了所有权的规则只能是一物一权,即一物之上只能存在一个所有权,而不能是多重所有。根据一物一权原则,一个所有权的客体仅为一个独立物;集合物原则上不能成为一个所有权的客体,而只能成为多个所有权的客体。

(三)公示、公信原则

1.公示原则

公示原则是指物权在变动时,必须将物权变动的事实通过一定的公示方法向社会公开,从而使第三人知道物权变动的情况,以避免第三人遭受损害,并保护交易安全。物权的变动之所以要公示,是由物权的性质决定的。因为物权具有排他的、优先的效力。如果物权的变动不采用一定的公示方法,某人享有某种物权,第三人并不知道,而该人要向第三人主张优先权时,必然会使第三人遭受损害。

物权公示制度的建立极大地减少了产权变动中的纠纷,从而维护了交易的安全和秩序。对于基于不同法律事实发生的物权变动,公示原则具有不同的意义。对于基于民事行为发生的物权变动,原则上非经公示不发生物权变动的效果。而对于基于民事行为以外的原因发生的物权变动,不经公示虽然可以发生物权变动的效果,但是在公示完成之前,当事人不得处分之,如因继承、法院判决、事实行为等发生的物权变动。

2.公信原则

公信原则是指一旦当事人变更物权时,依据法律的规定进行了公示,则即使依公示方法表现出来的物权不存在或存在瑕疵,但对于信赖该物权的存在并已从事了物权交易的人,法律仍然承认其具有与真实的物权存在相同的法律效果,以保护交易安全。公信原则实际上是赋予公示的内容具有公信力。公示如不能产生公信力,其作用必然大为减弱。之所以要有公信原则,是因为仅贯彻公示原则,在进行物权交易时,固然不必顾虑他人主张未公示的物权,免受不测的损害。但公示所表现的物权状态与真实的物权状态不相符合的情况,在现实生活中也是存在的。如果法律对这种情形无相应的措施,当事人也会因此而遭受损失。

三、所有权

(一)所有权基本理论

1.所有权的概念

在人们的一般观念中,所有权是指一切为人们所拥有、控制财产的权利,不仅有体物,如土地、房屋、汽车,还有无体物,如权利,都归自己所有。但是,在法律观念中,所有权是指对于有体物的所有权。将所有权的客体原则上限于有体物,这在立法技术上较为科学,在法理上较为严谨。这是所有权与知识产权、债权等其他财产权相区别的基本界限。因此,财产所有权是指所有人依法对自己的财产享有占有、使用、收益和处分的权利。

2.财产所有权的特征

财产所有权是财产所有人在法律规定的范围内,对属于他的财产享有的占有、使用、收益、处分的权利。所有权属于物权,即直接管领一定的物的排他性权利,与同属于民事权利的债权构成财产权的两个类别。但是与债权相比,所有权具有如下几个特征:

(1)财产所有权是一种最完全的物权权利。所有权是所有人对于其所有物进行一般的、全面的支配,内容最全面、最充分的物权,它不仅包括对于物的占有、使用、收益,还包括了对物的最终处分权。所有权作为最完全的物权,是他物权的源泉。与之相比较,建设用地使用权、抵押权、质权、留置权等他物权,仅仅是就占有、使用、收益等方面的对于物直接支配的权利,只是享有所有权的部分权能。

(2)财产所有权是一种绝对权。财产所有权不需要他人的积极行为,只要他人不加以干预,所有人自己便能实现其权利。所有权关系的义务主体是所有人以外的一切人,他所负的义务是不得非法干涉所有权人行使其权利,是一种特定的不作为义务。所谓所有权是绝对权,是将所有权与其他民事权利相比较而言的。从立法政策上说,所有权是受限制的,不是绝对的。例如,国家为了公共利益需要,对不动产和动产进行征收或者征用,对企业和自然人行使所有权的限制等。

(3)财产所有权具有强烈的独占性、排他性。所有权属于物权,具有排他的性质。所有权人有权排除他人对于其行使权利的干涉,并且同一物上只能存在一个所有权,而不能并存两个或者两个以上的所有权。当然,所有权的排他性并不是绝对的,目前各国法律对所有权都有不同程度的限制。

(4)财产所有权具有弹力性。所有人在其所有物上为他人设定抵押权、地役权等权利,虽然占有、使用、收益甚至处分权都能与所有人发生全部或者部分的分离,但是只要没有发生使所有权消灭的法律事实,所有人仍然保持着对其财产的支配权,所有权并不消灭。当所有物上设定的其他权利消灭,所有权的负担除去的时候,所有权人仍然恢复其圆满的状态,即分离除去的权能仍然复归于所有权人,这被称之为所有权的弹力性。

(5)财产所有权具有永久性。这是指所有权的存在不能预定其存续期间。例如,当事人不能约定所有权只有 5 年期限,过此期限则所有权消灭。当事人对所有权存续期间的约定是无效的。

3.财产所有权的内容

财产所有权的内容,主要是指财产所有人在法律规定的范围内,对于其所有的财产可以行使的权能。权能是指权利人在实现权利时所能实施的行为。我国物权法规定,所有人对自己的动产和不动产,依照法律规定享有占有、使用、收益、处分的权利。因此所有权的权能包括占有、使用、收益和处分。

(1)占有,指单位或个人对于财产的实际管领和控制。这往往是所有权人对于自己的财产进行消费(包括生产性的和生活性的)、投入流动的前提条件。财产所有人可以自己占有财产,也可以由非所有人占有。所有人占有是指所有人自己在事实上控制自己的财产,直接行使占有权能。例如,公民对于自己所有的房屋、家具、生活用品的占有,集体企业对于厂房、机器的占有等。非所有人的占有,是指所有权人以外的人对于财产的事实上的控制。这种占有可以分为合法占有和非法占有。

(2)使用,指为发挥财产的使用价值而对财产的运用。使用是为了实现物的使用价值,满足人们的需要。例如,使用机器进行生产,使用电视机收看节目,居住房屋,乘坐汽车等。使用权能一般是由所有人自己行使,也可以由非所有人行使。非所有人根据法律或者约定使用他人财产,是为合法使用。例如,国有企业使用归其经营管理的国家财产,承租人依照租赁合同使用租赁物等。非所有人无法律依据而使用他人财产,为非法使用。例如,未经允许而居住他人房屋,未经批准在国家或者集体所有的土地上进行建筑等,都是非法使用。

(3)收益,指通过对财产的占有、使用而取得经济效益,包括孳息和利润。孳息分为法定孳息和自然孳息,法定孳息是指法律关系取得的利益,如利息、租金;自然孳息是指果实、动物的产物等收取的利益,如耕种土地收取粮食、采掘矿藏收取矿石。收益还包括收取物的利润，即把物投入社会生产过程、流动过程所取得的利益。收益权能一般由所有权人行使；他人使用所有物时，除了法律或者合同另有规定外，物的收益归所有权人所有。

(4)处分，是对某项财产在事实上或法律上的最终处置，是所有权中具有根本性的一项权能。通说认为，处分包括事实上的处分和法律上的处分。前者是指通过事实行为对所有物加以处置，如消费、加工、改造、毁损等，后者是指通过法律行为改变所有物的法律状态，如租借、转让、设定他物权等。处分权是所有权内容的核心和拥有所有权的根本标志。处分权与所有权人分离时，所有权并未消灭，因为尚有收益权作为所有权存在的标志。由于处分权是决定财产命运的一种权能，因此，这一权能通常只能由所有人自己行使，非所有人不得随意处分他人所有的财产。例如，保管人将保管物消耗，承租人将租赁物出卖，都是不允许的，这是侵犯他人所有权的侵权行为。只有在法律特别规定的场合，非所有人才能处分他人所有的财产。

(二)所有权的取得和消灭

从所有权的取得方式来看，所有权的取得主要分为原始取得和继受取得两种。

1.所有权的原始取得

即所有权的第一次产生，或者说所有权非由他人手中取得。所有权的原始取得方法，主要有先占、添附、拾得遗失物、发现埋藏物及善意取得等。此外，国有化和没收是国家所有权特有的取得方法。

(1)先占，主要指以所有的意思占有无主动产而取得其所有权的法律事实。

根据目前学界的通说观点，构成先占应当具备以下要件：第一，须为无主物；第二，须为动产；第三，须以所有的意思占有无主物，所谓以所有的意思是指以将占有的动产如同自己所有之物归于自己管领支配的意思。

(2)添附，指因附合、混合而相互结合或因加工而成为新物。其主要包括如下三种：

第一，附合，指两个以上不同所有人的物集合在一起而不能分离，若分离会毁损该物或者花费较大，如用他人的建筑材料建造房屋。原则上，各动产所有人按动产附合时的价值共有之；如果附合的动产有可视为主物的，则由该主物所有人取得合成物的所有权。

第二，混合，指动产与他人动产结合，不能识别或识别需费过巨的情形。混合的法律效果准用动产附合的规定。

第三，加工，指在他人之物上劳作，从而使其具有更高价值的活动。动产、他人所有之动产，因加工而制成新物，加工物的归属原则上归属于原料所有人。

(3)拾得遗失物。遗失物是指他人不慎丧失占有的动产。失散的饲养动物，通常也被视为遗失物。拾得遗失物，是指发现他人遗失物而予以占有的法律事实。

(4)发现埋藏物。埋藏物指埋藏于他物之中，其所有权归属不明的动产。埋藏物与遗失物的区别在于,埋藏物必须藏于他物之中,且其所有人不能判明,而遗失物则不以藏于他物为必要,且通常可以查明其所有人。另外,遗失物的遗失人不是基于其意思丧失对物的占有,而埋藏物则多为有意埋藏。

(5)善意取得,指无权处分他人动产的占有人,在不法将动产转让给第三人以后,如果受让人在取得该动产时出于善意,就可依法取得对该动产的所有权,受让人在取得动产的所有权以后,原所有人不得要求受让人返还财产,而只能请求转让人(占有人)赔偿损失。善意取得应具备以下条件:第一,标的物必须是依法可以流通的动产;第二,让与人是动产占有人,且对动产无权处分;第三,受让人通过有偿交换而取得动产;第四,受让人取得动产时出于善意。

善意取得的法律效果在于,它将导致动产所有权的移转。从受让人实际占有该动产时起,受让人就成为动产的合法所有人,原所有人的所有权归于消灭。由于让与人处分他人的财产是非法的,因而其转让财产获得的非法所得,应作为不当得利返还给原所有人。如果返还不当得利仍不足以补偿原所有人的损失,则原所有人有权基于侵权行为请求让与人赔偿损失。

(6)时效取得,是指一定的事实状态持续一定的时间后即产生一定的法律后果的制度。

2.所有权的继受取得

继受取得,又称为传来取得,是指通过一定的法律行为从原所有人那里受让所有权的取得方式。

继受取得主要具有如下方式:

(1)买卖合同:民事主体双方达成协议,出卖人一方将财产交给买受人一方所有,买受人接受此项财产并支付价款。通过买卖,由买受人取得了原属出卖人的财产所有权。

(2)赠与、互易:赠与人自愿将其财产无偿转移给受赠人,或一方以金钱之外的某种财产与他方的财产相互交换,也可导致所有权的移转。

(3)继承遗产:继承人按照法律的直接规定或者合法有效遗嘱的指定,取得被继承人死亡时遗留的个人合法财产。

(4)接受遗赠:自然人、集体组织或者国家作为受遗赠人,按照被继承人生前所立的合法有效遗赠的指定,取得遗赠的财产。

(5)其他合法原因:因其他合法原因,也可以取得或形成财产所有权,如参加合作经济组织的成员通过合股集资的方式组成合法经济组织,形成新的所有权形式。

3.所有权的消灭

相比所有权的取得,所有权的消灭原因较为简单,其主要分为绝对消灭和相对消灭。绝对消灭是指所有权(标的物)的灭失,不仅所有权人因而失去了所有权,其他人也失去了这种可能。相对消灭是指某一特定主体失去了所有权,但其他人仍可以取得所有权,任何人的财产所有权均因死亡而消灭。

综合目前所有权消灭的表现来看,其大致分为如下几种:

(1)客体灭失:如因自然灾害、生活消费、生产消耗等事实或行为引起的所有权客体的灭失。

(2)主体消灭:如公民自然死亡或被宣告死亡,法人被撤销或解散,无法再作为所有权人,原享有的所有权依法律程序被转移给他人从而归于消灭。

(3)依法转让:如公民或法人通过买卖、赠与等合法方式将其财产出卖、赠与他人,使得原所有权发生移转。

(4)所有权被抛弃:如丢弃某项财物等,导致其不再享有对被弃财物的所有权。

(5)依法强制消灭:国家依照法律规定,为了社会公共利益的需要,采用强制措施,有偿或无偿地迫使所有权人转移原享有的所有权。如国家依法征收某项财产。

四、用益物权

(一)用益物权的基本理论

1.用益物权的概念

用益物权是对他人所有的物,在一定范围内进行占有、使用、收益、处分的他物权。基于不同的历史文化传统与经济制度,各国民法上的用益物权类型大多有所不同,体现了较为突出的固有法特征。在我国现行民法与民法学理论中,主要有土地承包经营权、建筑用地使用权、宅基地使用权、地役权等。

2.用益物权的特征

与财产所有权、担保物权相比较,用益物权具有如下特征:

(1)用益物权以对标的物的使用、收益为主要内容,并以对物占有为前提。

用益物权之“用益”,顾名思义,就是对物的使用、收益,以取得物的使用价值。在这点上用益物权与担保物权有所不同,也因此决定了用益物权的设立以对标的物的占有为要件。也就是说,必须将标的物的占有转移给用益物权人,由其在实体上支配标的物,否则,用益物权的目的就根本无法实现。例如,不转移对土地的占有,建设用地使用权人就根本不可能在土地上建造建筑物。可见,就对标的物的支配方式而言,用益物权是对标的物的有形支配,而且这种有形支配是作为对物的利用的前提而存在的。担保物权则有所不同,它的内容在于取得物的交换价值,因此可不必对物进行有形支配,而以无形支配为满足。当然,对于质权和留置权而言,也必须以对标的物的占有为必要,但是这种占有是权利的保持和公示的防范,它并不是对标的物利用的前提。

(2)用益物权是他物权、限制物权和有期限物权。

用益物权是在他人所有物上设定的物权,是非所有人根据法律的规定或者当事人的约定,对他人所有物享有的使用、收益的权利,因此从其法律性质上说,它应当属于他物权。基于用益物权的他物权性质,其还是限制物权和有期限物权。用益物权是一种限制物权,它只是在某些方面支配标的物的权利,没有完全的支配权,例如,建设用地使用权、地役权之限于在特定的方面使用他人的土地,而不像所有权那样作为一种完全的权利,是一种在全面的关系上支配标的物的权利。另外,用益物权的限制物权性质还有一层含义,就是用益物权是在他人之物上设定的权利,实际上是根据所有人的意志在所有权上设定的负担,起着限制所有权的作用。因此在权利效力范围上,用益物权比所有权具有较优的效力。例如,土地所有人在自己的土地上为他人设定了建设用地使用权,则建设用地使用权人要优先于土地所有人使用土地。

另外,用益物权还是一种有期限的物权,这点与所有权不同,所有权是没有一定存续期限的物权。用益物权则设有一定的期限,在其存续期限届满时用益物权即当然归于消灭。不过,用益物权的存续期限,其表现形式可以是一个确定的期限,如30年,也可以是一个不确定的期限,此时的用益物权在符合一定的条件时,可以随时由当事人的行为使其终止。

(3)用益物权主要以不动产,尤其是土地为标的物。

用益物权的标的物只限于不动产,在这一点上它与所有权和担保物权有所不同,所有权和担保物权的标的物既包括动产,也包括不动产。不动产一般是指土地及其定着物(主要是房屋)。用益物权的标的物主要是土地,如建设用地使用权、地役权等权利都是以土地为其标的物的。用益物权作为不动产物权,由于不动产在财产体系中的重要地位,使得用益物权成为一种非常重要的财产权利。而由于不动产作为权利客体本身所具有的特殊性,法律对用益物权的确认和保护,在权利的效力范围、行使方式及限制等方面的法律思想、法律技术及具体规范都是不同于动产物权的。

(4)用益物权主要是以民法为依据,但也有以特别法为依据。

典型的用益物权是民法上的用益物权,如各国立法例上的地上权、永佃权、典权、用益权、居住权、地役权等,这些用益物权不仅地位较为重要,而且在其适用范围上也比较广泛。但土地法、自然资源法等特别法上也有一些用益物权形式,如海域使用权、探矿权、采矿权、狩猎权、取水权、从事养殖和捕捞的权利等,这些用益物权在主体、客体或者效力范围等方面均有一定的特殊性。所以在法律适用上,应当首先适用特别法,只有在特别法无规定时,才适用民法。

(二)传统民法中用益物权的类型

1.地上权

地上权指在他人土地上建筑房屋、其他工作物或种植竹木的权利。其主要具有以下特征:第一,以他人土地为标的物,以利用他人土地为内容,属于他物权、用益物权、不动产物权;第二,以建筑物、其他工作物或竹木的所有为目的;第三,不以有期、有偿、有建筑物、其他工作物或竹木为限;第四,从效益上说,具有独立性、可处分性。

地上权的取得,通常通过以下两种方式:第一,基于法律行为取得地上权,如土地拍卖;第二,基于法律行为以外的事实取得地上权,如继受取得或者时效取得等。

2.永佃权

永佃权,指支付佃租长期或永久在他人土地上进行耕作或畜牧的权利。其主要具有以下特征:第一,以他人土地为标的物;第二,以耕作或畜牧为目的;第三,以支付佃租为成立条件;第四,为长期或永久性权利。

3.地役权

地役权,指以他人土地供自己土地便宜之用的权利。其主要具有以下特征:第一,以他人土地为标的物,以利用他人土地为内容。第二,以他人土地供自己土地便宜之用为目的。第三,可以是有偿的,也可以是无偿的;可以是有期限的,也可以是永久的。第四,具有从属性。地役权从属于需役地的所有权,为从物权的一种。第五,具有不可分性。即地役权的取得、消灭或享有应为全部,不得分割为数部分或仅为一部分而存在。

4.典权

典权,指支付典价占有他人不动产而为使用、收益的权利。其具有以下特征:第一,客体的特定性。在旧中国的历史上虽然出现过以动产、土地甚至人身为客体的典权,但这已被现代民法所摈弃。新中国的民法理论和司法实践只确认了房屋典权,因此,典权的客体只限于房屋。第二,以支付典价为成立要件。在设定典权时,典权人必须向出典人支付典价。是否支付典价是典权与借用关系的重要区别。典价的支付并不导致所有权的转移,这是典权与买卖关系的重要区别。第三,以使用、收益为目的。典权人取得典权后以对典物的使用、收益为主要目的。典权人可以直接占有典物,以实现对典物的使用和收益,也可以为了达到使用、收益的目的而将占有的权能让渡出去。第四,在回赎权期限内,出典人有权支付原典价回赎典物。

(三)我国民法上规定的用益物权

1.国有土地使用权

(1)概念

国有土地使用权,指境内外的公司、企业、其他组织和个人以房地产开发为目的,占有、使用和收益城镇国有土地的权利。

(2)特征

国有土地使用权主要具有以下几个特征:第一,国有土地使用权以城镇国有土地为标的物。第二,国有土地使用权以房地产开发为目的。第三,国有土地使用权的取得方式主要是土地使用权的出让与划拨。其中,土地使用权出让主要采取协议、招标、拍卖的方式。以出让方式取得土地使用权的,土地使用者须向国家支付土地使用权出让金,并且有期限限制。以划拨方式取得土地使用权的,土地使用者无须向国家支付土地使用权出让金,并且除法律、行政法规另有规定外,没有使用期限的限制。

2.土地承包经营权

(1)概念

土地承包经营权,指农户或者其他单位、个人以农业生产为目的承包经营农村土地的权利。农村土地是农村集体经济组织成员谋求生存与发展的重要的生产资料,因而应当保障农村集体经济组织成员依法参加承包关系,获得本集体所发包的土地之经营权的权利。该权利是反映我国经济体制改革中农村承包经营关系的新型物权。

(2)特征

按照《民法通则》《民法总则》的相关规定,土地承包经营权主要具有如下四个特征:第一,土地承包经营权以农村土地为标的物,以占有、使用和收益土地为内容。第二,土地承包经营权以农业生产为目的。第三,土地承包经营权的期限是有限制的。根据《中华人民共和国农村土地承包法》规定,耕地的承包期限为30年,草地为30年到50年,林地为30年到70年,特殊林木的林地承包期限,经过国务院林业行政主管部门批准可以延长。第四,承包人一般为本集体经济组织的成员。

(3)承包人的权利和义务

第一,承包人主要具有如下权利:①占有权;②使用权,不但有权使用所承包的土地或其他生产资料,而且有权使用集体组织所有的农林设施;③收益权,承包人并不取得全部收益的所有权,而是取得向发包人支付约定数额后所余的收益的所有权;④处分权,承包人有权转让承包经营权。

第二,承包人主要具有如下义务:①妥善使用土地等生产资料;②支付约定数额的收益给发包人;③独立承担风险。

3.宅基地使用权

(1)概念

宅基地使用权,指农户以建设住宅为目的,占有、使用和收益农村集体土地的权利。根据我国物权法的规定,宅基地使用权人依法对集体所有的土地享有占有和使用的权利,有权利用该土地建造住宅及其附属设施。

(2)特征

按照《民法通则》《民法总则》的相关规定,宅基地使用权主要具有如下五个特征:第一,宅基地使用权的主体只能是农村集体经济组织的成员。城镇居民不得购置宅基地,除非其依法将户口迁入该集体经济组织。第二,宅基地使用权的用途仅限于村民建造个人住宅,包括住房以及与村民居住生活有关的附属设施,如厨房、院墙等。第三,宅基地使用权应当实行严格的"一户一宅"制。根据土地管理法的规定,农村村民一户只能有一个宅基地,其面积不得超过规定的标准。农村村民建造住宅,应当符合乡镇土地利用的总体规划,并尽量使用原有的宅基地和村内空闲用地。

(3)宅基地使用权的内容

宅基地使用权人对宅基地应当享有以下权利,并承担一定的义务。第一,占有和使用宅基地。宅基地使用权人有权占有宅基地,并在宅基地上建造个人住宅以及与居住生活相关的附属设施。第二,收益和处分。宅基地使用权人有权获得因使用宅基地而产生的收益,如在宅基地空闲处种植果树等经济作物而产生的收益。同时,宅基地使用权人有权依法转让房屋所有权,则该房屋占有范围内的宅基地使用权一并转让。第三,宅基地因自然灾害等原因灭失的,宅基地使用权消灭。对没有宅基地的村民,应当重新分配宅基地。第四,宅基地使用权人出卖、出租住房后,再申请宅基地的,土地管理部门将不再批准。并且,宅基地使用权的受让人只限于本集体经济组织的成员。

(4)宅基地使用权的终止

当出现以下事由之一的,宅基地使用权将终止:第一,因乡(镇)村公共设施和公益事业建设需要使用土地,宅基地被依法收回;第二,因不按批准的用途使用土地,宅基地被依法收回;第三,因法律、行政法规规定的其他原因而终止。

五、担保物权

(一)担保物权的基本理论

1.概念

担保物权,指在债务人或第三人的物或权利上成立的以确保债权的实现为内容的限制物权。

一般来说,债务人对于自己负担的债务,应当以其全部财产负履行义务,也即债务人的全部财产是债务履行的总担保。在债务不能履行时,债权人得请求人民法院依照法定程序变卖债务人的财产,以其价金来清偿债权。债权不具有排他性,因而对于同一债务人,不妨有同一内容或者不同内容的数个债权并存。对于同一债务人,可能发生负债超过其财产总额的情况,而一切债权都处于平等地位,其间并不发生顺位的问题。同一债务人的数个债权人,对债务人的财产都平等地享有债权,如果债务人的财产不足以清偿总债权时,就要依各债权人的债权额按比例分配,债权人的债权就可能得不到完全清偿,这是一方面。另一方面,债权也不具有追及性,在债务人让与财产于他人时,该部分财产即失去担保的性质,因而可能发生债务人以让与财产的行为而导致损害于债权人的结果。所以,不论债务人是否负担其他债务,也不论债务人是否将此担保物让与他人,债权人对此担保物有权直接行使其权利,以之供债权清偿,这即是担保物权。

2.特征

担保物权具有如下特征:

(1)从属性。担保物权以担保债权的实现为目的,具有从属于被担保债权的属性。具体来说,担保物权以债权的发生为必要前提,债权一旦消灭,担保物权也随之消灭;被担保债权转移于他人,则担保债权也随同转移。

(2)不可分性。为了增强担保的效力以确保债权的实现,有必要以担保物的全部担保债权的全部。具体来说,一方面,若担保物分割为数部或为数人所有或部分灭失时,担保物权则存在于各个物上,即以担保物的各部担保债权的全部,这被称为"担保物分,担保物权不分"。另一方面,若被担保债权部分转让或灭失时,担保物权仍担保各部分债权,即以担保物的全部担保债权的各部,这被称为"被担保债权分,担保物权不分"。这就是担保物权的不可分性。但担保物权的不可分性不是担保物权性质上的不可分,而是为增强其担保效力而由法律赋予的,因此,当事人可以通过约定加以排除。

(3)物上代位性。担保物权是以担保物的价值确保债权的实现,因此它支配的是担保物的交换价值而非担保物本身。当担保物灭失、毁损或被征用时,担保物权存在于保险金、损害赔偿金、补偿金等代位物上。这就是担保物权的物上代位性。

(二)担保物权的类型

1.抵押权

(1)概念

抵押权,指债务人或者第三人不转移对财产的占有,将该财产作为债权的担保,在债务人不履行债务时,债权人将该财产折价或者以拍卖、变卖该财产的价款优先受偿的担保物权。抵押权的标的物是债务人或者第三人提供担保的不动产或者其财产。抵押物主要是不动产,也可以是动产。抵押权是就债务人或者第三人提供的抵押物设定的,要债权人与债务人或者第三人就抵押物设定抵押权进行约定,在这点上,它与法律规定当然地产生留置权是有所不同的。

(2)性质

抵押权虽为担保债权的履行而存在,但其效力是支配抵押物的价值,而不是请求债务人为某种给付,因此它是支配权、物权,具有排他效力、优先效力、追及效力和物上请求权等效力。抵押权除具有担保物权的共同特性外,还具有如下特征:第一,抵押权是一种意定担保物权。抵押权依当事人之间的抵押权设定合同而产生,属于意定担保物权。第二,抵押权不以占有标的物为成立要件,是非占有担保物权。既可使抵押权人免于保管抵押物,又可使抵押人继续使用、收益抵押物,两全其美。因此,抵押权被认为是最理想的担保方式,有"担保之王"的美誉。第三,抵押权主要以不动产为标的物。抵押权主要以不易移动、毁损和保值、增值较优的不动产为标的物。

(3)抵押权的设立

抵押权主要是通过当事人的抵押行为而发生的。抵押行为是当事人以意思表示设定抵押权的双方民事行为,其具体表现形式为抵押合同。根据我国物权法的规定,设立抵押权,当事人应当采取书面的形式订立抵押合同。

抵押合同应当包括以下内容:①被担保的主债权种类、数额;②债务人履行债务的期限;③抵押物的名称、数量、质量、状况、所在地、所有权权属或者使用权权属;④抵押担保的范围,其主要包括主债权及利息、保管抵押财产和抵押权实现的费用、违约金和损害赔偿金,对于抵押担保的范围,当事人可以有特别约定;⑤当事人认为约定的其他事项。

抵押合同不完全具备上述内容时,当事人可以进行补正。对抵押合同的补正,亦必须符合法律要求的登记或者其他形式要件方为有效。但是,抵押合同对被担保的主债权种类、抵押财产没有约定或者约定不明的,根据主合同和抵押合同不能补正或者依法推定的,抵押不成立。抵押权通过抵押合同设定,以抵押合同的有效为前提。抵押物必须是法律允许设定抵押权之物(或权利)。

(4)抵押权的效力

①抵押权所担保债权的范围。根据《担保法》第四十六条的规定,“除抵押合同另有约定外,抵押担保的范围包括主债权及利息、违约金、损害赔偿金和实现抵押权的费用。”

②抵押权标的物的范围。一般认为,抵押权的效力不但及于原抵押物,而且及于抵押物的从物及从权利、抵押物的附合物、抵押物的孳息和抵押物的代位物。

③抵押人的权利。一是设定抵押权;二是设定用益物权;三是让与所有权。抵押期间,抵押人转让已办理登记的抵押物的,应当通知抵押权人,并告知受让人转让物已经抵押的情况。抵押人未通知抵押权人或者未告知受让人的,转让行为无效。

④抵押权人的权利。一是抵押权保全权,包括抵押物价值减少防止权和抵押物价值减少的补救权;二是抵押权处分权。

抵押权处分权又包括三种,一是抵押权的让与,应与其所担保的债权一同转让于他人。二是抵押权的抛弃。绝对抛弃是指抵押权人为一切债权人的利益而抛弃其抵押权,实质上是抵押权人与抵押人解除抵押合同。抵押权的相对抛弃,是指抵押权人仅为同一债务人的其他债权人的利益抛弃抵押权。三是优先受偿权。抵押权人于债务人在清偿期届满不履行债务时,有权以抵押物的价值优先受偿。

(5)抵押权的实现

抵押权的实现是在债权已届清偿期而没有清偿时,抵押权人就抵押物受偿的行为。抵押权的作用就在于担保物权受偿,因此,抵押权的实现就是发挥抵押权的作用的方式和途径。抵押权的实现,必须具备以下两个条件:

①须抵押权有效存在。抵押权的实现,必须以抵押权的有效存在为前提。如果抵押权无效,例如,法律规定应当登记设立的抵押权未经登记,或者抵押权已经消灭,或者抵押权人已经抛弃抵押权,则抵押权不能实现。

②须给付延期，即债务已届清偿期而未给付。抵押权只是担保债务履行的防范，在债务清偿期未到，债务人还不必履行债务时，抵押权人自然没有实现其抵押权的权利。如果债务已届清偿期，债务人已经如期履行债务时，抵押权所担保的债权消灭，抵押权自应当随之消灭。只有在债务已届清偿期，债务人不履行债务时，抵押权人才可以实现其抵押权。

抵押权的实现方法主要有两种：一是以拍卖、变卖抵押物所得价款受偿，即抵押权人在债权已届清偿期而未受清偿时，可以依照一定的程序拍卖抵押物，就其所卖得的价金进行受偿；二是与抵押人协议以抵押物折价，取得抵押物的所有权，在债权清偿期届满后，抵押权人与抵押人订立合同，由抵押权人取得抵押物的所有权，将抵押物的价值高于债权额的部分，返还抵押人。

抵押权因主债务的履行、抵押物灭失、抵押权归抵押权人所有、抵押权实现及抵押权人抛弃抵押权等原因而消灭。

2.质押权

(1)概念

质押权，又称质权，指为了担保债务的履行，债务人或者第三人将其动产或者财产权利移交给债权人占有，当债务人不履行债务或者发生当事人约定的实现质权的情形时，债权人有就其占有的财产优先受偿的权利。

(2)质押权的分类

质押权包括动产质权和权利质权。动产质权是指债务人或第三人将其动产移交债权人占有，将该动产作为债权的担保，债务人不履行债务时，债权人有权依法将该动产折价或者以拍卖、变卖该动产的价款优先受偿的担保物权。权利质权是为了担保债务的履行，就债务人或者第三人所享有的财产权利设定的质权。简言之，动产质权是以动产为标的物设定的质权；权利质权是以可转让的财产权利为标的物设定的质权。权利质权除了一些特殊问题外，准用动产质权的规定，因此，权利质权是一种准质权。

我国民间的当铺，又称为典当行、典卖行，实际是专门从事质押营业的，其享有的权利称为营业质权，即债务人以一定的财物交付于债权人作为担保，向债权人借贷一定数额的金钱，于一定期限内，债务人清偿债务后即取回担保物，与期限届满后，债务人不清偿时，担保物即归债权人所有，或者由债权人以当物的价值优先受清偿。可见，这种营业质权不同于典权。典权虽然有担保的作用，但就其基本性质而言，属于用益物权。营业质权也不同于质权。在质权中是禁止当事人约定在债务履行期届满质权人未受清偿时，质物的所有权转移为质权人所有的，而营业质权则不受此限制。

(3)质押权的性质

相比抵押权、留置权而言，质押权具有一些特征，其主要表现在以下两点：第一，质权是意定担保物权。这是质权与抵押权相同、与留置权不同之处。第二,质权是占有担保物权。第三,质权的标的物为动产和可以转让的财产权利。

3.留置权

(1)概念

留置权,指债权人按照合同约定占有债务人的动产,债务人不按照合同约定的期限履行债务的,债权人依法留置该动产,以该动产折价或者以拍卖、变卖该财产的价款优先受偿的法定担保物权。留置权的主要功能在于担保债权受偿,而不在于对物的使用、收益,因此留置权是一种担保物权。留置权是一种法定担保物权。留置权是在符合一定条件时,依照法律的规定而产生的,而不是依当事人之间的协议而设定的。担保法规定,因保管合同、运输合同、加工承揽合同所发生的债权,债务人不履行债务的,债权人有留置权。但是当事人可以在合同中约定排除留置权。

(2)留置权的性质

第一,留置权是以动产为标的物的担保物权。留置权的作用,在于担保债权受偿,而不是在于对物的使用、收益,因此留置权是一种担保物权。留置权是债权人留置债务人动产的权利。具体来说,债权人在自己的债权受清偿前,拒绝返还所占有的债务人的动产;当债务人超过法定期限仍不履行债务时,债权人即可就留置物受偿,以实现其债权。

第二,留置权是一种法定担保物权。留置权在符合一定条件时,依照法律的规定产生,而不是依当事人之间的协议设定的。

另外,留置权也具有从属性、不可分割性和物上代位性等担保物权的共同属性。

(3)留置权成立的条件

留置权成立的条件,包括积极条件和消极条件。

就积极条件而言,主要有三个方面:第一,留置权人享有基于留置物而产生的债权。留置物必须与所担保的债权有牵连关系,亦即留置权所担保的债权就是以留置物为标的,若留置物与所担保的债权、债务内容无关,则不能产生留置权。留置权只担保合同之债。第二,债务人逾期不履行债务。债务到了履行期限,留置权才刚刚成立。留置权人要行使留置权,还必须经过一定的催告期间方可实行。第三,须债权的发生与该动产有牵连关系。债权人所占有的债务人的动产必须与其债权的发生具有牵连关系,才有留置权可言。在我国的立法、司法实践中,留置权的牵连关系则为债权与留置物占有取得之间的关联,即债权与标的物的占有的取得是基于同一合同关系。在债权的发生与标的物的占有取得是因同一合同关系而发生,并且债务人不履行债务时,债权人有留置权。

就消极条件而言,主要有三个方面:第一,对动产的占有不是因为侵权行为而取得的。留置权的取得,以对债务人的动产的占有为前提,但其占有必须是合法占有。如果是因侵权行为占有他人的动产,则不发生留置权。第二,对动产的留置不违反公共利益或者善良风俗。对动产的留置如果违反公共利益或者善良风俗，如留置他人的身份证或者待用的殡葬物，都是违法的，债权人均不能为之。第三，对动产的留置不得与债权人的义务相互抵触。债权人留置债务人的动产如果与其所承担的义务相互抵触，也不得为之。

第三节 债　　权

一、债的概念和产生根据

（一）债的概念

债，指按照合同的约定或者依照法律的规定，在当事人之间产生的特定的权利和义务关系。其中，享有权利的人是债权人，其享有的权利称债权；负有义务的一方为债务人，其负担的义务是债务。

债的关系属于一种民事法律关系，可分为狭义的债的关系和广义的债的关系。狭义的债的关系，指个别的给付关系。以房屋买卖合同（买卖之债）为例，出卖人交付房屋、转移房屋的所有权，买受人受领房屋，属于一种狭义债的关系；买受人支付价款，出面人受领价款，属于另一狭义的债的关系。此外，还有告知义务、瑕疵担保的义务，甚至还有费用偿还、利息支付等义务。这些狭义的债的关系，构成买卖合同关系这种广义的债的关系。在该房屋买卖合同的关系中，出卖人交付了房屋，其债的关系（狭义）就消灭了，但是支付价款的狭义债的关系仍继续存在，当买卖双方都履行了各自的全部义务，买卖之债的关系（广义）才消灭。因此，买卖、租赁等各种债均属于广义的债。

（二）债的产生根据

债的产生根据，也称债的发生原因，指能够引起债的关系产生的法律事实。

在我国，民法上债的产生根据可分为两类：一种是基于合同，另一种是基于法律规定。综合来看，在各国民法上，能够引起债的产生的法律事实主要有以下六种：

1.合同

合同是平等主体的自然人、法人、其他组织之间设立、变更、终止民事权利义务关系的协议。合同依法成立后，即在当事人之间产生债权债务关系，因此合同是债的发生根据。基于合同所产生的债，称为合同之债。合同之债是当事人在平等基础上自愿设立的，是民事主体开展各种经济交往的法律表现，也是债的最常见、最主要的表现形式。

2.单方允诺

单方允诺，也称单独行为或单约束行为，指表意人向相对人作出的为自己设定某种义务，使对方取得某种权利的意思表示。依意思自治原则，民事主体可基于某种物质上或精神上的需要为自己设定单方义务，同时放弃对于他方当事人的对价请求。因此，单方允诺能够引起债的发生。在社会生活中较为常见的单方允诺有悬赏广告、设立幸运奖和遗赠等。

3.侵权行为

侵权行为，指不法侵害他人的合法民事权益的行为。依法律规定，侵权行为发生后，加害人负有赔偿受害人损失的义务，受害人享有请求加害人赔偿损失的权利。这种特定主体之间的权利义务关系，即为侵权行为之债。侵权行为之债是除合同之债以外的另一类较为常见的债，它由非法行为引起，依法律规定而产生，以损害赔偿为主要内容。

4.无因管理

无因管理，指没有法定的或约定的义务，为避免他人利益受损而为他人管理事务或提供服务的行为。无因管理一经成立，在管理人和本人之间即发生债权债务关系，管理人有权请求本人偿还其因管理而支出的必要费用，本人有义务偿还，此即无因管理之债。无因管理之债与合同之债一样，都是因合法行为而发生的；二者的根本区别在于，合同之债为意定之债，无因管理之债为法定之债。

5.不当得利

不当得利，指没有合法根据而获得利益并使他人利益遭受损失的事实。依法律规定，取得不当利益的一方应将所获利益返还给受损失的一方，双方因此形成债权债务关系，即不当得利之债。不当得利之债与侵权行为之债、无因管理之债同属法定之债，其特点在于，它既不像合同之债那样基于当事人的合意而成立，也不像侵权行为之债那样因不法行为而发生，或像无因管理之债那样因合法的事实行为而发生，而是基于当事人之间的利益发生不当变动的法律事实（事件）而发生。

6.其他原因

除上述法律事实外，债的关系还可因其他法律事实而产生。例如，因缔约过失，可在缔约当事人之间产生债权债务关系；因拾得遗失物，可在拾得人与遗失物的所有人之间产生债权债务关系；因防止、制止他人合法权益受侵害而实施救助行为，可在因此而受损的救助人与受益人之间产生债的关系。

二、债的主要特征

“债”作为民法上重要的法律关系，具有如下基本特征：

1.债反映的主要是财产关系

债是一种财产法律关系。民法调整平等主体之间的财产关系和人身关系,其结果表现为财产法律关系和人身法律关系。债的关系是建立于债权人与债务人之间的利益关系,这种利益关系或者直接表现为财产性质,或者最终与财产利益相关。债的关系所包含的债权、债务,最终都能以货币衡量评价。因此,债是一种财产法律关系。

2.债反映的是特定主体之间的法律关系

法律关系有的发生于特定主体与不特定主体之间,有的发生于特定主体与特定主体之间。债的关系是特定主体之间的法律关系,其权利主体(债权人)和义务主体(债务人)都是特定的。换言之,债权人只能向特定的债务人主张权利,债务人也只对特定的债权人承担义务。这种权利义务的相对性,是债的关系与物权关系、知识产权关系以及继承权等关系的重要区别(后者只有权利主体是特定的,义务主体则为不特定的人)。需要指出的是,债的主体的特定化,并不排除在特殊情形下债的效力及于当事人之外的第三人(如债权人代位权),也不排除债的主体的变更(债权人更换和债务人替代)。

3.债的客体是债务人的特定行为

作为债的关系的要素之一,债的客体,即债权债务指向的对象,是债务人应为的一定行为(作为或不作为),统称为给付。债的关系通常与一定的财物、智力成果或者劳务相联系,但债的客体并非财物、智力成果或劳务,而是债务人应当履行的交付财物、转让智力成果、提供劳务等行为。换言之,债的客体是给付,而财物、智力成果、劳务等则是给付的对象或给付标的。这一特征与物权关系、知识产权关系不同。物权以物为客体,知识产权则以知识产品为客体。

4.债需要通过债务人的特定行为实现

民事法律关系是当事人实现其特定利益的法律手段,但不同法律关系的目的不尽相同,权利人实现其利益的方式也有所不同。债的目的是一方从另一方取得一定的财产利益。这一目的,只能通过债务人的给付才能实现,没有债务人为其应为的特定行为,债权人的权利(利益)便不能实现。而在物权关系、知识产权关系中,权利人可以直接通过自己的行为实现其权利,无需借助于义务人的行为来实现法律关系的目的。

5.债的发生具有任意性和多样性

债的关系可因合法行为而发生,也可因不法行为而发生。对于合法行为设定的债,法律并不限定其种类,而是任由当事人自行设定。而物权关系、知识产权关系一般只能因合法行为而发生,并且其类型具有法定性,当事人不得任意设定法律未做规定的物权和知识产权。

三、债的分类

根据不同标准,债可以划分为不同种类。

(一)意定之债与法定之债

按照债的设定及其内容是否允许当事人以自由意思决定,债可以分为意定之债与法定之债。意定之债,指债的发生及其内容由当事人依其自由意思决定的债。合同之债和单方允诺之债均为意定之债。法定之债,指债的发生及其内容均由法律予以规定的债。侵权行为之债、无因管理之债和不当得利之债均属法定之债。

(二)特定之债与种类之债

根据债的标的物的不同属性,债可划分为特定之债和种类之债。以特定物为标的的债称为特定之债,以种类物为标的的债称为种类之债。在前者,债发生时,其标的物即已特定化;在后者,债成立时其标的物尚未特定化,甚至尚不存在,当事人仅就其种类、数量、质量、规格或型号等达成协议。

(三)单一之债与多数人之债

根据债的主体双方是单一的还是多数的,债可分为单一之债和多数人之债。单一之债,指债的主体双方即债权人和债务人均为一人的债;多数人之债,指债权人和债务人至少有一方为二人或二人以上的债。

(四)按份之债与连带之债

对于多数人之债,根据多数一方当事人之间权利义务关系的不同状态,可分为按份之债和连带之债。

按份之债,指债的多数人一方当事人各自按照确定的份额享有权利或者承担义务的债。其中,债权人为两人以上,各自按照确定的份额分享权利的,称为按份债权;债务人为两人以上,各自按照确定的份额分担义务的,称为按份债务。在按份债权中,各个债权人只能就自己享有的债权份额请求债务人给付和接受给付,无权请求和接受债务人的全部给付;在按份债务中,各债务人只对自己分担的债务额负责清偿,无须向债权人清偿全部债务。

连带之债,指债的多数人一方当事人之间有连带关系的债。所谓连带关系,是指对于当事人中一人发生效力的事项对于其他当事人同样发生效力。连带之债有连带债权和连带债务之分。在连带之债中,享有连带权利的每个债权人都有权要求债务人履行义务,负有连带义务的每个债务人都负有清偿全部债务的义务。履行了债务的连带债务人,有权要求其他连带债务人偿付其应当承担的份额。

(五)简单之债与选择之债

根据债的标的有无选择性,债可分为简单之债和选择之债。简单之债,是指债的履行标的只有一种,债务人只能按照该种标的履行、债权人也只能请求债务人按该种标的履行的债。选择之债,是指债的履行标的有数种,债务人可从中选择其一履行或债权人可选择其一请求债务人履行的债。二者的主要区别在于,简单之债的标的无可选择,而选择之债则可在数个标的中选择履行。

(六)主债与从债

在存在从属关系的两个债中,根据其不同地位,可分为主债和从债。主债是指能够独立存在,不以其他债的存在为前提的债。从债是指不能独立存在,必须以主债的存在为存在前提的债。主债和从债是相互对应的,没有主债不发生从债,没有从债也无所谓主债。主债与从债之分常见于设有担保的债中,被担保的债(如买卖合同、借贷合同之债)为主债,为担保该债而设之债(如保证合同、抵押合同之债)为从债。

(七)财物之债与劳务之债

根据债务人所负给付义务的不同内容,债可分为财物之债和劳务之债。凡债的标的为给付财物的,为财物之债,如买卖合同之债;债的标的为提供劳务的,为劳务之债,如委托合同之债。

二者的主要区别在于,当债务人不履行债务时,财物债务可强制履行,而劳务债务则不得强制履行。

四、债的履行

(一)债的履行的含义

债的履行,指债务人按照合同约定或依照法律的规定,全面、适当地履行债所规定的义务,使债权人的权利得到完全实现。

(二)债的履行规则

1.履行主体

债的履行主体,首先为债务人。债务人履行时是否必须具有行为能力,依履行行为的性质确定。原则上,履行行为是事实行为时,不要求债务人有行为能力;履行行为是法律行为时,需要债务人有行为能力。此外,债务人通过转移财产权利来履行义务的,还需要有对财产的处分权。除了法律规定、当事人约定或性质上必须由债务人本人履行的债务外,履行可由债务人的代理人进行。但是代理只有在履行行为为法律行为时方可以适用。同时,合同双方当事人可以约定由第三人履行债务。债权人的代理人可以代为受领履行。基于合同自由原则,当事人可以约定由债务人向第三人履行,但是此种约定不得违反法律、行政法规的强制性规定。此外,当事人还可以约定由第三人向债权人履行,但是这种约定也不得违反法律、行政法规的强制性规定。

2.履行标的

履行标的,指的是债务人应为履行的内容,它因债的关系的不同而存在差异,如交付财物、移转权利、提供劳务、完成工作等。履行必须依债的本旨进行,因而仅为部分履行,或不依原定标的履行,不发生债务清偿的效力。对于债务人的分期履行或迟延履行,按诚实信用原则衡量,结合具体环境,对债权人并无不利或者不便时,债权人不得拒绝受领。法院也应当考虑当事人的经济状况,衡量债权人的利害影响,酌定相当期限,允许债务人分期履行或者迟延履行。

3.履行期限

履行期限,当事人有约定时,依照其约定。当事人可以约定一宗债务划分为多个部分,每个部分各有一个履行期限,也可以约定数个履行期限,届时可以选择确定。在双务合同中还可以分别约定两个对立债务的履行期限。无此约定的,事后可以由双方当事人协议补充。履行期限,法律、行政法规有规定的,依照规定,履行期限还可以由债务的性质确定。例如,在饭店预订酒席,依照其性质应当以用餐之日为履行的期限。依照上述规则不能确定履行期限的,在合同之债中,应当按照《合同法》第六十二条第四项处理,即履行期限不明确的,债务人可以随时履行,债权人也可以随时要求履行,但是应当给对方必要的准备时间。

4.履行地点

履行地点,是指债务人应为履行行为的地点。在履行地点为履行,只要适当,即发生债务的消灭的效力,在其他地点为履行则不然。

5.履行方式

履行方式,即履行债务的方法,如标的物的交付方法、工作成果的完成方法、运输方法、价款或酬金的支付方法等。履行方式与当事人的权益密切有关,履行方式不符合要求,有可能造成标的物缺陷、费用增加、迟延履行等后果。

6.履行费用

在债务履行过程中所发生的费用,当事人有约定时按照约定负担。如果履行费用负担不明确,由履行义务一方承担。

(三)债的担保

债的担保,指促使债务人履行其债务,保障债权人的债权得以实现的法律措施。债的担保有一般担保与特别担保之分。债的一般担保,是指债务人必须以全部财产作为履行债务的总担保。它不是特别针对某一项债务,而是面向债务人成立的全部债务。此种担保在保障债权实现方面具有明显的弱点,即在债务人没有责任财产或责任财产不足的情况下,债权人的债权便全部不能或不能全部实现。所谓特别担保,即通常所言的担保,在现代法上包括人的担保、物的担保和金钱担保等类型。债的担保的种类有:

1.人的担保

人的担保,其形式主要有保证人担保。

2.物的担保

物的担保,其方式主要有抵押权、质权、留置权和优先权等。广义的物的担保,还包括所有权保留。所谓所有权保留,是在分期付款买卖中,标的物的所有权不因交付而转移,而是随着买受人付清全部价款而转移,从而使买受人积极支付价款,保障出卖人获得全部价款的制度。

3.金钱担保

金钱担保,其主要指债务人在约定给付以外交付一定数额的金钱,该金钱的返还与丧失与债务履行是否联系在一起,使得当事人双方产生心理压力,从而促使其积极履行债务,保障债权实现的制度。主要方式有定金、押金。

4.反担保

反担保,是指在经济往来中,有时为了换取担保人提供担保、抵押或质押等担保方式而由债务人或第三人向该担保人新设担保,该新设担保相对于原担保而言被称为反担保。《担保法》第四条第一款规定:“第三人为债务人向债权人提供担保时,可以要求债务人提供反担保。”

(四)债的消灭

债的消灭,指债的关系在客观上不复存在。债的消灭原因大致有三类:一是基于当事人的意思,如免除、解除;二是基于债的目的,如不能履行、清偿;三是基于法律的直接规定。债消灭后,当事人仍应当遵守诚实信用原则和交易习惯,履行通知、协助、保密等义务。例如,离职的受雇人仍然应当为雇主保守营业秘密,房屋的出租人在租赁合同终止后仍然应当允许承租人在适当位置张贴通知等。

具体来说,债消灭的方式主要有以下五种:第一,清偿。指当事人实现债权目的的行为。清偿与履行的意义相同。第二,抵销。指两人互负债务时,各以其债权充当债务之清偿,而使其债务与对方的债务在同等额内相互消灭。第三,提存。指由于债权人的原因而无法向其交付合同标的物时,债权人将该标的物交给提存部门从而消灭债的制度。第四,免除。指债权人抛弃债权,从而全部或部分终止合同关系的单方行为。免除依债权人表示免除债务的意思而发生效力,其原因如何,在所不问。所以,免除为无因行为。免除为债权人处分债权的行为,因而需要债权人对该债权有处分权。无行为能力人或者限制行为能力人不得为免除行为。第五,混同。指债权和债务同归一人,致使债的关系消灭的事实。债权债务的混同,由债权或债务的承受而产生,债权债务的概括承受是发生混同的主要原因。例如,企业合并,合并前的两个企业之间有债权债务时,企业合并后,债权债务因同归于一个企业而消灭。

第四节 合 同 法

一、合同的概念和特征

(一)合同的概念

“合同”的含义非常广泛,例如有民法上的合同、劳动法上的合同、行政法上的合同等等。民法上的合同也多种多样,例如有物权合同、债权合同、身份合同等。

《合同法》意义上的“合同”又称“契约”,指平等主体的自然人、法人、其他组织之间设立、变更、终止民事权利义务关系的协议。至于婚姻、收养、监护等有关身份关系的协议,则不适用《合同法》。

(二)合同的法律特征

1.合同是当事人之间在自愿基础上达成的协议,是双方或多方的民事法律行为

合同以意思表示为要素,并且按照意思表示的内容赋予法律效果。所以,合同是民事法律行为,而不是事实行为。

2.合同是当事人之间意思表示一致的民事行为

合同的成立必须有两个以上的当事人,他们相互为意思表示,并且意思表示相一致。这是合同区别于单方民事行为的重要标志。

3.合同是以设立、变更、终止民事权利义务关系为目的的民事行为

任何民事行为均有目的性,合同的目的性在于设立、变更、终止民事权利义务关系。所谓设立民事权利义务关系,是指当事人依法成立合同后,便在他们之间产生民事权利义务关系;所谓变更民事权利义务关系,是指当事人依法成立合同后,便使他们之间原有的民事权利义务关系发生变化,形成新的关系;所谓终止民事权利义务关系,是指当事人依法成立合同后,便使他们之间既有的民事权利义务关系归于消灭。

4.合同是当事人各方在平等、自愿的基础上实施的民事行为

在民法上,当事人各方在订立合同时的法律地位是平等的,所做的意思表示是自主自愿的。当然,在现代法上,为了实现合同正义,当事人的自愿或自由受到一定的限制,如强制缔约、格式合同、劳动合同的社会化等。

二、合同法的基本原则

(一)平等原则

合同当事人的法律地位一律平等。这表现在,一方面,当事人在合同中的权利义务是对等的;另一方面,合同当事人必须就合同条款充分协商,取得一致,合同才能成立。

(二)自愿原则

当事人依法享有自愿订立合同的权利,任何单位和个人不得非法干预。

自愿原则贯彻于合同活动的全过程,包括:第一,订不订立合同自愿,当事人依自己意愿自主决定是否签订合同;第二,与谁订合同自愿,在签订合同时,有权选择对方当事人;第三,合同内容由当事人在不违法的情况下自愿约定;第四,在合同履行过程中,当事人可以协议补充、协议变更有关内容;第五,双方也可以协议解除合同;第六,可以约定违约责任,在发生争议时,当事人可以自愿选择解决争议的方式。总之,只要不违背法律、行政法规的强制性规定,合同当事人有权自愿决定相关事项。

(三)公平原则

公平原则要求合同双方当事人之间的权利义务要公平合理,要大体上平衡,强调一方给付与对方给付之间的等值性,对合同上的负担和风险进行合理分配。具体包括:第一,在订立合同时,要根据公平原则确定双方的权利和义务,不得滥用权利,不得欺诈,不得假借订立合同恶意进行磋商;第二,根据公平原则确定风险的合理分配;第三,根据公平原则确定违约责任。

(四)诚实信用原则

诚实信用原则要求当事人在订立、履行合同,以及合同终止后的全过程中,都要诚实,讲信用,相互协作。诚实信用原则的具体要求包括:第一,在订立合同时,不得有欺诈或其他违背诚实信用的行为;第二,在履行合同义务时,当事人应当遵循诚实信用的原则,根据合同的性质、目的和交易习惯履行及时通知、协助、提供必要的条件、防止损失扩大、保密等义务;第三,合同终止后,当事人也应当遵循诚实信用的原则,根据交易习惯履行通知、协助、保密等义务。

(五)不得损害社会公共利益原则

根据《合同法》第七条的规定,“当事人订立、履行合同,应当遵守法律、行政法规,尊重社会公德,不得扰乱社会经济秩序,损害社会公共利益。”

三、合同的分类

根据不同的标准,可对合同进行不同的分类。

(一)双务合同与单务合同

根据合同当事人是否相互负有对价义务为标准,可将合同分为单务合同与双务合同。此处的“对价义务”并不要求双方的给付价值相等,而只是要求双方的给付具有相互依存、相互牵连的关系。单务合同,指仅有一方当事人承担义务的合同,如赠与合同。双务合同,指双方当事人互负对价义务的合同,如买卖合同、承揽合同、租赁合同等。区分两者的法律意义在于,双务合同中当事人之间的给付义务具有依存和牵连关系,因此,双务合同中存在同时履行抗辩权和风险负担的问题。但是,这些情形并不存在于单务合同中。

(二)有偿合同与无偿合同

根据合同当事人是否因给付取得对价为标准,可将合同分为有偿合同与无偿合同。此处的“给付”并不局限于财产的给付,也包含劳务、事务等的给付。有偿合同,指合同当事人为从合同中得到利益要支付相应对价给付的合同。买卖、租赁、雇佣、承揽、行纪等合同都是有偿合同。无偿合同,指只有一方当事人做出给付,或者虽然是双方做出给付,但双方的给付间不具有对价意义的合同。赠与合同是典型的无偿合同。另外,委托、保管合同如果没有约定利息和报酬的,也属于无偿合同。

(三)诺成合同与实践合同

根据合同成立除当事人的意思表示以外,是否还要其他现实给付为标准,可以将合同分为诺成合同与实践合同。诺成合同,指当事人意思表示一致即可认定合同成立的合同。实践合同,指在当事人意思表示一致以外,尚须有实际交付标的物或者有其他现实给付行为才能成立的合同。确认某种合同属于实践合同,必须法律有规定或者当事人之间有约定。常见的实践合同有保管合同、自然人之间的借贷合同、定金合同等。

(四)要式合同与不要式合同

根据合同的成立是否必须符合一定的形式,可将合同分为要式合同与不要式合同。要式合同是按照法律规定或者当事人约定必须采用特定形式订立方能成立的合同。不要式合同是对合同成立的形式没有特别要求的合同。确认某种合同属于要式合同,必须法律有规定或者当事人之间有约定。

(五)有名合同与无名合同

根据《合同法》或者其他法律是否对合同规定有确定的名称与调整规则,可将合同分为有名合同与无名合同。有名合同又称典型合同,是立法上规定有确定名称与规则的合同。如《合同法》在分则中规定的买卖合同、赠与合同、借款合同、租赁合同等各类合同。无名合同又称非典型合同,是立法上尚未规定有确定名称与规则的合同。两者的区分意义在于法律适用的不同:有名合同可直接适用《合同法》分则中关于该种合同的具体规定;无名合同则只能在适用《合同法》总则中规定的一般规则的同时,参照该法分则或者其他法律中最相类似的规定执行。

(六)实定合同与射幸合同

以合同的效果在缔约时是否确定为标准,可将合同分为实定合同与射幸合同。实定合同,主要指合同的法律效果在缔约时就已经确定的合同。绝大多数合同都是实定合同。射幸合同,指合同的法律效果在缔约时不能确定的合同,如保险合同、彩票合同等均属此类。

彩票作为一种特殊的凭证,在中奖场合,中奖人行使请求支付奖金或者交付奖品的权利,必须持有效的中奖彩票,权利与彩票密不可分,因而,彩票不但是一种证书,并且是一种有价证券。彩票由国家特许的机构发行,直接上市销售,面向不特定的社会大众,供人们自愿购买。彩票合同,也就是彩票零售商或者彩票销售机构与彩票购买者为了购买彩票而订立的合同。彩票发行机构是彩票合同的当事人,彩票销售机构是其代理人。

区分实定合同与射幸合同的法律意义在于，实定合同一般要求等价有偿，若不等价则可能被撤销或者被宣布无效，而射幸合同一般不能从等价与否的角度来衡量合同是否公平。

四、合同的订立程序

合同订立的一般程序，从法律上分为要约和承诺两个步骤。

(一)要约

要约，是一方当事人以缔结合同为目的，向对方当事人提出合同条件，希望对方当事人接受的意思表示。在商业活动及对外贸易中，要约常被称作发价、发盘、出盘或者报价等。

要约的要件，除了必须具备意思表示的一般要件外，还有其特定的构成要件：

1.要约必须是特定人所为的意思表示

要约是要约人向相对人所作出的含有合同条件的意思表示，旨在得到受要约人的承诺并成立合同。只有要约人是特定的人，受要约人才能对之承诺。因此，要约人必须是特定人。所谓特定人，是指能为外界客观确定的人。自动售货机之所以可以视为是一种要约，原因就在于自动售货机的设置，必须为特定的人所为。

2.要约必须向相对人发出

要约必须经过相对人的承诺才能导致合同成立，因此，要约必须是要约人向相对人发出的意思表示。相对人一般为特定的人。但是，在特殊情况下，向不特定的人做出又无碍要约所达目的地的，相对人也可以是不特定的人。悬赏广告即是向不特定的人发出的。

3.要约必须具有缔结合同的目的

要约必须以缔结合同为目的，凡不是以缔结合同为目的的行为，例如邀请参加典礼的请柬，尽管表达了当事人的真实意愿，也不是要约。是否以缔结合同为目的，是要约与要约邀请的主要区别。

4.要约的内容必须具体、确定和完整

要约的内容必须具体、确定，是指要约的内容必须明确，而非含糊不清。否则，受要约人便无法了解要约的真实含义，难以作出承诺。要约的内容必须完整，是指要约的内容必须包含合同应当具备的内容，至少是主要内容。这一要件也是要约区别于要约邀请的主要之点，因为要约邀请不具备合同的全部内容。

5.要约必须表明要约人在得到承诺时即受其拘束的意旨

也就是说，要约人必须向受要约人表明，要约一经受要约人同意，合同就告成立，要约人就要受到约束。

（二）承诺

承诺，指受要约人同意要约的意思表示。承诺的内容应当与要约的内容一致。受要约人对要约的内容作出实质性变更的，为新要约。《合同法》第二十一条规定："承诺是受要约人同意邀约的意思表示。"

根据合同法的规定和相关理论，承诺须具备下列构成要件：

1.承诺必须由受要约人作出

要约和承诺是一种相对的行为，只有受要约人享有承诺的资格，因此，承诺必须由受要约人作出。受要约人为特定人时，承诺由该特定人作出；受约人为不特定人时，承诺由该不特定人中的任何人作出。受要约人的代理人可以代为承诺。受要约人以外的第三人即使知晓要约内容，并作出统一的意思表示，也不构成承诺。

2.承诺必须向要约人作出

受要约人承诺的目的在于同要约人订立合同，所以承诺只有向要约人作出才有意义。向要约人的代理人作出承诺具有同样的意义。在要约人死亡，合同不需要要约人亲自履行的情况下，受要约人可以向要约人的继承人作出承诺。

3.承诺的内容应当与要约内容一致

承诺是受要约人愿意按照要约的内容与要约人订立合同的意思表示。所以，要取得成立合同的法律效果，承诺就必须在内容上与要约的内容一致。如果受要约人在承诺中对要约的内容加以扩张、限制或者变更，便不构成承诺，应视为对要约的拒绝而构成反要约。根据《合同法》的规定，承诺对要约的内容作出非实质性变更的，除了要约人及时表示反对或者要约表明承诺不得对要约的内容作出任何变更的以外，该承诺有效，合同的内容以承诺的内容为准。

4.承诺必须在要约的存续期间内作出

要约在其存续期间内才有效力，一旦受要约人承诺便可以成立合同，因此承诺必须在此期间内作出。如果要约未规定存续期间，在对话人之间，承诺应当立即作出；在非对话人之间，承诺应当在合理的期间作出。关于承诺的效力，我国《合同法》采取到达主义，即承诺通知到达要约人时生效。

五、合同的内容和解释

（一）合同的内容

合同，作为民事行为，其内容就是合同条款（意思表示的表现形式）；作为债的关系，其内容为合同权利义务，它们也由合同条款固定。由此可见合同条款的重要性。但不同的合同条款在合同中所处的地位、所起的作用和所表现的形式并不相同。根据《合同法》第十二条第一款规定，合同应当具备如下条款：

（1）合同当事人的名称或姓名和住所；

(2)标的;

(3)数量;

(4)质量;

(5)价款或酬金;

(6)履行期限、地点和方式;

(7)违约责任;

(8)解决争议的方法。

合同条款可以分为必要条款和一般条款。必要条款是指合同必须具备的条款,若欠缺该条款,合同就不能成立。一般认为,合同的必要条款有三:当事人的姓名或者名称;标的;数量。一般条款是指必要条款以外的合同条款。若欠缺一般条款并不影响合同的成立。《最高人民法院关于适用〈中华人民共和国合同法〉若干问题的解释(二)》(以下简称《合同法解释(二)》)第一条第二款规定:"对合同欠缺的前款规定以外的其他内容,当事人达不成协议的,人民法院应当依照合同法第六十一条、第六十二条、第一百二十五条等有关规定予以确定。"

(二)合同的解释

合同的解释主要是指对合同条款及其相关资料所作的分析和说明。合同解释有广义和狭义之分。对合同条款及其相关资料的含义加以分析和说明,任何人都有权进行,此即广义的合同解释。狭义的合同解释专指有权解释,即受理合同纠纷的法院或仲裁机构对合同及其相关资料所作的具有法律拘束力的分析和说明。合同解释的客体是体现合同内容的合同条款及相关资料,包括发生争议的合同条款和文字、当事人遗漏的合同条款、与交易有关的环境因素(如书面字据、口头陈述)等。就目前来说,我国对合同的解释主要有以下原则:

1.文义解释原则

合同条款由语言文字所构成。欲确定合同条款的含义,必须先了解其所用的字句,确定该字句的含义,因此解释合同必须由文义出发。然而,由于主客观的原因,合同解释可能未必反映当事人的真实意思,有时候甚至可能完全相反,所以就要求合同解释不能拘泥于合同的文字,而是应当考虑与交易有关的环境因素,探求当事人的真意。

2.体系解释原则

体系解释又称之为整体解释,是指把全部合同条款和构成部分看作是一个有机联系的整体,从各个条款及构成部分的相关关联、所处的地位和整体联系上来阐明某一合同用语的含义。《合同法》第一百二十五条第一款关于按照"合同的有关条款"解释的规定,就是对这一原则的确认。

3.目的解释原则

当事人订立合同均为达到一定目的,合同的各项条款及其用语均为达到该目的的手段。因此,确定合同用语的含义乃至整个合同的内容自然适合于合同的目的。一般来说,合同的目的可以分为抽象的目的和具体的目的。抽象的目的是指当事人订立合同时有使合同有效的目的,它是合同解释的总体方向。因此,如果合同条款相互矛盾有使合同有效和无效两种解释,应作使合同有效的解释。具体的目的是指合同所欲追求的具体的经济或社会效果,这是合同目的意思的表达。

4.参照习惯或惯例原则

它指的是合同的文字或条款的含义发生歧视时,应当按照习惯或惯例的含义予以明确;在合同存在漏洞,致使当事人的权利和义务不能明确时,应当参照习惯或者惯例来加以补充。

六、合同的变更和解除

(一)合同的变更

1.合同变更的概念

合同的变更,主要有广义和狭义之分。广义主要指合同主体和内容的变更,前者指的是合同债权和债务的转让,即由新的债权人或债务人替代原债权人或债务人,而合同内容并无变化;后者指合同当事人权利义务的变化。狭义的合同变更指合同内容的变更。从我国《合同法》第五章的规定来看,合同的变更仅指合同内容的变更,合同主体的变更称为合同的转让。

2.合同变更的条件

(1)原来已存在有效的合同关系。合同的变更,是改变原合同关系,无原合同关系便无变更的对象,所以,合同变更以原已存在合同关系为前提。同时,原合同关系若非合法有效,如合同无效、合同被撤销、追认权人拒绝追认效力未定的合同,也无合同变更的余地。

(2)合同内容发生局部变化。合同内容的变化主要包括:标的物数量的增减,标的物品质的改变,价款或者酬金的增减,履行期限的变更,履行地点的变更,履行方式的改变,结算方式的改变,单纯债权变为选择债权,担保的设定或取消,违约金的变更,利息的变化等。

(3)经当事人协商一致,或根据司法裁判。《合同法》第七十七条第一款规定:“当事人协商一致,可以变更合同。”合同变更通常是当事人合意的结果。此外,合同也可能基于司法裁判而变更,如《合同法》第五十四条规定:“一方当事人可以请求人民法院或者仲裁机构对重大误解或者显失公平的合同予以变更。”

(4)法律、行政法规规定变更合同更应当办理批准、登记等手续的,应当遵守其规定。

3.合同变更的效力

合同变更的实质在于使变更后的合同代替原来的合同。因此,合同变更后,当事人应当按照变更后的合同内容履行。

合同变更原则上向将来发生效力,未变更的权利义务继续有效,已经履行的债务不因合同的变更而失去合法性。

合同的变更不影响当事人要求赔偿的权利。原则上,提出变更的一方当事人对对方当事人因合同变更所受损失应负赔偿责任。

(二)合同的解除

1.合同解除的概念

合同解除,指的是合同有效成立后,在一定条件下通过当事人的单方行为或者双方合意终止合同效力或者溯及地消灭合同关系的行为。

2.合同解除的事由

合同解除的事由主要分为合同的法定解除事由和合同的协议解除事由两种。

(1)合同法定解除事由

《合同法》第九十四条规定,有下列情形之一的,当事人可以解除合同:

第一,因不可抗力致使不能实现合同目的。不可抗力致使合同目的不能实现,该合同也就失去了意义。在此情况下,我国合同法允许当事人通过行使解除权的方式消灭合同关系。第二,在履行期限届满之前,当事人一方明确表示或者以自己的行为表明不履行主要债务。第三,当事人一方迟延履行主要债务,经过催告后在合理期限内仍旧不履行。第四,当事人一方迟延履行债务或者有其他违约行为致使不能实现合同目的。第五,法律规定的其他情形。

(2)合同协议解除的事由

合同协议解除的事由,是双方当事人协商一致解除原合同关系。其实质是在原合同当事人之间成立了一个新合同,其主要内容为废弃双方原合同关系,使双方基于原合同发生的债权债务归于消灭。协议解除采取合同方式,因此应当具备合同的有效要件,即:当事人具有相应的行为能力;意思表示真实;内容不违反强行法规范和社会公共利益;采取适当的形式。

3.合同解除的程序

(1)单方解除的程序

单方解除,即享有合同解除权的一方当事人通过行使解除权而解除合同。解除权属形成权,不需对方当事人同意,只需解除权人的单方意思表示,即可发生合同解除的法律效果。但是解除权的行使并非毫无限制,合同法对其行使期限和行使方式均有明确规定。

(2)协议解除的程序

协议解除实质为原合同当事人之间重新成立一个以解除原合同为目的的合同,

因此,应当遵循由要约到承诺的一般缔约程序及其他相关要求,以实现当事人双方意思表示一致。法律、行政法规规定解除合同应当办理批准、登记等手续的,依照其规定。

4.合同解除的效力

《合同法》第九十七条规定,合同解除之后,尚未履行的,终止履行;已经履行的,根据履行情况和合同性质,当事人可以请求恢复原状或者采取其他的补救措施,并有权要求赔偿损失。该规定确立了合同解除的两个方面的效力:一是向将来发生效力,即终止履行;二是合同解除可以产生溯及力(即引起恢复原状的法律后果)。

七、合同的责任

合同的责任,指因合同而产生的责任,主要包括违约责任和缔约过失责任。

(一)违约责任

1.违约责任的概念

违约责任是违反合同的民事责任的简称,是指合同当事人一方不履行合同义务或者履行合同义务不符合合同约定所应当承担的民事责任。

2.违约责任的特征

(1)违约责任是一种民事责任。法律责任有民事责任、行政责任、刑事责任等类型。民事责任是指民事主体在民事活动中,因为实施民事违法行为或者基于法律的特别规定,依据民法所应当承担的民事后果。违约责任作为一种民事责任,在目的、构成要件、责任形式等方面均有别于其他的法律责任。

(2)违约责任是违约的当事人一方对另外一方承担的责任。合同关系的相对性决定了违约责任的相对性,即违约责任是合同当事人之间的民事责任,合同当事人以外的第三人对当事人之间的合同不承担违约责任。

(3)违约责任是当事人不履行或者不完全履行合同的责任。违约责任是违约有效合同的责任,合同有效是违约责任的前提,这一特征使得违约责任与合同法上的其他民事责任区别开来。违约责任以当事人不履行或者不完全履行合同为条件,能够产生违约责任的违约行为通常具有两种情形:一是一方不履行合同义务,即未按照合同约定提供给付;二是履行合同义务不符合约定条件,即履行存在瑕疵。

(4)违约责任具有补偿性和一定的任意性。违约责任以补偿守约方因违约行为所受到的损失为主要目的,以损害赔偿为主要责任形式,所以具有补偿性质。同时,违约责任可以由当事人在法律规定的范围内约定,具有一定的任意性。《合同法》第一百一十四条第一款规定:“当事人可以约定一方违约时应当根据违约情况向对方支付一定数额的违约金,也可以约定因违约产生的损失赔偿额的计算方法。”

3.违约责任的形式

违约责任的形式,即承担违约责任的具体方式。《合同法》第一百零七条规定:

"当事人一方不履行合同义务或者履行合同义务不符合约定的,应当承担继续履行、采取补救措施或者赔偿损失等违约责任。"

所以,承担违约责任主要有三种基本形式,即继续履行、采取补救措施和赔偿损失。

(1)继续履行。即强制实际履行,是指违约方根据对方当事人的请求继续履行合同规定的义务的违约责任形式。继续履行的适用,因为债务性质的不同而有所不同,如对于金钱债务而言,无条件适用继续履行。金钱债务只存在迟延履行,不存在履行不能,因此,应当无条件地适用继续履行的责任形式。但是对于其他非金钱债务,则只在有条件的情况下适用。

(2)采取补救措施。作为一种独立的违约责任形式,其主要是指矫正合同不适当履行(质量不合格)、使履行缺陷得以消除的具体措施。这种责任形式,与继续履行和赔偿损失具有互补性。

(3)赔偿损失。在合同法上也称之为违约损害赔偿,是指违约方以支付金钱的方式弥补受害方因违约行为所减少的财产或者所丧失的利益的责任形式。赔偿损失的确定方法主要有法定损害赔偿和约定损害赔偿。

(二)缔约过失责任

1.概念

缔约过失责任,指在订立合同过程中,一方因违背其依据诚实信用原则所应尽的义务而致另一方信赖利益的损失,依法应承担的民事责任。

2.缔约过失责任的适用

根据《合同法》第四十二条规定,缔约过失责任主要包括以下三种情形:

(1)假借订立合同,恶意进行磋商。即非出于订立合同的目的而进行的磋商,其真实目的为或阻止对方与他人订立合同,或使对方贻误商机,或仅为戏耍对方。

(2)故意隐瞒与订立合同有关的重要事实或者提供虚假情况。缔约当事人依照诚实信用原则应当负有如实告知的义务,如告知对方自己的财产状况与履约能力,告知标的物的瑕疵等。若违反以上义务的,即构成了欺诈,造成对方损害的,应当承担缔约过失责任。

(3)有其他违背诚实信用原则的行为。如《合同法解释(二)》第八条规定:依照法律、行政法规的规定批准或者登记才能生效的合同成立后,有义务办理申请批准或者申请登记等手续的一方当事人未按照法律对应或者合同约定办理申请批准或者未申请登记的,属于《合同法》第四十二条第三款规定的"其他违背诚实信用原则的行为",人民法院可以根据案件的具体情况和相对人的请求,判决相对人自己办理有关手续;对方当事人对由此产生的费用和给相对人造成的实际损失,应当承担赔偿责任。

3.缔约过失责任的赔偿范围

根据《合同法》的规定,缔约过失责任的形式是损害赔偿。缔约过失损害赔偿的范围,是相对人因缔约过失而遭受的信赖利益损失,包括直接损失和间接损失。具体而言,包括:

(1)在合同不成立,或者虽已经成立但被宣告为无效或者被撤销的情况下,构成缔约过失的一方应当赔偿对方的直接损失和间接损失。直接损失通常包括订立合同的费用(如差旅费、通信费)、准备履行合同所支出的费用(如仓库预租费)以及上述费用的利息,间接损失主要指对方因丧失商机所造成的损失。

(2)由于一方当事人在订立合同的过程中未尽到照顾、保护义务而使对方遭受人身损害时,应赔偿因此产生的实际财产损失。

(3)由于一方当事人在订立合同的过程中未尽通知、说明义务致使另外一方遭受的财产损失时,也应当赔偿其实际财产损失。

第五节　民事责任与诉讼时效

一、民事责任的概念与构成要件

(一)民事责任的概念

民事责任,是指民事主体因违反合同或者不履行其他义务所应承担的对其不利的法律后果。

(二)民事责任的构成要件

一般情况下,行为人承担民事责任必须具备如下条件:

1.行为的违法性

除法律另有规定外,只有实施了违法行为才承担民事责任。

2.损害事实的存在

民事违法行为只有造成损害事实,行为人才承担责任。

3.因果关系

因果关系是指违法行为与损害结果之间的客观联系,即特定的损害事实是否是行为人的行为必然引起的结果。只有答案是“是”时,行为人才承担责任。

4.行为人主观上有过错

过错根据其类型分为故意与过失。除法律有特别规定外,只有在实施违法行为当时主观上存在过错的违法行为人才对损害后果承担民事责任。

(三)民事责任的归责原则

所谓归责,即行为人因其行为和物件致他人损害的事实发生以后,应以何种根据使其负责。那么民事责任的归责原则是指由特定机关依法对行为人的民事责任予以追究而进行的判断和确认，也即承担民事责任的原则。

我国民法学界关于民事责任的归责原则，颇有争议，主要有以下几种观点：第一，“一元论”，即坚持过错责任为我国民事责任的唯一归责原则。第二，“二元论”，该观点认为过错责任原则与无过错责任原则都是我国民事责任的归责原则。不过这种观点又可分为两个分支：一部分学者认为应以过错责任原则为一般原则，以无过错责任原则为补充。另一部分学者则认为二者是平行的“双轨体系”。第三，“多元论”，该观点认为归责原则应该多元化。有学者认为民事责任的归责原则包括结果责任原则、过错责任原则、过错推定原则和不问过错责任原则。也有学者认为归责原则为过错责任原则、过错推定原则和公平责任原则。还有学者认为归责原则包括过错责任原则、危险责任原则和公平责任原则。

综合目前的学界通说，民事责任归责原则主要包括过错责任原则、过错推定原则、无过错责任原则和公平责任原则。

1.过错责任原则

过错责任原则，是指以行为人的过错为依据，判断行为人对其造成的损害应否承担侵权责任的归责原则。所谓民法上的过错，就是违法行为人对自己的行为及其后果的一种心理状态分为故意和过失。故意和过失的区分，在刑法上对于定罪量刑有重要意义。但在民法中，确立行为人的民事责任，一般不因行为人的故意或过失而不同，不管是故意伤害还是过失致人伤害，其承担的民事责任除了刑事附带的民事赔偿案中无精神损害赔偿外是没有什么区别的。

我国《民法通则》第一百零六条第二款规定：“公民、法人由于过错侵害国家的、集体的财产，侵害他人财产、人身的，应当承担民事责任。”这是被公认的确立过错责任原则的法律规定。这一原则的确定，为民事主体的行为确立了标准，它要求行为人要尽到对他人的谨慎和注意，努力避免损害后果发生，即要做一个“谨慎人”。过错责任原则适用于一般侵权行为。所以只有在法律有特别规定的情况下，才不适用过错责任原则。同时，适用过错责任贯彻的是“谁主张谁举证”原则，即受害人在主张加害人承担民事责任时，要举证证明加害人对损害的发生具有主观过错，即具有故意或过失。如不能举证证明，则其主张不能成立。由于过错本身是一个不断发展的概念，随着政治、经济、科学技术及人们知识水平的不断变化而变化，在许多情况下，由于现有科技水平和知识水平的限制，很难确定行为人是否具有过错，且在一些特殊领域，要探究行为人主观上具有故意或过失几乎不可能，为了保护相对人的合法权益，过错责任原则的特殊适用方法——过错推定原则应运而生。

2.过错推定原则

过错推定原则，是指为了保护相对人或受害人的合法权益，法律规定行为人只有在证明自己没有过错的情况下，才可以不承担责任。过错推定是过错责任原则的特殊形式,系采用举证责任倒置来完成的。显然,适用过错推定等于免除了主张行为人主观过错的举证责任。只要符合特定情形,就应由被告(行为人)就自己无过错承担举证责任。毫无疑问,这更有利于保护受害方的合法权益。《民法通则》第一百二十一、第一百二十五、第一百二十六条关于职务侵权行为、地面施工致人损害、工作场所致人损害的问题就是采用过错推定来追究侵权人的民事责任的。

3.无过错责任原则

无过错责任原则是指在法律有特别规定的情况下,以已经发生的损害结果为价值判断标准,由与该损害结果有因果关系的行为人,承担侵权赔偿责任的归责原则,而不问行为人有无过错。

我国民事立法确立无过错责任原则的根本目的,在于更好地保护民事主体的合法权益,我国《民法通则》第一百零六条第三款规定:"没有过错,但法律规定应当承担民事责任的,应当承担民事责任。"这是适用无过错责任原则的原则性规定,具体的适用范围由法律做出特别规定,如高度危险作业、动物致人损害、环境污染,是我国《民法通则》规定的适用无过错责任原则的几类特殊的侵权责任。适用无过错责任原则的意义,在于加重行为人的责任,使受害人的损害赔偿请求权更容易实现,受到损害的权利及时得到救济。无过错责任原则是在侵权领域产生的,但随着契约、贸易关系的增多和发展,适用最广泛的还是在合同违约责任领域。

4.公平责任原则

公平责任原则是指致害人和受害人都没有过错,在损害事实已经发生的情况下,以公平考虑为价值判断标准,根据具体实际情况由双方公平地分担损失的原则。

在处理侵权问题时,过错责任原则和无过错责任原则并不能应对所有的情况。这种情形,谈不上行为人主观上的过错性,按照过错原则,行为人不负赔偿责任;同时这种损害并非出自特殊的法律规定,亦不能适用无过错责任原则。但是,如果受害人无端遭受损失而又得不到任何补偿,未免有失公平。因此,侵权理论在过错责任原则、无过错责任原则之外,又产生了公平责任原则。

二、民事诉讼时效

(一)诉讼时效的概念

我国法律规定的诉讼时效,也称消灭时效,指权利人在法定期间内不行使权利即失去请求法院依诉讼程序强制义务人履行义务的权利的制度。

诉讼时效的完成只消灭胜诉权——实体意义上的诉权,但不消灭程序意义上的诉权,也不消灭实体权利。如果当事人自愿履行的,不受诉讼时效的限制。

(二)诉讼时效期间

按照我国《民法通则》《民法总则》《合同法》《中华人民共和国产品质量法》《中

华人民共和国消费者权益保护法》等法律的规定,我国有关诉讼时效的规定主要包括:

(1)一般诉讼时效期间为3年,即向人民法院请求保护民事权利的诉讼时效期间为3年,法律另有规定的除外。

(2)下列诉讼时效期间为1年:①身体受到伤害要求赔偿的;②出售质量不合格的商品未声明的;③延付或者拒付租金的;④寄存物被丢失或损毁的。

(3)最长诉讼时效期间为20年。从权利被侵害之日起超过20年的,人民法院不予保护。

(4)特殊诉讼时效期间,指由特别法规定的诉讼时效。

(三)诉讼时效的开始、中止、中断和延长

(1)诉讼时效期间从知道或者应当知道权利被侵害时起计算。

(2)在诉讼期间的最后6个月内,因不可抗力或者其他障碍不能行使请求权的,诉讼时效中止。从中止时效的原因消除之日起,诉讼时效继续计算。

(3)诉讼时效因提起诉讼,当事人一方提出要求或者同意履行义务而中断,自中断时起,诉讼时效重新计算。

(4)诉讼时效期间延长,是指因特殊情况,法院对已经完成的诉讼时效期间给予的延展。

第四章　刑事法律制度

学习目的

刑法是关于犯罪与刑罚的法律,是我国法律体系中的重要组成部分,与人民的利益和国家的长治久安密切相关。学好刑法,无论是对自身素质的提高,还是对未来的工作与生活都具有重要作用。

重点提示

了解刑法的基本原则;了解刑事犯罪构成的"四要件说";了解正当防卫和紧急避险的内涵;理解共同犯罪和刑罚的种类;掌握刑法中的典型罪名。

第一节　刑法概论

一、刑法的概念

刑法是规定犯罪、刑事责任和刑罚的法律规范的总和。刑法有狭义和广义之分。狭义刑法是指系统规定犯罪、刑事责任和刑罚的刑法典,也就是指《中华人民共和国刑法》。广义刑法是指规定犯罪、刑事责任和刑罚的所有法律规范的总和,它主要包括刑法典、单行刑法和附属刑法规范。

1979 年 7 月 1 日第五届全国人民代表大会第二次会议通过了《中华人民共和国刑法》,自 1980 年 1 月 1 日起施行,这标志着新中国第一部刑法典的正式诞生。但是该刑法罪名较少,刑罚也较为轻缓。1981 年以后,随着社会转型的加快,犯罪现象日趋猖獗,为了适应惩治犯罪的需要,国家逐步制定单行刑法。截至 1997 年 3 月,我国先后制定了二十余个单行刑法,并在一百余部行政法规中规定了罪刑条款。这些刑法规范的颁布,对于稳定社会秩序、惩罚犯罪是极为必要的,但是单行刑法、附属刑法的规范过多,过于分散,难免有相互矛盾之处,同时也加大了法律适用的难度。因此,1997 年 3 月 14 日第八届全国人民代表大会第五次会议通过了全面修订后的《中华人民共和国刑法》(以下简称《刑法》),该次修订的主要思路是:制定有特色、统一和完备的刑法典;保证刑法连续性和稳定性,可改可不改的,尽量不改;尽量使新刑法明确和具体。自1997年修订刑法之后,全国人大常委会又先后制定了一系列的《刑法修正案》和一个单行刑法(1998年12月29日《关于惩治骗购外汇、逃汇和非法买卖外汇犯罪的决定》)。

二、刑法的基本原则

《刑法》第三条至第五条规定了三项基本原则,即罪刑法定原则、法律面前人人平等原则和罪刑相适应原则。

(一)罪刑法定原则

1.罪刑法定原则的内涵

罪刑法定原则的基本含义是法律明文规定为犯罪行为的,依照法律定罪处刑;法律没有明文规定为犯罪行为的,不得定罪处刑。或者说,一行为是否构成犯罪,构成什么罪,以及应处什么刑罚,都必须由法律明文规定,也就是通常所说的"法无明文规定不为罪,法无明文规定不受处罚"。

2.罪刑法定原则的基本要求

罪刑法定原则产生的思想渊源是三权分立学说与心理强制说,思想基础是民主主义与尊重人权主义。罪刑法定原则的具体要求如下:

(1)成文法主义。只有成文的法律才能规定犯罪及其法律后果,法规和规章不得规定刑罚,习惯法和判例不能作为刑法的渊源;

(2)禁止溯及既往原则的适用;

(3)禁止不利于行为人的类推解释;

(4)禁止绝对的不定刑与绝对的不定期刑;

(5)刑法的处罚范围与程度必须具有合理性;

(6)对犯罪及其法律后果的规定必须明确;

(7)禁止不均衡、残酷的刑罚。

(二)法律面前人人平等原则

1.法律面前人人平等原则的内涵

该原则的基本含义是对任何人犯罪,在适用法律上一律平等。不允许任何人有超越法律的特权。对于一切人的合法权益都要平等地加以保护,不允许有任何歧视。

2.法律面前人人平等原则的具体要求

(1)对刑法所保护的合法权益予以平等的保护。

(2)对于实施犯罪的任何人,都必须严格依照法律认定犯罪;对于任何犯罪人,都必须根据其犯罪事实与法律规定量刑。

(3)对于被判处刑罚的任何人,都必须严格按照法律的规定执行刑罚。

(三)罪刑相适应原则

1.罪刑相适应原则的内涵

该原则的基本含义是刑罚的轻重应当与犯罪分子所犯罪行和应当承担的刑事责任相适应。

2.罪刑相适应原则的要求

罪刑相适应原则对司法活动提出三点要求:一是纠正重定罪轻量刑错误倾向,把量刑与定罪置于同等重要的地位;二是纠正重刑主义的错误思想,强化量刑公正的执法观念;三是纠正不同法院量刑轻重悬殊的现象,实现执法中的平衡和协调统一。

述三点要求可转化为如下具体要求:

(1)以客观行为的侵犯性与主观意识的罪过性相结合的犯罪社会危害程度,及犯罪主体再次犯罪的危险程度,作为刑罚的尺度。换言之,刑罚既要与犯罪性质相适应,又要与犯罪情节相适应,还要与犯罪人的人身危险性相适应。

(2)在立法上实现罪刑相适应原则,要求注重对各种犯罪的社会危害程度的宏观预测和遏制手段的总体设计,确定合理的刑罚体系、刑罚制度与法定刑。

(3)在量刑方面实现罪刑相适应原则,要求将量刑与定罪置于同等重要的地位,强化量刑公正的执法观念,实现刑与罪的均衡协调。

(4)在行刑方面实现罪刑法定原则,要求注重犯罪人的人身危险程度的消长变化情况,合理地运用减刑、假释等制度。

三、刑法的性质

刑法是统治阶级为了维护其阶级利益和统治秩序,以国家名义制定的有关什么行为是犯罪和对犯罪者适用何种刑罚的法律规范的总称。它鲜明地反映统治阶级的意志,具有强烈的阶级性,是统治阶级实现阶级专政的重要工具。综合目前学界通说,刑法的性质主要体现在以下几个方面:

(一)刑法的特定性

刑法只规范罪与刑的关系,其涉及的内容与对象都较为特殊。刑法规范并不像其他法律规范一样仅仅保护社会伦理的、道德的、宗教的秩序,而是对个人参与社会生活、从事社会活动所必不可少的生活利益都予以保证,即通过对违反规范的行为以国家的名义作出规范的、明确的否定性评价,以达到维护法益的目的。

(二)刑法的广泛性

刑法的目的在于保护法益,需要用刑法保护的法益是非常广泛的,从总体上看,包括个人法益、国家法益和社会法益三大类。在每一类法益之下,都可以分为数十种具体罪名,他们都与具体的法益有关。可以说,其他法律保护的法益,刑法都保护。

(三)刑法的严厉性

在犯罪发生时,惩罚这种行为的措施是刑罚,这是强制力最强的手段。刑法与民法、行政法等其他法律部门的区别主要表现在:对犯罪这类违法行为,在于其根据法律可能承担的法律后果有所不同,而不在于它所调整的社会关系的不同。民法调整平等主体之间的利益关系,行政法对于为实现公共福利所采取的国家行动进行规范,表面上看,它们与刑法的调整对象均有所不同。但是,当民法、行政法被严重侵犯时,刑法的出面有时候就是难免的。从这个意义上看,刑罚具有保障性,即保障其他法律的实施,如刑法通过规定妨害公务罪,来保障公务执行的可能性和效率,通过规定走私罪来保障海关法的施行等。

四、刑法的目的和任务

(一)刑法的目的

刑法的目的是惩罚犯罪,保护人民。惩罚犯罪是手段,保护人民是最终目的。

(二)刑法的任务

我国《刑法》第二条规定:“中华人民共和国刑法的任务,是用刑罚同一切犯罪行为作斗争,以保卫国家安全,保卫人民民主专政的政权和社会主义制度,保护国有财产和劳动群众集体所有的财产,保护公民私人所有的财产,保护公民的人身权利、民主权利和其他权利,维护社会秩序、经济秩序,保障社会主义建设事业的顺利进行。”

《刑法》第二条规定表明,刑法惩罚的对象只能是实施了犯罪行为的人。这是刑法任务不同于其他部门法任务的特殊性之一。所以刑法的任务,概括说就是保护国家和人民的利益,保护社会主义社会的社会关系,保障社会主义建设事业的顺利进行。具体包括四个方面:

(1)保卫国家安全,保卫人民民主专政的政权和社会主义制度,这是我国刑法的首要任务。国家安全是国家生存和发展的根本前提。

(2)保护社会主义的经济基础。马克思认为,经济基础决定上层建筑,上层建筑为经济基础服务。

(3)保护公民的人身权利、民主权利和其他权利。切实保护广大人民的人身权利、民主权利和其他权利,是由我国的人民民主性质决定的。

(4)维护社会秩序。处理好改革、发展和稳定的关系,是全国工作的大局。

五、刑法的效力范围

刑法的效力范围,又称刑法的适用范围,指刑法在什么地方、什么时间、对什么人适用以及是否有溯及既往的效力。它包括空间效力和时间效力问题。

(一)刑法的空间效力

1.属地管辖原则

属地管辖原则,指以地域为标准,凡是在本国领域内犯罪的,无论是本国人还是外国人,都适用本国刑法。反之,在本国领域外犯罪,都不适用本国刑法。

我国《刑法》第六条第一款规定:“凡在中华人民共和国领域内犯罪的,除法律有特别规定的以外,都适用本法。”这是我国刑法关于刑法空间效力的基本原则。犯罪发生在我国领域内的认定:

(1)领域的范围:领土、领水和领空。

(2)领域的自然延伸:悬挂我国国旗的航空器或者船舶。这里所指的犯罪发生地,主要指的是犯罪行为地和犯罪结果地,包括部分行为或部分结果发生地。行为地包括行为实行地和预备地。共同犯罪中部分人的犯罪行为发生在我国,对该共同犯罪都可适用我国刑法。在未遂犯的场合,行为地与行为人希望结果发生地、可能结果发生地都属于犯罪地。

2.属人管辖原则

属人管辖原则,指以人的国籍为标准,凡是本国人犯罪,不论是在本国领域内还是在本国领域外,都适用本国刑法。可见,这里的属人管辖原则,是指积极的属人管辖原则,即本国公民在国外犯罪的,也适用本国刑法。根据《刑法》的规定,我国公民在国外实施的犯罪(但不一定是对我国或我国公民犯罪)是否适用我国刑法,应区别对待:

(1)国家工作人员和军人在中华人民共和国领域外犯本法规定之罪的,一律适用我国刑法。

(2)普通公民在中华人民共和国领域外犯罪的,原则上适用我国刑法,但是按我国刑法规定的最高刑为3年以下有期徒刑的,可以不予追究。

3.保护管辖原则

保护管辖原则,指不论本国人还是外国人,其在国外的犯罪行为,只要侵犯本国国家利益或者本国公民的权益,就适用本国刑法。适用保护管辖原则要同时满足三个条件:

(1)所犯之罪必须侵犯了中华人民共和国国家或者公民的利益。

(2)所犯之罪按我国刑法规定的最低刑为3年以上有期徒刑的。

(3)所犯之罪按犯罪地的法律也受处罚(按犯罪地的法律至少构成违法行为,但不一定是犯罪)。

4.普遍管辖原则

普遍管辖原则,指以保护各国的共同利益为标准,认为凡是国际公约或者条约所规定的侵犯各国共同利益的犯罪,不管犯罪人的国籍与犯罪地的属性,缔约国或参加国发现犯罪人在其领域之内时便行使刑事管辖权。

适用普遍管辖原则的常见国际犯罪有:①海盗罪;②毒品犯罪;③劫持民用航空

器罪行(注意限定于“民用”航空器);④酷刑罪;⑤恐怖主义的犯罪,如绑架外交官、暗杀政治家、爆炸、投放危险物质等犯罪行为;⑥其他,如战争罪行。

另外,适用普遍管辖原则受到如下限制:①适用该原则的犯罪必须是危害人类社会共同利益的犯罪;②管辖国应是有关公约的缔约国或参加国;③管辖国的国内刑法也规定该行为是犯罪;④犯罪人出现在管辖国的领域内。

(二)刑法的时间效力

刑法的时间效力主要解决的问题是,刑法何时起至何时止具有适用效力,其内容主要包括三个方面:生效时间、失效时间与溯及既往的效力(溯及力)。我国刑法在时间上的效力,始于生效日,终止于废止日;在溯及力问题上,采取从旧兼从轻的原则。根据罪刑法定原则的要求,定罪量刑应当以行为时有法律的明文规定为限,因此,对于行为时不受处罚的行为,不能适用事后刑法定罪量刑;在刑法变更时,对行为时受处罚的行为,不能适用比行为时更重的刑法;对行为时虽然被禁止但是法律没有规定法定刑的行为,事后不能判处刑罚。

罪刑法定原则禁止不利于行为人的溯及既往,但允许有利于行为人的溯及既往。

我国《刑法》第十二条关于溯及力的规定采取了从旧兼从轻的原则。对于1949年10月1日中华人民共和国成立至1997年10月1日期间内所发生的行为,如果未经法院审判或判决未确定,应按不同情况分别处理:

(1)行为时的法律不认为是犯罪,而现行刑法认为是犯罪的,适用当时的法律(从旧)。

(2)行为时的法律认为是犯罪,而现行刑法不认为是犯罪的,适用现行刑法(从轻)。

(3)当时的法律和现行刑法都认为是犯罪,并且按照现行《刑法》总则第四章第八节的规定应当追诉的,原则上按当时的法律追究刑事责任,即现行刑法不具有溯及力(从旧)。但是,如果当时的法律处刑比现行刑法重,则应适用现行刑法(从轻)。

(4)如果当时的法律已经作出了生效判决,继续有效。即使按修订后的刑法的规定,其行为不构成犯罪或处刑较当时的法律要轻,也不例外。

第二节　犯罪的概念及其构成

一、犯罪概念界说

(一)犯罪概念

对犯罪的概念,可以从不同角度进行界定。综合目前学界观点来看,其主要分为形式概念、实质概念和混合概念三种。

(1)犯罪的形式概念,是仅从犯罪的法律特征上给犯罪下定义,而不揭示法律何以将该行为规定为犯罪。这时,可以把犯罪定义为:违反刑事法律并且应当受到刑罚处罚的行为。

(2)犯罪的实质概念,不强调犯罪的法律特征,而试图揭示犯罪现象的本质所在,或者说,是想说明犯罪行为之所以被刑法规定为犯罪的根据和理由。这时,可以把犯罪定义为:具有严重社会危害性的违法行为。

(3)犯罪的混合概念,是将犯罪的实质概念和形式概念合二为一,既指出犯罪的本质特征,又指出犯罪的法律特征。这时,可以把犯罪定义为:违反刑事法律,具有严重的社会危害性,并且应当受到刑罚处罚的行为。

我国《刑法》第十三条规定:"一切危害国家主权、领土完整和安全,分裂国家、颠覆人民民主专政的政权和推翻社会主义制度,破坏社会秩序和经济秩序,侵犯国有财产或者劳动群众集体所有的财产,侵犯公民私人所有的财产,侵犯公民的人身权利、民主权利和其他权利,以及其他危害社会的行为,依照法律应当受刑罚处罚的,是犯罪,但情节显著轻微危害不大的,不认为是犯罪。"可见,我国对犯罪的概念采用的是混合概念。

(二)犯罪的特征

(1)犯罪是严重危害社会的行为,即具有一定的社会危害性。社会危害性,指行为对刑法所保护的社会关系的侵犯性。这是犯罪最本质最基本的特征。社会危害性是质和量的统一,社会危害性的内部结构是主客观的统一,社会危害性是相对稳定性与变易性的统一,社会危害性是客观性与可知性的统一。而对社会危害性的轻重、大小的认定需要参考众多的因素,如行为侵犯的客体,行为的方式、手段、后果以及时间、地点等。

(2)犯罪是违反刑法的行为,即具有刑事违法性。刑事违法性,或称刑法的禁止性,即犯罪行为是违反刑法的行为,是刑法所禁止的行为。刑事违法性表现为两种情况:①直接违反刑法规范;②违反其他法律规范但因情形严重进而违反了刑法规范。刑事违法性是司法机关认定犯罪的法律标准。刑事违法性与社会危害性具有统一性,刑法之所以禁止这种行为,就在于该行为具有严重的社会危害性,故严重的社会危害性是刑事违法性的前提和基础,刑事违法性是严重的社会危害性的法律表现。在此意义上说,刑事违法性的实质是社会危害性。

(3)犯罪是应当受到刑罚处罚的行为,即具有应受刑罚处罚性。只有当违法行为应当受到刑法处罚时,才能成立犯罪:①从立法角度而言,即使刑法明文禁止某种行为,但只要刑法对其没有规定刑罚(法定刑)后果,该行为就不是犯罪;②从犯罪行为的一般性质而言,即构成犯罪的行为通常会受到刑法处罚,但并非任何犯罪都必然受到刑罚处罚,刑法也有构成犯罪而免除刑罚的规定,但免除刑罚是以应受刑罚处罚为前提的;如果不应受刑罚处罚,则不成立犯罪。但是需要特别明确的是,不应受处罚和不需受处罚是两个意思,应当加以区分。不应受处罚,是指行为人的行为根本不构成犯罪,当然就不存在应受处罚的问题;而不需受处罚,是指行为人的行为已经构成了犯罪,本应惩罚,但是考虑到具体情况,例如,犯罪情节比较轻微,或者有自首、立功等表现,从而免予刑事处分。免予刑事处分也说明,行为还是构成犯罪的,只是不予处罚罢了。

二、犯罪的成立条件

判断一个行为是否构成犯罪,主要从以下三个条件予以判断:

(一)存在危害行为

1.危害行为的定义

所谓危害行为,主要指在人的意志或者意识支配下实施的危害社会的行为。

2.危害行为的特征

危害行为主要具有如下特征:

(1)危害行为在客观上是人的行为,这是危害行为的外在特征,亦称危害行为的有体性特征;

(2)危害行为在主观上是基于行为人的意志或者意识支配下的行为;

(3)危害行为在法律上是对社会有危害的行为,这是危害行为的社会性特征。

(二)存在危害结果

1.危害结果的定义

广义的危害结果,指由行为人的危害行为所引起的一切对社会的损害事实,它包括危害行为的直接结果和间接结果,属于犯罪构成要件的结果和不属于犯罪构成要件的结果。

狭义的危害结果,指作为犯罪构成要件的结果,通常也就是对直接客体所造成的损害事实。狭义的危害结果是定罪的主要根据之一。

2.危害结果的特征

(1)因果性。危害结果是由危害行为造成的,危害行为是因,危害结果是原因引起的后果;不是危害行为造成的结果,就不是危害结果。由于危害结果是由危害行为造成的,所以危害结果的性质取决于危害行为的性质。危害结果固然是危害行为引起的,但是也不能认为,任何危害行为都必然造成危害结果。

(2)侵害性。危害结果是表明刑法所保护的社会关系遭受侵害的事实特征,因而是反映社会危害性的事实。当危害结果是犯罪构成要件时,它对犯罪的社会危害性起决定性作用;当危害结果不是犯罪构成要件时,它对犯罪的社会危害性程度也起到很大的影响作用。如果某种事实现象并不反映行为的社会危害性,即使它是危害行为造成的,也不能认为是危害结果。当然,危害结果与社会危害性不是等同的概念。

(3)现实性。危害结果是危害行为已经实际造成的侵害事实。危害行为本身所具有的侵害社会关系的危险性,不是危害结果,而是行为的属性。但行为造成的危险状态,则有可能属于危害结果。

(4)多样性。危害结果形形色色,多种多样。危害结果的多样性,是由危害行为的多样性、社会关系的复杂性、犯罪对象的多样性决定的。因此不同的危害结果在定罪量刑中所发挥的作用并不完全相同。

(三)危害行为和危害结果之间存在因果关系

危害行为与危害结果之间的因果关系判定一直是实践判断的难点,同时也是学界研究的热点。对于因果关系的判断是构成"罪"与"罚"的主要依据。具体来说,判断是否具有因果关系,应当把握以下几个特征:

(1)因果关系的客观性。因果关系作为客观现象之间引起与被引起的关系,它是客观存在的,并不以人们主观是否认识到为前提。

(2)因果关系的相对性。应该从以下两点加深对刑法因果关系的相对性的理解:第一,作为因果关系中的结果,是指法律所要求的已经造成的有形的、可被具体测量确定的危害结果;第二,刑法因果关系中的原因,是指危害社会的行为。

(3)因果关系的时间序列性。所谓时间序列性,就是从发生时间上看,原因必定在先,结果只能在后,二者的时间顺序不能颠倒。

(4)因果关系的条件性和具体性。任何刑事案件的因果关系是具体的、有条件的,一种行为能引起什么样的结果,没有一个固定不变的模式。

(5)因果关系的复杂性。既存在一果多因,也存在一因多果。一果多因,指某一危害结果是由多个原因造成的;一因多果,指一个危害行为可以同时引起多种结果的情况。

三、犯罪构成要件

(一)犯罪构成的概念

犯罪构成,指我国刑法规定的犯罪行为所应当具备的一切客观和主观要件的总和。犯罪构成是一系列主客观要件的有机统一。任何一个犯罪构成都是包括许多要件的,这些要件有表明犯罪客体、客观方面的,也有表明犯罪主体、主观方面的,它们的有机统一就形成某种罪的犯罪构成。

任何一种犯罪都可以有许多事实特征,但并非每一个事实特征都是犯罪构成的要件。只有对行为的社会危害性及其程度具有决定意义而为该行为成立犯罪所必需的那些事实特征,才是犯罪构成的要件。

犯罪构成与案情这两个概念虽有联系,但不是同一个意思。犯罪构成是案情中最重要的部分,是基本的案情。然而,还有些案情不一定是犯罪构成的要件。行为成立犯罪所必须具备的诸要件,是由我国刑法加以规定或包含的。

(二)犯罪构成要件

当今世界,刑法领域内有三种犯罪论体系。其一是苏联等国采用的犯罪构成理论体系,将犯罪构成要件分为主体要件、客体要件、主观要件和客观要件四部分,即通常所说的犯罪构成“四要件说”;其二是英美等普通法系国家采用的犯罪论体系,将犯罪成立条件分为犯意和犯行;其三是以德国和日本为代表的“三要件说”,认为犯罪构成要件应当是由构成要件该当性、违法性和有责性组成的三阶层递进式。

“四要件说”一直占据了我国犯罪构成要件理论的通说地位。而近三十年来,我国犯罪构成理论研究出现了百花齐放、百家争鸣的现象,不少学者对“四要件说”进行了批判,同时也开始对德日的“三要件说”进行了有益探讨,“四要件说”的通说地位受到了质疑。但考虑到“四要件说”在我国刑法理论中的基础性地位,这里主要对“四要件说”进行阐述。按照四要件理论,犯罪构成主要包括犯罪主体、犯罪客体、犯罪的主观方面和犯罪的客观方面四个要素。

1.犯罪的主体

犯罪的主体,简称犯罪主体,指实施了危害社会的行为,依法应负刑事责任的人,包括自然人和单位。单位成为犯罪主体,必须符合以下条件:一是实施了危害社会的行为;二是必须是机关、企业、事业单位、公司、团体。

自然人成为犯罪主体,必须符合以下条件:一是实施了危害社会的行为;二是达到法定刑事责任年龄;三是具有刑事责任能力,能够认识和控制自己的行为。

就刑事责任年龄而言,我国《刑法》规定,公民完全承担刑事责任年龄为16周岁,相对负刑事责任年龄为14周岁,完全不负刑事责任年龄为14周岁以下。具体来说,已满16周岁的人犯罪应当承担刑事责任;已满14周岁未满16周岁的人,犯故意杀人、故意伤害致人重伤或者死亡、强奸、抢劫、贩卖毒品、放火、爆炸、投毒罪的,要承担刑事责任。就刑事责任能力而言,主要涉及以下两类人应否应当承担刑事责任的问题:

(1)完全无刑事责任的精神病人。我国《刑法》第十八条第一款规定:“精神病人在不能辨认或者不能控制自己行为的时候造成危害结果,经法定程序鉴定确认的,不负刑事责任,但是应当责令他的家属或者监护人严加看管和医疗;在必要的时候,由政府强制医疗。”

(2)完全负刑事责任的精神障碍人。我国《刑法》第十八条第二款规定:“间歇性的精神病人在精神正常的时候犯罪,应当负刑事责任。”按照我国司法精神病学,非精神病性精神障碍的主要种类有:①各种类型的神经官能症;②各种人格障碍式变态人格;③性变态;④情绪反应(未达到精神病程度的反应性精神障碍);⑤未达到精神病程度的成瘾药物中毒与戒断反应;⑥轻躁狂与轻性抑郁症;⑦生理性醉酒与单纯慢性酒精中毒;⑧脑震荡后遗症、癫痫性心境恶劣以及其他未达到精神病程度的精神疾患;⑨轻微精神发育不全。

2.犯罪的客体

犯罪的客体,简称犯罪客体,指刑法所保护的而被犯罪行为所侵犯的社会主义社会关系。犯罪客体是犯罪构成要件的必要要件。一个行为不侵犯任何客体,就意味着不具有社会危害性,也就不能构成犯罪。

犯罪客体可以分为以下几类:

(1)一般客体,是指一切犯罪所共同侵犯的客体。

(2)同类客体,是指某一类犯罪所共同侵犯的客体。

(3)直接客体,是指具体犯罪所直接侵犯的具体的社会主义社会关系。对于直接客体,还可以根据其数量进一步分为单一客体和复杂客体。在复杂客体中,应当根据刑法的规定,分清主要客体与次要客体,不能等量齐观。对直接客体的确实,应以刑法规定为依据。

3.犯罪的主观方面

犯罪的主观方面,指犯罪主体对自己实施的危害社会行为及其危害社会的后果所持的故意或者过失的心理态度,包括犯罪的故意、犯罪的过失以及犯罪的目的和动机。

(1)犯罪的故意。犯罪故意指行为人明知自己的行为会发生危害社会的结果,并且希望或者放任这种结果发生的一种心理态度。在这种心理态度支配下实施的犯罪就属于故意犯罪。犯罪的故意有两种:一是直接故意;二是间接故意。其中,直接故意是指明知自己的行为会发生危害社会的结果,并且希望这种结果发生的心理态度。间接故意是指明知自己的行为可能发生危害社会的结果,并且放任这种结果发生的心理态度。

(2)犯罪的过失。犯罪过失指行为人应当预见自己的行为可能发生危害社会的结果,因为疏忽大意而没有预见到或者已经预见而轻信能够避免,以致发生这种结果的心理状态。犯罪的过失主要包括两个方面:

一是疏忽大意的过失。该过失具有以下特征:①行为人没有预见到其行为可能发生危害社会的结果。疏忽大意的过失是一种无认识的过失。②行为人应当预见到自己的行为可能发生危害社会的结果。所谓应当预见到,是指行为人在行为时有能力而且有义务预见以避免危害结果的发生。③应当预见的内容是法定的危害结果。

二是过于自信的过失,指已经预见到自己的行为可能发生危害社会的结果,但轻信能够避免,以致发生这种结果的心理态度。过于自信的过失具有以下两个特征:①行为人已经预见到自己的行为可能发生危害社会的结果。过于自信的过失属于有认识的过失。②行为人轻信能够避免危害结果的发生。

(3)犯罪的目的和动机。

犯罪目的,指行为人通过实施危害社会的行为所希望达到的结果。

犯罪动机,指刺激犯罪人实施犯罪行为以达到犯罪目的内心冲动或起因。

4.犯罪的客观方面

犯罪的客观方面，指犯罪行为及其危害结果的客观外在表现。犯罪的客观方面的要件具体表现为危害行为、危害结果以及行为的时间、地点、方法(手段)、对象。其中，危害行为是一切犯罪在客观方面都必须具备的要件，也是犯罪客观方面中唯一的为一切犯罪所必须具备的要件；危害结果是大多数犯罪成立在客观方面必须具备的要件；特定的时间、地点、方法(手段)及对象，则是某些犯罪成立而在犯罪客观方面必须具备的要件。

四、正当防卫和紧急避险

(一)正当防卫

1.正当防卫的概念

正当防卫，指为了使国家、公共利益、本人或者他人的人身、财产和其他权利免受正在进行的不法侵害，而对不法侵害者所实施的没有明显超过必要限度并且未造成重大损害的防卫行为。正当防卫是法律赋予公民的一项权利，不仅不构成犯罪，而且受到法律的保护。

2.正当防卫构成要件

正当防卫的构成，必须具备以下条件：①必须是对不法侵害行为才能实施正当防卫；②不法侵害行为必须是正在进行中的；③防卫行为必须是为了使国家、公共利益、本人或者他人的人身、财产和其他权利免受不法侵害而实施的；④防卫行为必须针对不法侵害者本人实施，而不能针对第三人；⑤防卫行为不能明显超过必要限度。防卫行为超过必要限度造成重大损害的，是防卫过当。防卫过当应当负刑事责任，但应当减轻或者免除处罚。对正在进行行凶、杀人、抢劫、强奸、绑架以及其他严重危及人身安全的暴力犯罪，采取防卫行为，造成不法侵害人伤亡的，不属防卫过当，不负刑事责任。

(二)紧急避险

1.紧急避险的概念

紧急避险，指为了使国家、公共利益、本人或者他人的人身、财产和其他权利免受正在发生的危险，不得已而采取的损害另一较小合法权益的行为。

2.紧急避险的构成

紧急避险的构成，必须具备以下条件：①必须是为了避免国家、公共利益、本人或者他人的人身、财产和其他权利遇到危险而采取的；②必须是正在发生危险的情况下采取的；③必须是在不得已的情况下采取的，如果能采取其他方法避免危险，就不能实施紧急避险行为；④紧急避险行为不能超过必要限度。紧急避险超过必要限度造成不应有的损害的，成立避险过当，行为人应当负刑事责任，但应当减轻或者免除处罚。

五、犯罪的预备、未遂、中止和既遂

(一)犯罪预备

根据《刑法》第二十二条第一款的规定,作为一种未完成形态的犯罪预备,是指为了犯罪准备工具,制造条件,但由于行为人意志之外的原因而未能着手实行犯罪的情形。犯罪预备也是犯罪行为,而犯意表示不构成犯罪。

据此,犯罪预备主要具有如下四个特征:

1.主观上为了犯罪

为了犯罪,实际上是指为了实行犯罪,即为了实施犯罪的实行行为。为了犯罪,包括为了自己实行犯罪与为了他人实行犯罪。为了犯罪,不是一种独立的罪过,但是表明行为人具有明确的犯罪故意,因为行为人在具体的犯罪故意的支配下,才能为具体犯罪的实行行为准备工具、创造条件。为了犯罪,表明行为人在具备犯罪故意的前提下,认识到了自己的预备行为对危害结果的发生将起到促进作用。为了犯罪,表明行为人在该心理支配下实施的行为是犯罪预备行为,因而与犯意的形成、犯意的表示具有本质区别。

2.客观上实施了犯罪预备行为,即准备工具与制造条件

准备工具,即准备实行犯罪的工具;制造条件,指除准备工具以外的一切为实行犯罪制造条件的预备行为,如:①途中行为(行为人尚在前往犯罪地点的途中);②尾随行为(行为人尾随被害人伺机侵害);③守候行为(行为人埋伏或等候在预定地点准备实施加害行为);④寻找行为(行为人寻找预定的犯罪对象);⑤准备行为(行为人制造、准备作案工具或对作案现场进行踩点等行为)等。

3.事实上未能着手实行犯罪

未能着手实行犯罪包括两种情况:①预备行为没有完成,因而不可能着手实行犯罪;②预备行为虽已完成,但由于某种原因未能着手实行犯罪。

4.未能着手实行犯罪是由于行为人意志以外的原因

如果行为人自动放弃预备行为或自动不着手实行犯罪,则不成立犯罪预备,而成立犯罪中止。

(二)犯罪未遂

根据《刑法》第二十三条第一款的规定,犯罪未遂是指已经着手犯罪,由于犯罪分子意志以外的原因而未得逞。犯罪行为在客观上具有侵害法益的紧迫危险,是处罚未遂犯的根据所在。据此,犯罪未遂主要具有如下特征:

1.已经着手实行犯罪

“着手”,标志着犯罪行为进入实行阶段,行为人所实施的是实行行为,着手本身就是实行行为的一部分。这一特征是犯罪未遂与犯罪预备相区分的主要标志。

2.犯罪未得逞

指犯罪行为没有具备刑法分则条文所规定的某一犯罪构成的全部要件。这一特征是犯罪未遂同犯罪既遂相区分的主要标志。

3.犯罪未得逞是由于犯罪分子意志以外的原因

犯罪分子意志以外的原因,指违背犯罪人意志的,在客观上使犯罪不可能既遂,或者使犯罪分子认为不可能既遂因而被迫停止犯罪的原因。这一特征是犯罪未遂与犯罪中止相区别的主要标志。意志以外的原因包括:抑制犯罪意志的原因,抑制犯罪行为的原因,抑制犯罪结果的原因。

根据《刑法》第二十三条第二款的规定:“对于未遂犯,可以比照既遂犯从轻或者减轻处罚。”

(三)犯罪中止

根据《刑法》第二十四条的规定,犯罪中止指在犯罪过程中,自动放弃犯罪或者自动有效地防止犯罪结果发生的行为。所以,犯罪中止主要包括以下两种情况:一是在犯罪预备阶段或者在实行行为还没有实行终了的情况下,自动放弃犯罪;二是在实行行为实行终了的情况下,自动有效地防止犯罪结果的发生。

犯罪中止具有如下特征:

1.中止的时间性

犯罪中止必须发生在犯罪过程中,即在犯罪行为开始实施之后、犯罪呈现结局之前。

2.中止的自动性

指行为人认识到客观上可能继续实施犯罪或可能既遂,但自愿放弃原来的犯罪意图。犯罪中止是“能达目的而不欲”,而犯罪未遂是“欲达目的而不能”。行为人中止犯罪的原因是多种多样的,在判断该中止是否符合“自动性”时,应当注意:①不能将引起行为人中止犯罪的原因,当作意志以外的原因从而否认中止的自动性;②不能因为存在客观障碍就否认中止的自动性。

3.中止的客观性

中止不只是一种内心状态的转变,还要求客观上有中止行为。

4.中止的有效性

中止必须是没有发生作为既遂标志的犯罪结果。行为人虽然自动放弃犯罪或自动采取措施防止结果的发生,但如果发生了作为既遂标志的犯罪结果,就不成立犯罪中止。需要注意的是,犯罪中止的成立并不要求没有发生任何犯罪结果,而是只要求没有发生作为既遂标志的犯罪结果。

(四)犯罪既遂

1.犯罪既遂的概念

犯罪既遂,指行为人故意实施的行为已经具备了某种犯罪构成的全部要件。

判定犯罪是否既遂,应当以行为人所实施的行为是否具备了《刑法》所规定的某一犯罪的全部构成要件为标准。完全具备的,是既遂;未能完全具备的,则不是既遂。

2.犯罪既遂的类型

(1)行为犯

行为犯,指行为人只要实施了刑法分则所规定的某种危害行为,不论犯罪结果是否发生,都构成犯罪既遂。

行为犯可以有犯罪既遂、预备、中止,也会出现犯罪未遂,如诬告陷害罪行为人口头告发,刚说几句话即被打断。行为犯以刑法分则规定的行为实施为犯罪既遂。

(2)结果犯

结果犯,指以刑法分则规定的危害结果的出现作为犯罪完成的犯罪,结果的出现标志着这类犯罪的全部构成要件已经具备。

刑法分则对结果犯规定有两种形式:①刑法分则规定的危害结果的出现,不仅是犯罪完成即犯罪既遂的条件,而且是构成犯罪的必要要件。无法定危害结果出现,不仅不构成既遂,也不构成犯罪,此种结果犯无未遂、预备、中止,只有既遂。②刑法分则规定的危害结果的出现,仅为犯罪既遂的必要条件,法定危害结果的出现标志这种犯罪的全部构成要件具备,行为既遂。此种结果犯有既遂、未遂、中止、预备。大多数犯罪均是结果犯。

(3)危险犯

危险犯,指行为人实施了刑法分则中规定的足以造成某种严重后果的危险状态的行为,即使该严重结果尚未发生,也构成犯罪既遂。危险犯有既遂、未遂、预备和中止四种形态。危险犯以行为的实施足以造成某种严重危害结果发生的危险(但尚未造成严重危害结果)为既遂。在危险犯中,危害结果的出现则会加重行为人的刑事责任,往往构成结果加重犯。

(4)结果加重犯

结果加重犯,指行为人实施了基本的犯罪构成要件的行为,发生了基本的犯罪构成要件的结果以外的严重结果,刑法对它加重法定刑的犯罪。

第三节 共同犯罪

一、共同犯罪的概念与形式

(一)共同犯罪的概念

相对于单独犯罪而言,共同犯罪是一种更为复杂的犯罪。根据《刑法》第二十五条的规定,共同犯罪指二人以上共同故意犯罪。这一定义科学地概括了共同犯罪的内在属性,为处理共同犯罪提供了法律依据。

(二)共同犯罪成立的条件

共同犯罪的成立条件,是指共同犯罪这一特殊的犯罪形式成立必须具备的条件,它解释了共同犯罪与单独犯罪的区别。至于共同犯罪构成什么罪,则取决于二人以上的共同故意犯罪行为符合何种具体犯罪的构成要件。

根据我国《刑法》的规定,构成共同犯罪应当具备以下条件:①犯罪主体必须是两个或两个以上达到刑事责任年龄、具有刑事责任能力的人;②各个共同犯罪人必须具有共同的犯罪行为;③各个共同犯罪人必须具有共同的犯罪故意。

(三)共同犯罪的形式

共同犯罪的形式,指二人以上共同犯罪的结构,或者是指共同犯罪人之间结合的方式。共同犯罪的形式不同,其对社会的危害性也就不同。

共同犯罪的形式,主要分为以下几类:

1.任意共同犯罪和必要共同犯罪

刑法分则规定的一人能够单独实施的犯罪由二人以上共同故意实施时,就是任意共同犯罪,如故意杀人罪、放火罪等,既可以由一人单独实施,也可以由二人以上共同实施;当二人以上共同故意杀人或放火时,就是任意共同犯罪。刑法总则规定的共同犯罪主要是任意共同犯罪。对于任意共同犯罪,应当根据刑法分则的有关条文以及总则关于共同犯罪的规定定罪量刑。刑法分则明文规定必须由二人以上共同故意实施的犯罪,就是必要共同犯罪,如《刑法》第三百一十七条第二款规定的聚众持械劫狱罪,不可能由一个人单独实施。对这类犯罪通常直接根据刑法分则的规定定罪量刑。必要共同犯罪包括聚众共同犯罪、集团共同犯罪等。

2.事前有通谋的共同犯罪和事前无通谋的共同犯罪

在着手实行犯罪之前,各共犯人已经形成共同犯罪故意,就实行犯罪进行了策划或商议的,就是事前有通谋的共同犯罪。“通谋”一般是指二人以上为了实行特定的犯罪,以将各自的意思付诸实现为内容而进行的谋议。在刚着手实行或者实行犯罪的过程中形成共同犯罪故意的,则是事前无通谋的共同犯罪。如果各共犯人是在刚着手实行时形成共同犯罪故意,并共同实施犯罪行为,则各共犯人均应对共同犯罪行为及其结果承担刑事责任。

3.简单共同犯罪和复杂共同犯罪

二人以上共同故意实行犯罪时,就是简单共同犯罪。在这种情况下,各共犯人都是正犯(实行犯),故在刑法理论上又叫共同正犯(共同实行犯)。例如,甲、乙二人共同故意持凶器刺杀丙,成立故意杀人的共同正犯。成立共同正犯必须具备两个基本条件,一是有共同实行的意思;二是有共同实行的事实。而二人以上的共同犯罪存在实行、组织、教唆、帮助等分工时,就是复杂共同犯罪。在这种情况下,存在实行犯、组织犯、教唆犯、帮助犯之分，他们的行为以及故意的具体内容均有差异。

4.一般共同犯罪和特殊共同犯罪

一般共同犯罪是指没有组织的共同犯罪，包括两种情况：一是二人即可构成，没有组织、没有首要分子、不存在众人可能随时参与状态的共同犯罪。二是由首要分子组织、策划、指挥众人所实施的共同犯罪，即聚众共同犯罪。特殊共同犯罪是指集团犯罪，即三人以上有组织地实施的共同犯罪。实施犯罪的组织称为犯罪集团，犯罪集团是指三人以上为共同实施犯罪而组成的较为固定的犯罪组织。

（四）犯罪集团

1.犯罪集团的概念

犯罪集团是一种特殊的共同犯罪形式，是指三人以上为共同实施犯罪而组成的较为固定的犯罪组织。

2.犯罪集团的特征

按照我国《刑法》的规定，犯罪集团主要具有以下几个特征：

(1)人数较多。即三人以上，二人不足以成为集团。

(2)较为固定。表现为有明显的首要分子，重要成员固定或者基本固定；集团成员以首要分子为核心结合得比较紧密；实施一次或数次犯罪后，其组织形式往往继续存在。

(3)目的明确。犯罪集团的形成是为了反复多次实施一次或者数种犯罪行为。

二、共同犯罪人的种类及其刑事责任

《刑法》根据共同犯罪人在共同犯罪中所起的作用，把共同犯罪人分为主犯、从犯、胁从犯和教唆犯。

（一）主犯及其刑事责任

按照《刑法》第二十六条第一款规定，主犯是指组织、领导犯罪集团进行犯罪活动或者在共同犯罪中起主要作用的犯罪分子。根据刑法的有关规定，主犯分为三种，一是在犯罪集团中起组织、策划、指挥作用的犯罪分子，也就是组织犯，是首要分子的一种。组织犯的犯罪活动包括建立、领导犯罪集团，制订犯罪活动计划等；二是在聚众犯罪中起组织、策划、指挥作用的犯罪分子，这也是首要分子的一种。聚众犯罪中的首要分子，是犯罪的组织、策划者和指挥者；三是其他在犯罪集团或一般共同犯罪中起主要作用的犯罪分子，既可以是实行犯，也可以是教唆犯。

根据《刑法》第二十六条第三款和第四款的规定，对组织、领导犯罪集团的首要分子，按照集团所犯的全部罪行处罚，对其他主犯，应当按照其所参与的或者组织、指挥的全部犯罪处罚。

（二）从犯

按照《刑法》第二十七条第一款的规定，从犯是指在共同犯罪中起次要或者辅助作用的犯罪分子。从犯分为两种,一是在共同犯罪中起次要作用的从犯,即次要的实行犯。所谓次要的实行犯是相对于主要的实行犯而言的,是指虽然直接实行犯罪,但在整个犯罪活动中其作用居于次要地位的实行犯。二是在共同犯罪中起辅助作用的从犯,即帮助犯,它是指未直接实行犯罪,而在犯罪前后或者犯罪过程中给组织犯、实行犯、教唆犯以各种帮助的犯罪人。

根据《刑法》第二十七条第二款规定,对于从犯,应当从轻、减轻处罚或者免除处罚。

(三)胁从犯

胁从犯是指被胁迫参与共同犯罪的犯罪分子。被胁迫参加犯罪,即在他人暴力威胁等精神强制下,被迫参加犯罪。在这种情况下,行为人没有完全丧失意志自由,因此仍应对其犯罪行为承担刑事责任。由于胁从犯是共犯人的一种,具有犯罪故意与犯罪行为,故行为人身体完全受强制、完全丧失意志自由时实施的某种行为,以及符合紧急避险条件的行为,不成立胁从犯。

按照《刑法》第二十八条的规定:对于被胁迫参加犯罪的,应当按照他的犯罪情节减轻处罚或者免除处罚。

(四)教唆犯

教唆犯,是指故意唆使他人犯罪的犯罪分子。具体地说,教唆犯是以劝说、利诱、授意、怂恿、收买、威胁以及其他方法,将自己的犯罪意图灌输给本来没有犯意或者虽有犯意但不坚定的人,使其决意实施自己所劝说、授意的犯罪,以达到犯罪目的的人。从教唆犯的概念可以看出,教唆犯的特点是:本人不亲自实行犯罪,而故意唆使他人产生犯罪意图并实行犯罪。成立教唆犯必须具备下列条件:

第一,客观上具有教唆他人犯罪的行为,即用各种方法,唆使他人去实行某一具体犯罪。教唆的对象是本无犯罪意图的人,或者虽有犯罪意图但犯罪意志尚不坚决的人。教唆行为只能以作为方式构成。

第二,主观上具有教唆他人犯罪的故意,故意的内容包括:认识到他人尚无犯罪故意,预见到自己的教唆行为将引起被教唆者产生犯罪故意,而希望或放任教唆行为所产生的结果。因此,教唆犯的主观方面,可以是直接故意,也可以是间接故意。

按照《刑法》第二十九条第一款的规定,对于教唆犯,应当按照他在共同犯罪中所起的作用处罚,这是对教唆犯处罚的一般原则。教唆不满18周岁的人犯罪的,应当从重处罚,这一规定是为了更好地维护青少年的合法权益。

按照《刑法》第二十九条第二款规定,如果被教唆的人没有犯被教唆的罪,对于教唆犯,可以从轻或者减轻处罚,这种情况,在刑法理论上称为"教唆未遂"。

此外,教唆不满14周岁的人或者精神病患者犯罪的,对教唆者应当按单独犯论处。这种情况在刑法理论上称为"间接正犯",即间接实行犯。

三、没有共同故意不成立共同犯罪的情形

1.共同过失

共同过失,指二人以上共同过失犯罪。此时,虽然外表上有共同行为,但行为人无共同犯罪故意和意思联络,不符合共同犯罪的本质和规定共同犯罪的立法目的,故我国刑法明文规定共同故意犯罪才是共同犯罪,共同过失犯罪不以共犯论。

2.同时犯

同时犯,指二人以上没有共同犯罪故意,各自实施侵犯同一对象的犯罪。在这种情况下,两个以上的人并无犯意联络,即使有相同的犯罪故意,但却无共同故意,于同时同地以各自行为侵害同一对象,构成同时犯,应只在各自实行的犯罪行为的范围内负刑事责任。

3.间接正犯

间接正犯,指利用合法行为人或无责任能力者或无犯罪故意者来实行自己的犯罪的情况。间接正犯在利用他人行为这一点上类似共犯,但由于缺乏共同的犯罪故意,因此不成立共犯,而由利用者对被利用者的行为独立负责。

4.超出共同犯罪故意范围的犯罪

超出共同犯罪故意范围的犯罪,指在共同犯罪过程中,有的共犯者超出了共同犯罪故意的范围,单独地实施其他犯罪,由于其他共犯者对此缺乏共同故意,而由行为人单独承担超出共同犯罪故意范围部分的责任。

5.事先无通谋的窝赃、包庇行为

事先无通谋的窝赃、包庇行为,指行为上虽有联系,但事先无通谋的窝藏、包庇、窝赃、销赃的行为。此时,不构成共犯,应分别成立窝藏、包庇、销赃罪。但事先若有通谋,则成立共犯。

6.法人犯罪

法人犯罪,指法人作为一个整体而实施的犯罪,其法人内部直接参与实施犯罪的人之间也不是共同犯罪的关系,而是作为法人有机整体内部诸要素相互联系、相互作用的关系。

7.故意犯与过失犯的行为联系

故意犯与过失犯的行为联系,指过失犯罪人与故意犯罪人的行为相互连接或联系,因为其相互之间无共同故意,也无意思联络,不成立共同犯罪,由过失犯罪人与故意犯罪人分别对其行为负责。如警察过失借枪给他人,他人故意杀人,警察与他人不成立共同犯罪。

8.故意内容性质不一的共同行为

故意内容性质不一的共同行为,指两个以上行为人共同实施的犯罪行为,如果行为人的故意内容及其行为的整体性质不属于同一犯罪构成,因其缺乏相同的客体

或相同的故意，不成立共犯，而由行为人各自对其行为负责。如两人共同打伤税务人员，一人基于私仇，成立故意致人伤害罪；一人为抗拒纳税，成立抗税罪。

第四节 刑 罚

一、刑罚界说

1.刑罚的概念

刑罚是指我国刑法规定的，由国家审判机关依法对犯罪分子所适用的一种强制性的法律制裁措施。

2.刑罚的特点

一般来说，刑罚主要具有以下特点：①刑罚的属性。使犯罪人承受一定的剥夺性痛苦，是刑罚的惩罚性质，是刑罚的本质属性。②刑罚的社会政治内容。在我国，刑罚是掌握在代表全国各族人民利益的人民民主专政国家手中的，用于维护国家利益、社会利益与公民合法权益的工具。③刑罚的法律特征。刑罚是由刑法明文规定的，并且只能由国家的审判机关严格遵循法律规定的管辖权限和诉讼程序适用。④刑罚的目的性。我国刑罚的目的在于预防犯罪。

与其他制裁方式相比，刑罚具有以下显著特点：①严厉程度不同。刑罚是一种最为严厉的制裁方法。因为刑罚中的自由刑可以限制或剥夺犯罪人的人身自由，生命刑还可以剥夺犯罪人的生命，资格刑、财产性可以剥夺犯罪人的政治权利和财产权利。这种严厉性是刑罚区别于其他法律制裁方法的本质特征。②适用对象不同。刑罚只能对犯罪分子适用。③适用的机关和程度不同。刑罚只能由人民法院代表国家适用，并且要依照刑事诉讼法规定的管辖权限和诉讼程序进行。

二、刑罚体系

刑罚体系，或称刑罚的体系，指国家的刑事立法以有利于发挥刑罚的积极功能、实现刑罚目的为指导原则，选择刑种、实行分类并依其轻重程度排成的序列。

我国的刑罚分为主刑和附加刑。属于主刑的刑种只能独立适用；附加刑的各个刑种既可以独立适用，也可以作为主刑的附加刑适用。

（一）主刑的刑种

1.管制

管制，指由人民法院判决对犯罪分子不予关押，但限制其一定自由，由公安机关执行管束和在群众监督下进行改造的一种刑罚。

管制具有以下特点：

(1)不予关押,即不剥夺犯罪人的人身自由。

(2)限制犯罪人的一定自由。被判处管制的犯罪分子,在执行期间,应当遵守有关规定。

(3)具有一定期限,即不得对犯罪人进行无期限的管制。根据《刑法》的规定,管制的期限为3个月以上2年以下,数罪并罚时最高不能超过3年。

(4)由公安机关执行和群众监督改造。

2.拘役

拘役,指短期剥夺犯罪分子的人身自由,就近执行并实行劳动改造的一种刑罚。拘役主要适用于罪行较轻,需要短期关押的犯罪分子。拘役具有以下特点:

(1)拘役是剥夺自由的刑罚方法。

(2)拘役是短期剥夺自由的刑罚方法。拘役的期限为1个月以上6个月以下,数罪并罚时,拘役刑期最高不能超过1年。

(3)拘役是由公安机关就近执行的刑罚方法。

3.有期徒刑

有期徒刑,指剥夺犯罪分子一定期限的人身自由,强制其进行劳动并接受教育改造和矫正的一种刑罚。有期徒刑是我国适用面最广的刑罚方法,其主要具有以下特点:

(1)有期徒刑剥夺犯罪人的自由。

(2)有期徒刑具有一定期限。有期徒刑的刑期为6个月以上15年以下,数罪并罚时,有期徒刑的刑期可以超过15年,但最高不能超过20年。

(3)有期徒刑的基本内容是对犯罪人实行劳动改造。

4.无期徒刑

无期徒刑,指剥夺犯罪分子的终身自由,强制其参加劳动并接受教育改造的一种刑罚。无期徒刑适用于罪行严重,但又没有必要判处死刑的犯罪分子。

无期徒刑具有以下特点:

(1)无期徒刑是自由刑中最严厉的刑罚方法,主要表现在剥夺犯罪人终身自由。

(2)无期徒刑的基本内容是对犯罪人实行劳动改造。

(3)无期徒刑不能孤立适用,即对于被判处无期徒刑的犯罪人,应当剥夺政治权利终身。

5.死刑

死刑,指剥夺犯罪分子生命的一种刑罚。

它是我国最严厉的一种刑罚。对于应当判处死刑的犯罪分子,如果不是必须立即执行的,可以判处死刑同时宣告缓期2年执行。这就是我国刑法中的死刑缓期执行制度,简称死缓,是死刑制度的重要组成部分。死缓不是独立刑种,只是死刑的一种执行制度。适用死缓必须同时具备两个条件:

(1)罪该处死;

(2)不是必须立即执行。

从司法实践角度看,主要指具有以下情况:自首、立功或有其他从轻情节;在共同犯罪中罪行不是最严重的;被害人过错导致犯罪人激愤犯罪的或其他容易改造情节;有令人怜悯的情节;其他应当留有余地的情况。

(二)附加刑的刑种

附加刑,是补充主刑适用的刑罚方法。附加刑既可以附加于主刑适用,又可以独立适用。在附加刑适用时,可以同时适用两个以上附加刑。在独立适用时,主要是针对较轻的犯罪。根据《刑法》第三十四条和第三十五条的规定,附加刑主要有四种:罚金、剥夺政治权利、没收财产和驱逐出境。

1.罚金

罚金,是强制犯罪分子或者犯罪单位向国家缴纳一定数额金钱的一种刑罚。

《刑法》总则中规定了裁量罚金数额的一般原则,即根据犯罪情节决定罚金数额。《刑法》分则对罚金数额的规定方式如下:

(1)没有规定具体数额。在这种情况下,罚金的最低数额不能少于1000元。

(2)规定了相当确定的数额。

(3)以违法所得或犯罪涉及的数额为基准,处以一定比例或倍数的罚金。另外,对未成年人犯罪应当从轻或减轻判处罚金,但罚金的最低数额不能少于500元。

2.剥夺政治权利

剥夺政治权利,指剥夺犯罪分子参加国家管理和政治活动权利的一种刑罚。

剥夺政治权利,是指剥夺下列权利:

(1)选举权和被选举权;

(2)言论、出版、集会、结社、游行、示威自由的权利;

(3)担任国家机关职务的权利;

(4)担任国有公司、企业、事业单位和人民团体领导职务的权利。

剥夺政治权利附加刑适用于严重犯罪,具体由刑法总则规定。刑法总则规定了两种情形:

(1)应当附加剥夺政治权利的情形,包括:①危害国家安全的犯罪人;②被判处死刑和无期徒刑的犯罪人。

(2)可以附加剥夺政治权利的情形,指故意杀人、强奸、放火、爆炸、投放危险物质、抢劫等严重破坏社会秩序的犯罪分子。

3.没收财产

没收财产,是将犯罪分子个人所有财产的一部分或全部,强制无偿地收归国有的一种刑罚。

没收财产的范围,是指刑法规定犯罪人的哪些财产可以没收,哪些财产不能没收的范围：

(1)可以没收全部或一部分,但仅限于犯罪人现有的财产；

(2)仅限于没收犯罪人的合法财产,若是违法所得,则属于依法追缴的问题；

(3)只准没收犯罪人个人所有的财产,不得没收其家属所有的财产；

(4)应当对犯罪人个人及其扶养的家属保留必需的生活费用。

没收财产可以适用的方式：

(1)单处没收财产；

(2)并处没收财产,包括必并制和可并制。

4.驱逐出境

驱逐出境,是强迫犯罪的外国人离开中国国(边)境的刑罚方法。

驱逐出境作为一种刑罚方法,只适用于犯罪的外国人,而不适用于犯罪的本国人,不具有普遍适用的性质。

驱逐出境既可以独立适用,又可以附加适用。具体适用时,要考虑犯罪的性质、情节和犯罪人本人的情况,以及外交工作的需要。

单独判处驱逐出境的,从判决确定之日起执行;附加判处驱逐出境的,从主刑执行完毕之日起执行。

三、刑罚的具体运用

(一)量刑

1.量刑的概念

量刑是刑事审判活动的一个基本环节,指人民法院依法对犯罪分子裁量决定刑罚的活动。具体说来,就是人民法院根据犯罪的事实、犯罪性质、犯罪情节和对社会的危害程度,依法决定对犯罪分子的刑罚。

量刑的一般原则是,以犯罪事实为根据,以刑事法律为准绳。

2.量刑情节

(1)量刑情节的概念

所谓量刑情节是指在某种行为已经构成犯罪的前提下,人民法院对犯罪人裁量刑罚时应当考虑的,据以决定量刑轻重或免除刑罚处罚的各种情况。

(2)量刑情节的特征

量刑情节具有以下特征:①量刑情节必须是在某种行为已经构成犯罪的前提下,于量刑时考虑的各种情况;②量刑情节是反映犯罪的社会危害程度以及行为人的人身危险程度,从而影响刑罚轻重的各种情况;③量刑情节是选择法定刑与宣告刑的依据。

(3)量刑情节的分类

量刑情节可以分为法定量刑情节和酌定量刑情节。法定量刑情节,指法律明文规定其具体内容、能够影响量刑轻重的事实情况。它既包括《刑法》总则规定的对各种犯罪共同适用的情节,也包括《刑法》分则对特定犯罪适用的情节。酌定情节,指《刑法》没有明文规定,根据立法精神从审判实践经验中总结出来的,反映犯罪行为的社会危害性程度和犯罪人的人身危险性程度,在量刑时酌情适用的情节。

(二)累犯

1.累犯的概念

累犯,指因犯罪受到一定刑罚处罚,在刑罚执行完毕或者赦免以后,在法定期限内又犯一定之罪的犯罪人。

我国《刑法》中规定的累犯,分为普通累犯和特殊累犯。普通累犯,指被判处有期徒刑以上刑罚的犯罪分子,刑罚执行完毕或者赦免以后,在5年以内再犯应当判处有期徒刑以上刑罚之罪的犯罪人。特殊累犯,指危害国家安全的犯罪分子,在刑罚执行完毕或者赦免以后,任何时候再犯危害国家安全罪的犯罪分子。

2.累犯的刑事处罚

根据我国《刑法》第六十五条的规定,对累犯应当从重处罚。因此,对累犯裁量刑罚,确定其应当承担的刑事责任时,应当注意把握两个原则:第一,对累犯"应当"从重处罚,而不是"可以"从重处罚。"可以"是选择性规范,即适用者可以选择从重,也可以不选择从重。第二,对于累犯不适用缓刑,这是《刑法》第七十四条明确规定的。另外,对累犯不得假释,这是《刑法》第八十一条第二款规定的。

(三)数罪并罚

1.数罪并罚的概念

数罪并罚,指的是一人犯数罪,人民法院对其所犯之罪分别定罪量刑后,按照法定的原则,决定应当执行的刑罚。所谓数罪,就是行为人出于数个犯罪故意或过失,实施了数个犯罪行为,即具备了数组犯罪构成要件。所谓并罚,就是对一个人所犯的数罪,依照《刑法》分则的规定,分别确定罪名和刑期,除判处死刑和无期徒刑以外,应当在总和刑期以下、数罪中最高刑期以上,酌情决定执行的刑期。

2.数罪并罚的刑事处分

数罪并罚是《刑法》中规定对一人犯数罪的情况下的一种量刑情节,对于数罪并罚的,分先减后并和先并后减两种,要区分不同情况分别适用。

判决宣告前一人犯数罪的,除判处死刑、无期徒刑的以外,应当在总和刑期以下、数刑中最高刑期以上,酌情决定执行的刑期,但管制最高不能超过3年,拘役最高不能超过1年,有期徒刑总和刑期不满35年的,最高不能超过20年,总和刑期在35年以上的,最高不能超过25年。如果数罪中有判处附加刑的,附加刑仍须执行,其中附加刑种类相同的,合并执行,种类不同的,分别执行。

判决宣告后,刑罚执行完毕前,发现被判刑的犯罪分子在判决宣告以前还有其他罪没有判决的,应当对新发现的罪作出判决,把前后两个判决所判处的刑罚,依照

《刑法》第六十九条的规定,决定执行的刑罚。已经执行的刑期,应当计算在新判决决定的刑期以内。

判决宣告以后,刑罚执行完毕之前,被判刑的犯罪分子又犯罪的,应当对新犯的罪作出判决,把前罪没有执行的刑罚和后罪所判处的刑罚,依照《刑法》第六十九条的规定,决定执行的刑罚。

(四)缓刑

1.缓刑的概念

缓刑,指被判处一定刑罚的犯罪分子,在其具备法定条件的情况下,附条件地暂缓执行原判刑罚,当犯罪人满足一定条件后,便不再执行原判刑罚,如果违反了应当遵守的条件,则原判刑仍要执行的一种刑罚制度。缓刑不是刑种,而是刑罚具体运用的一项制度。

2.缓刑的效果

按照效果,缓刑最终可以分为成功的缓刑和失败的缓刑。成功的缓刑即被宣告缓刑的犯罪人没有再犯新罪也没被发现漏罪,没有违反法律、行政法规或国务院公安部门有关缓刑的监督管理规定,不再执行所判决的刑罚。失败的缓刑包括以下两种情形:第一,被宣告缓刑的犯罪人,在缓刑考察期限内犯新罪或者发现判决宣告以前还有其他罪没有判决的,应当撤销缓刑,对新犯的罪或者新发现的罪作出判决,把前罪和后罪所判处的刑罚,依照《刑法》第六十九条的规定,决定执行的刑罚;第二,被宣告缓刑的犯罪人,在缓刑考验期限内,违反法律、行政法规或者国务院公安部门有关缓刑的监督管理规定,情节严重的,应当撤销缓刑,执行原判刑罚。

(五)减刑

1.减刑的概念

减刑,指被判处管制、拘役、有期徒刑、无期徒刑的犯罪分子,在执行期间,如果认真遵守监规,接受教育改造,确有悔改表现或者立功表现,将其原判刑罚予以适当减轻的一种制度。

2.减刑的特征

(1)减刑以判处并执行了一定刑罚为前提

犯罪人被判处一定的刑罚,将刑罚付诸执行,即开始了行刑过程。减刑是一种刑罚变更制度,只有在原判刑罚执行了一定期限以后才存在刑罚变更的可能性。

(2)减刑以受刑人有悔罪表现为根据

刑罚执行期间,并非所有受刑人都能享受减刑的待遇,减刑是以受刑人在行刑期间的悔罪表现为根据的,减刑制度体现了教育刑的理念。根据报应刑主义,刑罚是对犯罪的报应,任何刑罚都必须得到不折不扣地执行,无论犯罪人在行刑期间表现如何,都不允许减刑。换言之,减刑的思想与报应刑主义是格格不入的。而根据教育刑的思想,行刑过程是对受刑人进行教育改造的过程,根据受刑人在行刑期间人身危险性的消长情况,可以予以减刑,从而作为对受刑人的悔改表现的一种肯定与鼓励。因此,减刑制度体现了一定的刑事政策理念。

(3)减刑具有一定的限度

减刑只是对原判刑罚的一种调整,而不是对原判刑罚的否定。因此,减刑须有一定的限度,以维护原判刑罚的稳定性。减刑的限度表明了报应因素对减刑活动的制约性,因而有利于实现惩罚与改造相统一的行刑原则。

(六)假释

1.假释的概念

假释,指对判处有期徒刑或者无期徒刑的犯罪分子,在执行了一定的刑期以后,如果确有悔改表现,不致再危害社会,附条件地予以提前释放的制度。

2.假释的适用条件

由于假释是使犯罪分子提前回到社会上,因此,其适用必须符合一定的条件:

(1)适用假释的对象只能是被判处有期徒刑和无期徒刑的犯罪分子。但是对累犯以及因杀人、爆炸、抢劫、强奸、绑架等暴力性犯罪被判处10年以上有期徒刑、无期徒刑的犯罪分子,不得假释。

(2)适用假释的刑期条件。被判处有期徒刑的犯罪分子,执行原判刑期二分之一以上,被判处无期徒刑的犯罪分子,实际执行10年以上,才可以适用假释。

适用假释如果有特殊情况,经最高人民法院核准,可以不受上述执行刑期的限制。这里的“特殊情况”是指国家政治、国防、外交、民族、宗教等方面特殊需要的情况。

(3)适用假释的实质条件,犯罪分子在刑罚执行期间,必须认真遵守监规,接受教育改造,确有悔改表现,不致再危害社会。

(4)假释的程序与减刑相同,同时,刑法也明确规定,非经法定程序不得进行假释。

(七)自首与立功

1.自首

自首指犯罪分子在犯罪以后自动投案,如实交代自己的罪行,并接受国家审查和裁判的行为。自首可以分为一般自首和特殊自首。其中,一般自首主要指犯罪以后自动投案,如实供述自己罪行的行为;特殊自首,是指被采取强制措施的犯罪嫌疑人、被告人和正在服刑的罪犯,如实供述司法机关尚未掌握的本人其他罪行的行为。我国《刑法》第六十七条第一款已作明确规定:“犯罪以后自动投案,如实供述自己的罪行的,是自首。”据此,认定自首必须同时具备两项基本要件。一是必须自动投案,二是必须如实地供述自己的罪行。

2.立功

立功指犯罪分子揭发他人犯罪行为,查证属实的,或者提供重要线索,从而得以侦破其他案件的情形。《刑法》第六十八条规定了立功:犯罪分子有揭发他人犯罪,查证属实的,或者提供重要线索,从而得以侦破其他案件等。《最高人民法院关于处理自首和立功具体应用法律若干问题的解释》(以下简称《解释》)第五条具体解释了立功:犯罪分子到案后有检举、揭发他人犯罪行为,包括共同犯罪中的犯罪分子揭发同案犯共同犯罪以外的其他犯罪,经查证属实;提供侦破其他案件的重要线索,经查证属实;阻止他人犯罪活动;协助司法机关抓捕其他犯罪嫌疑人(包括同案犯);具有其他有利于国家和社会的突出表现的。

四、刑事追诉期限

1.刑事追诉期限的概念

刑事追诉期限,指经过一定的期限,对刑事犯罪不得追诉或者对所判刑罚不得执行的一项法律制度。

2.刑事追诉期限

犯罪经过下列期限不再追诉:①法定最高刑为不满5年有期徒刑的经过5年;②法定最高刑为5年以上不满10年有期徒刑的经过10年;③法定最高刑为10年以上不满15年有期徒刑的经过15年;④法定最高刑为无期徒刑、死刑的经过20年,如果20年以后认为必须追诉的须报请最高人民检察院核准。

3.刑事追诉期限的计算

追诉期限从犯罪之日起计算,犯罪行为有连续或继续状态的,从犯罪行为终了之日起计算,在追诉期限以内又犯罪的,前罪追诉的期限从犯后罪之日起计算。

一般犯罪的追诉期限是从犯罪之日起计算。所谓犯罪之日,是指犯罪成立之日。既成犯的追诉期限,自犯罪之日起计算,也即自犯罪成立之日起计算,具体为:

(1)行为犯,自犯罪行为实施之日起计算。

(2)危险犯,自实施危险行为之日起计算。

(3)结果犯、结果加重犯,自结果和加重结果发生之日起计算。

(4)共同犯罪,自整体共同犯罪行为实施之日起计算。

(5)预备犯、未遂犯,自预备、未遂成立之日起计算。

(6)中止犯,如果是在着手实行犯罪后中止犯罪,应从犯罪行为实施之日起计算;如果在预备阶段中止犯罪,则应从犯罪中止成立之日起计算。

(7)牵连犯,自重罪行为成立之日起计算。

(8)犯罪行为发生在我国境外,而犯罪结果发生在我国境内的犯罪,也应从犯罪结果发生之日起计算。

4.刑事追诉期限的延长

刑事追诉期限的延长,指在追诉期限的进行期间,因为发生法律规定的事由,而使追诉期限暂时停止执行,最终使追诉期限延长。

我国追诉期限的延长分为如下情形：

(1)在人民检察院、公安机关、国家安全机关立案侦查或在人民法院受理案件以后,犯罪人逃避侦查或者审判的,不受追诉期限的限制。

(2)被害人在追诉期限内提出控告,人民法院、人民检察院、公安机关应当立案而不予立案的,不受追诉期限的限制。

被害人包括受到犯罪侵害的公民个人和法人。控告可以是书面的,也可以是口头的。但控告必须是被害人在自己的人身、财产权利遭受不法侵害并且已经发现犯罪嫌疑人而向司法机关所作的告发。如果被害人在不知道犯罪嫌疑人是谁的情况下报案,则不能适用时效延长的规定。

法定最高刑为无期、死刑,20年后经最高人民检察院核准追诉的,不受追诉期限的限制。

5.刑事追诉期限的中断

刑事追诉期限的中断,也称追诉期限的更新,指在追诉期限进行期间,因发生法律规定的事由,而使以前经过的时效期限归于无效,法律规定的事由终了之时,追诉期限重新计算。

在追诉期限内又犯罪的,前罪追诉的期限从犯后罪之日起计算。

我国追诉期限的中断是以犯罪人在追诉期限内又犯罪为条件的,但不论新罪的性质和刑罚轻重。追诉期限中断后,追诉期限的起算时间是犯后罪之日。所谓犯后罪之日,即后罪成立之日。

第五节 常见罪名的犯罪构成

一、《刑法》规定的犯罪类型

我国《刑法》根据犯罪行为所侵犯的同类客体及其对社会的危害程度,将犯罪分为十类。以下进行简要介绍：

(一)危害国家安全罪

1.概念

危害国家安全罪,指故意危害中华人民共和国的主权、领土完整和安全,分裂国家,颠覆国家政权,推翻社会主义制度的行为。

2.犯罪构成

按照我国《刑法》的规定,危害国家安全罪的犯罪构成主要包括：

(1)犯罪客体是国家安全。

(2)犯罪主体大部分为一般主体,少数个罪为特殊主体。罪名中带"叛"字的主体(武装叛乱罪除外)只能由中国公民构成,如背叛国家罪、投敌叛变罪、叛逃罪。另外,资敌罪和为境外窃取、刺探、收买、非法提供国家秘密、情报罪的主体也只能是中国公民。

(3)犯罪主观方面表现为故意。犯罪动机如何,不影响本类罪的成立。

(4)犯罪客观方面表现为实施了危害国家安全的行为,属于行为犯,即只要实施了规定本类罪的法律条文中规定的任何一种行为,无论是否造成严重后果,都构成犯罪既遂。

对所有危害国家安全的犯罪,除单独判处剥夺政治权利的以外,都应当附加剥夺政治权利,并且都可以适用没收财产(但不可单处没收财产)。危害国家安全的犯罪分子在刑罚执行完毕或者赦免以后,在任何时候再犯危害国家安全罪的,都以累犯论处。危害国家安全罪中的煽动型犯罪,如煽动分裂国家、煽动颠覆国家政权,虽有教唆性质,但不构成教唆犯。

(二)危害公共安全罪

1.概念

危害公共安全罪,指故意或者过失地实施危害不特定多数人的生命、健康、重大公私财产安全的行为。

2.犯罪构成

按照我国《刑法》的规定,危害公共安全罪的犯罪构成包括:

(1)侵犯的客体是社会的公共安全,即不特定多数人的生命、健康、重大公私财产安全。不特定,指犯罪行为并非针对某一个、某几个特定的人或者某项特定具体财产。这样,它的实际危害后果更具严重性和广泛性,犯罪行为往往难以预料和控制。

(2)客观方面必须具有危害公共安全的行为,具体包括:第一,实施了已经造成实际危害公共安全的行为(结果犯);第二,实施了足以造成实际危害公共安全的行为,即这类行为虽然尚未造成实际损害结果,但足以造成危害不特定多数人的生命、健康、重大公私财产安全(危险犯)。

(3)犯罪主体多为一般主体,也有一些是特殊主体。已满 14 周岁不满 16 周岁的人,可以成为放火、爆炸、投放危险物质罪的犯罪主体。

(4)主观方面包括故意犯罪和过失犯罪。故意包括对特定的对象结果有直接故意,但对不特定的犯罪结果有放任,即间接故意。

危害公共安全罪的危险犯比较集中。危害公共安全罪容易与其他犯罪形成想象竞合关系。需要特别指出的是,即使行为人是为追求某种特定犯罪目的,针对某一个、某几个特定的人或某项特定财产而实施了危害社会的行为,但该行为同时危害了公共安全,行为人对不特定结果有故意或过失,造成不特定多人的伤亡或公私财产的重大损失,也应认定为危害公共安全罪。

（三）破坏社会主义市场经济秩序罪

1.概念

破坏社会主义市场经济秩序罪，指违反国家市场经济秩序管理法规，干扰国家对市场经济的管理活动，破坏社会主义市场经济秩序，使国民经济发展受到严重损害的行为。

2.犯罪构成

按照我国《刑法》的规定，破坏社会主义市场经济秩序罪的犯罪构成主要包括：

（1）侵害的客体是社会主义市场经济秩序，即国家通过法律、法规对市场资源配置的经济运行过程进行调节所形成的正常协调有序的状态。

（2）客观方面表现为违反市场经济管理法规，干扰国家对市场经济的管理，破坏社会主义市场经济秩序，使国民经济受到严重损害的行为。

（3）犯罪主体多为一般主体，少数为特殊主体。这类犯罪的主体大多包括单位。

（4）主观方面多数为故意，少数出于过失。

对破坏社会主义市场经济秩序罪的犯罪与处罚，多数都是以一定的犯罪金额作为主要标准，是本类罪不同于其他犯罪的重要特征。

（四）侵犯公民人身权利、民主权利罪

1.概念

侵犯公民人身权利、民主权利罪，指故意或者过失地侵犯他人人身权利和其他与人身权利直接有关的权利，以及非法剥夺或者妨害公民自由行使依法享有的管理国家事务和参加社会政治活动等各项权利的行为。

2.犯罪构成

按照我国《刑法》的规定，侵犯公民人身权利、民主权利罪的犯罪构成主要包括：

（1）侵犯的客体是公民的人身权利、民主权利和婚姻家庭权利。

（2）客观方面表现为非法侵犯公民人身权利、民主权利和婚姻家庭权利的行为。这些行为的具体内容因犯罪性质不同而有所差异。从表现形式的不同，可以分为：①只能由作为构成的犯罪；②既可以由作为，也可以由不作为构成的犯罪。从危害结果的有无对定罪量刑的影响不同，可以分为：①只有发生危害结果，犯罪才能成立；②只有发生危害结果，犯罪才能既遂；③危害结果的发生，只是加重处罚的条件，对犯罪的成立和达到既遂并无影响。

（3）犯罪主体多为一般主体，但也有一些犯罪主体是特殊主体。已满 14 周岁的人应对故意杀人、故意伤害致人重伤、强奸等行为负责。

（4）主观方面，除过失致人死亡罪和过失致人重伤罪由过失构成外，其余各罪都只能由故意构成。有的犯罪还要求行为人具有特定目的。

（五）侵犯财产罪

1.概念

侵犯财产罪，指以非法占有为目的，攫取公私财物，或者故意毁坏公私财物，以

及破坏生产经营的行为。

2.犯罪构成

按照我国《刑法》的规定,侵犯财产罪的犯罪构成主要包括:

(1)侵犯的客体是公共财产和公民私人合法财产的所有权。

(2)客观方面表现为攫取公私财物或故意毁坏公私财物,以及故意破坏生产经营的行为。

根据行为方式和犯罪的故意内容,可以将这些行为分为三种:一是非法占有公私财物的行为;二是非法挪用公私财产的行为;三是非法毁坏公私财物的行为。相应地,也可以将侵犯财产罪分为三类:一是占有型财产犯罪;二是挪用型财产犯罪;三是毁坏型财产犯罪。

因此,侵犯财产罪的行为对象包括三类:第一,各种具体的财物(包括生产资料、生活资料、动产、不动产、电力、煤气、天然气)和货币及其他有价证券。第二,依法为国家、集体、公民个人所有的财物,即产权明确的公私财物。无主物或被所有人自动丢弃物不能成为侵犯财产罪的对象。需要注意的是,文物及所有人不明的埋藏物、遗忘物归国家所有,非为无主物,不能任意占有。第三,非法占有的财物,也可以成为侵犯财产罪的对象。

(3)犯罪主体既包括一般主体也包括特殊主体。除抢劫罪的主体是已满 14 周岁,具有辨认、控制能力的自然人以外,其他犯罪的主体必须是已满 16 周岁,具有辨认、控制能力的自然人。此外,有的犯罪,如职务侵占罪、挪用资金罪,要求主体具有特殊身份。

(4)主观方面为故意,大部分有非法占有的目的。

(六)妨害社会管理秩序罪

1.概念

妨害社会管理秩序罪,指侵犯国家机关的正常管理活动或者司法机关的职能活动,破坏社会秩序的行为。

2.犯罪构成

按照我国《刑法》的规定,妨害社会管理秩序罪的犯罪构成主要包括:

(1)侵犯的客体是社会管理秩序,即由国家各职能机关依法对社会各个方面进行管理而形成的社会秩序。

(2)客观方面表现为妨害国家机关对社会依法实行管理活动,破坏社会正常秩序,情节严重的行为。本章规定的犯罪,大多以违反秩序管理法规为前提。秩序管理法规中,一部分与道德规范具有密切联系,另一部分则与道德规范没有密切联系,因此,本章犯罪中既有传统型的自然犯,也有现代型的法定犯。本章犯罪都表现为妨害国家对社会的管理活动,破坏社会秩序,并且情节严重,因此,大多属于作为犯罪。由于社会管理秩序的范围广泛,秩序管理活动的范围也广泛,因此,妨害社会管理秩序的犯罪行为的具体内容与表现形式多种多样。

(3)犯罪主体大多数是一般主体,个别的是特殊主体。自然人犯罪主体中,除贩卖毒品罪的主体可以是已满14周岁,具有辨认、控制能力的自然人以外,其他自然人犯罪主体必须是已满16周岁,具有辨认、控制能力的自然人。少数犯罪要求行为人具有特殊身份。单位犯罪主体中,也有少数犯罪要求是特殊单位,所以,单位犯罪主体中也有特殊主体。

(4)主观方面绝大多数表现为故意,也有少数表现为过失。在故意犯罪中,有的犯罪还以特定的犯罪目的作为构成犯罪的必要条件。

(七)危害国防利益罪

1.概念

危害国防利益罪,指故意或者过失危害国防利益,依照法律应受刑罚处罚的行为。

2.犯罪构成

按照我国《刑法》的规定,危害国防利益罪的犯罪构成主要包括:

(1)侵犯的客体是国防利益。

(2)客观方面表现为行为人实施了危害国防利益的行为。

(3)犯罪主体大部分是一般主体,但也有少数犯罪只能由特殊主体构成。

(4)主观方面除少数个罪只能由过失构成外,绝大部分只能由故意构成。

(八)贪污贿赂罪

1.概念

贪污贿赂罪,指贪污、挪用、私分公共财物,索取、收受贿赂,或者以国家工作人员、国有单位为对象进行贿赂,破坏公务行为廉洁性的行为。

2.犯罪构成

按照我国《刑法》的规定,贪污贿赂罪的犯罪构成主要包括:

(1)侵犯的客体主要是国家工作人员公务行为的廉洁性,多数情形同时也侵犯了公共财产所有权。

(2)客观方面一般表现为国家工作人员利用职务上的便利,指贪污、挪用、私分公共财物、索取、收受贿赂,或者以国家工作人员、国有单位为对象进行贿赂,破坏公务行为廉洁性的行为。

(3)犯罪主体多数是特殊主体,即必须是国家工作人员,少数犯罪则是一般主体。这是贪污贿赂罪的最大特点。

(4)主观方面只能表现为直接故意,一般具有明确的犯罪目的。

(九)渎职罪

1.概念

渎职罪,指国家机关工作人员滥用职权、玩忽职守,或者利用职权徇私舞弊,违背公务职责的公正性、廉洁性、勤勉性,妨害国家机关正常的职能活动,严重损害国家和人民利益的行为。

2.犯罪构成

按照我国《刑法》的规定,渎职罪的犯罪构成主要包括:

(1)侵犯的客体是国家机关正常职能和人民利益。

(2)客观方面表现为利用职务上的便利,违法乱纪、滥用职权、徇私舞弊或者对工作严重不负责任,不履行或不正确履行职务上承担的义务,给公共财产、国家和人民利益造成重大危害后果的行为。

(3)犯罪主体除个别犯罪(泄露国家秘密罪)外,均为特殊主体,即国家机关工作人员。国家机关工作人员,指在国家机关中从事公务的人员,具体指国家立法、行政、司法、军事等部门的公职人员,还包括中国共产党的各级机关、中国人民政治协商会议的各级机关的公务人员。

(4)主观方面,既有故意,也有过失。

对于徇私型的渎职犯罪,如果行为人的行为同时符合受贿罪与相应徇私型渎职犯罪的构成,且刑法对此又无特别规定的,数罪并罚。

(十)军人违反职责罪

1.概念

军人违反职责罪,指军人违反职责,危害国家军事利益,依法应当受到刑罚处罚的行为。

2.犯罪构成

按照我国《刑法》的规定,军人违反职责罪的犯罪构成主要包括:

(1)侵犯的客体是国家的军事利益。

(2)客观方面表现为违反军人职责,危害国家军事利益的行为。犯罪的时间、地点,对军人违反职责罪的定罪量刑具有重要的影响。

(3)犯罪主体是特殊主体,限于现役军人和执行军事任务的预备役人员和其他人员。预备役人员,指编入民兵组织或者经过登记服预备役的地方人员。其他人员,指在军队(含武装部队)机关、部队、院校、医院、基地等单位和事业单位的正式职工、工人以及临时被征用或者受委托执行军事任务的地方人员。预备役人员和其他人员成为军人违反职责罪的犯罪主体,必修以执行军事任务为前提。执行军事任务是指进行军事训练、执行战斗任务等。

(4)主观方面多数表现为故意,少数表现为过失。

在军人违反职责罪的处罚方面,战时缓刑制度很有特色。战时是指国家宣布进入战争状态、部队受领作战任务或者遭受突然袭击时。

军人违反职责罪属于刑法中较为特殊的规定。在军人违反职责罪与其他犯罪发生法条竞合时,一般优先适用军人违反职责罪的规定。但对于军人盗窃、抢夺部队的枪支、弹药、爆炸物案件的法律适用是一个例外。

二、常见职务犯罪简介

目前，我国刑法规定的十大类犯罪，包含了大约400多个罪名。其中与职务犯罪密切联系的犯罪主要包括如下类型：

（一）挪用资金罪

1.概念

挪用资金罪，根据我国《刑法》和有关司法解释规定，指公司、企业或者其他单位的工作人员利用职务上的便利，挪用本单位资金归个人使用或者借贷给他人，数额较大、超过3个月未还的，或者虽未超过3个月，但数额较大、进行营利活动的，或者进行非法活动的行为。本罪的前身是1995年2月28日全国人大常委会颁布的《关于惩治违反公司法的犯罪的决定》中第十一条所规定的公司、企业人员挪用单位资金罪。

2.犯罪构成

按照我国《刑法》的规定，挪用资金罪的犯罪构成主要包括：

（1）本罪所侵害的客体是公司、企业或者其他单位资金的使用收益权。所谓本单位的资金，是指由单位所有或实际控制使用的一切以货币形式表现出来的财产。

（2）客观方面表现为利用职务上的便利，挪用本单位资金归个人使用或者借贷给他人。在此前提下分为三种情况：一是数额较大、超过3个月未还的；二是虽未超过3个月，但数额较大、进行营利活动的；三是进行非法活动的。

①本罪的对象是单位资金，挪用单位资金以外的财物的，不成立本罪。根据最高人民检察院2000年10月9日《关于挪用尚未注册成立公司资金的行为适用法律问题的批复》，筹建公司的工作人员在公司登记注册前，利用职务上的便利，用准备设立的公司在银行开设的临时账户上的资金，归个人使用或者借贷给他人，构成犯罪的，应当以挪用资金罪论处。

②行为人必须利用职务上的便利，即利用自己主管、管理、经手单位资金的便利条件。

③挪用本单位资金归个人使用或者借贷给他人。挪用，是指不经合法批准，擅自动用所主管、管理、经手的单位资金，并准备归还。挪用，包括挪用单位资金归个人使用与借贷给他人两种情况。其中的“他人”，包括自然人与法人等单位。根据最高人民法院2000年6月30日《关于如何理解刑法第二百七十二条规定的“挪用本单位资金归个人使用或者借贷给他人”问题的批复》，公司、企业或者其他单位的非国家工作人员，利用职务上的便利，挪用本单位资金归本人或者其他自然人使用，或者挪用人以个人名义将所挪用的资金借给其他自然人和单位，构成犯罪的，应当以挪用资金罪定罪处罚。

④《刑法》根据挪用的不同情况，规定了不同的构成要件。a.挪用单位资金用于

营利活动与非法活动以外的活动的，如用于一般消费、娱乐活动等，必须数额较大，并且超过3个月未还。根据司法实践，这里的数额较大，以1万元至3万元为起点。超过3个月未还，是指从挪用之日起经过了3个月还没有归还；挪用单位资金超过3个月之后，不问后来是否归还，都应以犯罪论处，事后归还，只是量刑情节；如果在3个月之内归还，则不成立本罪。b.挪用单位资金进行营利活动的，只要求数额较大，不要求超过3个月。根据司法实践，数额在1万元至3万元以上的，为数额较大。这里的营利活动，就其本身而言，应是合法的营利活动，即就营利活动自身的性质而言为国家法律、法规所允许，并不意味着挪用本身具有合法性。行为人进行营利活动时，与对方发生民事法律关系，但后来被认定为违反民事法律的，仍应认为是营利活动，不宜认定为非法活动。这里的营利活动，是指以单位资金作为资本牟取利润的活动，因此，将单位资金借给他人收取利息的行为，也属于营利活动。c.挪用单位资金进行非法活动的，不问挪用数额与时间，均认定为挪用资金罪。因为挪用单位资金进行非法活动，就使该资金处于流失、不能收回的状态，容易导致单位丧失对该资金的所有权。非法活动，包括犯罪活动与一般违法活动，从实践上看，主要是用于赌博、走私、行贿、嫖娼等。刑法虽然对这种挪用行为的数额与时间没有特别规定，但认定犯罪时也不能不考虑数额与时间。根据司法实践，挪用单位资金进行非法活动，数额在5000元至2万元以上的，才追究刑事责任；对挪用单位资金的时间极为短暂的，也不宜认定为犯罪。

(3)犯罪主体是公司、企业或者其他单位的工作人员，但不包括国有公司、企业或者其他国有单位中从事公务的人员和国有公司、企业或者其他国有单位委派到非国有公司、企业以及其他单位从事公务的人员(其行为符合挪用公款罪的构成要件时，成立挪用公款罪)。根据《刑法》第一百八十五条的规定，银行或者其他金融机构的工作人员(国有金融机构工作人员和国有金融机构委派到非国有金融机构从事公务的人员除外)，利用职务上的便利挪用本单位或者客户资金的，依照挪用资金罪定罪处罚。根据最高人民法院2000年2月13日《关于对受委托管理、经营国有财产人员挪用国有资金行为如何定罪问题的批复》，对于受国家机关、国有公司、企业、事业单位、人民团体委托，管理、经营国有财产的非国家工作人员，利用职务上的便利挪用国有资金归个人使用构成犯罪的，应当以挪用资金罪定罪处罚。

(4)本罪的主观方面是故意。

(二)贪污罪

1.概念

贪污罪，指国家工作人员和受国家机关、国有公司、企业、事业单位、人民团体委托管理、经营国有财产的人员，利用职务上的便利，侵吞、窃取、骗取或者以其他手段非法占有公共财物的行为。贪污罪属于一种严重的经济犯罪，不仅损害了党和国家的形象，阻碍了社会主义法制建设的进程，同时还降低了党政机关的工作效率，造成整个社会的信任危机。

2.贪污罪的处罚

我国《刑法》第三百八十三条规定:“对犯贪污罪的,根据情节轻重,分别依照下列规定处罚:(一)贪污数额较大或者有其他较重情节的,处三年以下有期徒刑或者拘役,并处罚金。(二)贪污数额巨大或者有其他严重情节的,处三年以上十年以下有期徒刑,并处罚金或者没收财产。(三)贪污数额特别巨大或者有其他特别严重情节的,处十年以上有期徒刑或者无期徒刑,并处罚金或者没收财产;数额特别巨大,并使国家和人民利益遭受特别重大损失的,处无期徒刑或者死刑,并处没收财产。对多次贪污未经处理的,按照累计贪污数额处罚。犯第一款罪,在提起公诉前如实供述自己罪行、真诚悔罪、积极退赃,避免、减少损害结果的发生,有第一项规定情形的,可以从轻、减轻或者免除处罚;有第二项、第三项规定情形的,可以从轻处罚。犯第一款罪,有第三项规定情形被判处死刑缓期执行的,人民法院根据犯罪情节等情况可以同时决定在其死刑缓期执行二年期满依法减为无期徒刑后,终身监禁,不得减刑、假释。”

3.犯罪构成

按照我国《刑法》的规定,贪污罪的犯罪构成主要包括:

(1)侵犯的客体是复杂客体。既侵犯了公共财物的所有权,又侵犯了国家机关、国有企业事业单位的正常活动以及职务的廉洁性,但主要是侵犯了职务的廉洁性。

(2)客观方面表现为利用职务上的便利,侵吞、窃取、骗取或者以其他手段非法占有公共财物的行为。利用职务之便,指利用职务范围内权力和地位形成的有利条件。侵吞,指将自己控制下的公共财物非法据为己有。窃取,指将自己合法主管、管理、经手的公共财物以秘密窃取方法据为已有的行为,即监守自盗。骗取,指以虚构事实、隐瞒真相的欺骗手段,非法占有公共财物的行为。其他手段,指采用上述行为以外的其他方法非法占有公共财物的行为,如:公款私存或私贷;非法占有利息;国家工作人员在国内公务活动或对外交往中接受礼物,依照国家规定应交公而不交公,数额较大的行为。所谓公共财产,指国有财产、劳动群众集体所有的财产和用于扶贫和其他公益事业的社会捐助或者专项基金的财产。在国家机关、国有公司、企业、集体企业和人民团体管理、使用或者运输中的私人财产,以公共财产论处。

(3)犯罪的主体是特殊主体,专指国家工作人员。国家工作人员主要有两个特征:①必须是国家机关、国有公司、企业、事业单位、人民团体中的人员或者上述机关、单位委派到其他单位的人员。②必须是依照法律从事公务的人员。依照法律,是指行为人的任用、地位、职务、公务行为等具有法律上的根据。从事公务,是指从事国家机关、公共机构或者其他法定的公共团体的事务。

国家工作人员的具体范围如下:

①国家机关中从事公务的人员,包括中共、政协各级机关中从事公务的人员。

②国有公司、企事业单位、人民团体中从事公务的人员,包括国家控股的股份公司及国家所有的公司中从事公务的人员。

③国家机关、国有公司、企业事业单位委派到非国有公司、企事业单位、社会团体中从事公务的人员。

④其他依照法律从事公务的人员,即在国家机关、公司、企业、事业单位、人民团体中履行组织、领导、监督、管理职责的人员。中共基层组织组成人员也属于从事公务的人员,但直接从事生产劳动或服务性劳动的人员不属于从事公务人员。村民委员会等村基层组织人员协助人民政府从事下列行政管理工作的,属于其他依照法律从事公务的人员:a.救灾、抢险、防汛、优抚、扶贫、移民、救济款物的管理;b.社会捐助公益事业款物的管理;c.国有土地的经营和管理;d.土地征用补偿费用的管理;e.代征、代缴税款;f.有关计划生育、户籍、征兵工作;g.协助人民政府从事的其他行政管理工作。

受国家机关、国有公司、企业、事业单位、人民团体委托管理、经营国有财产的人员也属于其他依照法律从事公务的人员。

其他人员与上述国家工作人员以及受委托管理、经营国有财产的人员勾结,伙同贪污的,以贪污罪的共犯论处。

(4)主观方面表现为直接故意,并且具有非法占有公共财物的目的。

(三)挪用公款罪

1.概念

挪用公款罪,指国家工作人员,利用职务上的便利,挪用公款归个人使用,进行非法活动的,或者挪用公款数额较大、进行营利活动的,或者挪用数额较大、超过3个月未还的行为。我国《刑法》第三百八十四条规定:"国家工作人员利用职务上的便利,挪用公款归个人使用,进行非法活动的,或者挪用公款数额较大、进行营利活动的,或者挪用公款数额较大、超过3个月未还的,是挪用公款罪,处5年以下有期徒刑或者拘役;情节严重的,处5年以上有期徒刑。挪用公款数额巨大不退还的,处10年以上有期徒刑或者无期徒刑。"

2.犯罪构成

按照我国《刑法》的规定,挪用公款罪的犯罪构成主要包括:

(1)侵犯的客体,主要是公共财产的所有权,同时在一定程度上也侵犯了国家的财经管理制度。公共财产的所有权包括:国有财产的所有权;劳动群众集体财产的所有权;用于扶贫和其他公益事业的社会捐助或专项基金的财产的所有权;在国家机关、国有公司、企业、集体企业和人民团体管理、使用或运输中的私人财产的所有权;非国有公司、企业以及其他非国有单位资金的所有权;非国有金融机构中客户资金的所有权。所有权被侵犯并不意味着所有权一定要发生转移。

(2)客观方面表现为利用职务上的便利,挪用公款归个人使用,进行非法活动的,挪用公款数额较大、进行营利活动的,挪用公款数额较大、超过3个月未还的行为。

归个人使用,指将公款供本人、亲友或者其他自然人使用,或以个人名义将公款供其他单位使用,或个人决定以单位名义将公款供其他单位使用,谋取个人利益。

本罪客观方面的具体表现:

①挪用公款归个人使用,数额较大(一般以1万元至3万元为起点)、超过3个月未还的,构成挪用公款罪。挪用正在生息或者需要支付利息的公款归个人使用,数额较大、超过3个月但在案发前全部归还本金的,可以从轻处罚或者免除处罚。给国家、集体造成的利息损失应予追缴。挪用公款数额巨大,超过3个月,案发前全部归还的,可以酌情从轻处罚。

②挪用公款数额较大(一般以1万元至3万元为起点),归个人进行营利活动的,构成挪用公款罪,不受挪用时间和是否归还的限制。在案发前部分或者全部归还本息的,可以从轻处罚;情节轻微的,可以免除处罚。

③挪用公款归个人使用,进行赌博、走私等非法活动的,构成挪用公款罪,不受数额较大(一般以5000元为起点)和挪用时间的限制。

④挪用公款供他人使用,不知道使用人用公款进行营利活动或者用于非法活动,数额较大、超过3个月未还的,构成挪用公款罪;明知使用人用于营利活动或者非法活动的,则认定为挪用人挪用公款进行营利活动或者非法活动。

⑤筹建公司的工作人员在公司登记注册前,利用职务上的便利,挪用准备设立的公司在银行开设的临时账户上的资金,归个人使用或者借贷给他人,数额较大、超过3个月未还的,或者虽未超过3个月,但数额较大、进行营利活动的,或者进行非法活动的,应当根据《刑法》第二百七十二条(挪用资金罪或者挪用公款罪)的规定,追究刑事责任。

⑥国家工作人员将所承包、租赁企业或其他经济组织资金挪用于承包、租赁项目以外的其他用途,归个人使用,致租赁承包合同不能兑现的,构成挪用公款罪。但如完成合同,可不予追究。

(3)犯罪的主体是特殊主体,即必须是国家工作人员。

(4)主观方面表现为直接故意。

(四)受贿罪

1.概念

受贿罪,指国家工作人员利用职务上的便利,索取他人财物,或者非法收受他人财物,为他人谋取利益的行为。参照我国《刑法》的规定,“利用职务上的便利”,是指利用本人职务范围内的权力,即自己职务上主管、负责或者承办某项公共事务的职权及其所形成的便利条件;索取他人财物的,不论是否“为他人谋取利益”,均可构成受贿罪;非法收受他人财物的,必须同时具备“为他人谋取利益”的条件,才能构成受贿罪,但是为他人谋取的利益是否正当,为他人谋取的利益是否实现,不影响受贿罪的认定。

国家工作人员在经济往来中,违反国家规定,收受各种名义的回扣、手续费,归个人所有的,以受贿罪追究刑事责任。国有公司、企业中从事公务的人员和国有公司、企业委派到非国有公司、企业从事公务的人员利用职务上的便利,索取他人财物或者非法收受他人财物,为他人谋取利益,或者在经济往来中,违反国家规定,收受各种名义的回扣、手续费,归个人所有的,以受贿罪追究刑事责任。

国有金融机构工作人员和国有金融机构委派到非国有金融机构从事公务的人员在金融业务活动中索取他人财物或者非法收受他人财物,为他人谋取利益的,或者违反国家规定,收受各种名义的回扣、手续费归个人所有的,以受贿罪追究刑事责任。国家工作人员利用本人职权或者地位形成的便利条件,通过其他国家工作人员职务上的行为,为请托人谋取不正当利益,索取请托人财物或者收受请托人财物的,以受贿罪追究刑事责任。

2.犯罪构成

按照我国《刑法》的规定,受贿罪的犯罪构成主要包括:

(1)侵犯的客体是国家机关工作人员的职务廉洁性。

(2)客观方面表现为利用职务上的便利,索取他人财物,或者非法收受他人财物,为他人谋取利益的行为。

不管是索取贿赂还是收受贿赂,“利用职务上的便利”都表现为两个密切联系的内容:①他人有求于国家工作人员的职务行为,或国家工作人员正在或已经通过职务行为为他人谋取利益;②索取或者收受的财物是国家工作人员(所许诺的)职务行为的不正当报酬。简而言之,只要国家工作人员所索取或者收受的财物与其职务行为有关,就可认定为利用了职务上的便利,因为索取或者收受与职务行为有关的财物,就意味着对方必须为国家工作人员的职务行为付出财产上的代价,因而侵犯了职务行为的不可收买性。

(3)犯罪的主体是特殊主体,即国家工作人员。

(4)主观方面只能是故意。

(五)滥用职权罪

1.概念

滥用职权罪,指国家机关工作人员故意逾越职权,违反法律决定、处理其无权决定、处理的事项,或者违反规定处理公务,致使公共财产、国家和人民利益遭受重大损失的行为。我国《刑法》第三百九十七条规定:“国家机关工作人员滥用职权或者玩忽职守,致使公共财产、国家和人民利益遭受重大损失的,处 3 年以下有期徒刑或者拘役;情节特别严重的,处 3 年以上 7 年以下有期徒刑。本法另有规定的,依照规定。国家机关工作人员徇私舞弊,犯前款罪的,处 5 年以下有期徒刑或者拘役;情节特别严重的,处 5 年以上 10 年以下有期徒刑。本法另有规定的,依照规定。”

2.犯罪构成

按照我国《刑法》的规定,滥用职权罪的犯罪构成主要包括:

(1)侵犯的客体是国家机关的正常活动。由于国家机关工作人员故意逾越职权,致使国家机关的某项具体工作遭到破坏,给国家、集体和人民利益造成严重损害,从而危害了国家机关的正常活动。本罪侵犯的对象可以是公共财产,也可以是公民的人身及其财产。

(2)客观方面表现为滥用职权,致使公共财产、国家和人民的利益遭受重大损失的行为,表现为积极的作为。重大损失是指因滥用职权造成:①死亡 1 人以上或重伤 2 人以上或轻伤 5 人以上。②直接经济损失 20 万元以上,即因行为人行为直接造成的确实无法挽回的经济损失;在合同纠纷中,违约方赔偿损失可折抵直接经济损失。立案前后司法机关追回的经济损失,不折抵直接经济损失,但可作为量刑情节考虑。③造成有关公司、企业等单位停产、严重亏损、破产的。④严重损害国家声誉,或者造成恶劣社会影响的。⑤其他致使公共财产、国家和人民利益遭受重大损失的情形。⑥徇私舞弊,具有上述情形之一的。

(3)犯罪主体为国家机关工作人员。

(4)主观方面,行为人滥用职权的行为是故意,但对损害结果的发生是过失。

(六)徇私枉法罪

1.概念

徇私枉法罪,指司法工作人员徇私枉法、徇情枉法,对明知是无罪的人而使他受追诉,对明知是有罪的人而故意包庇不使他受追诉或者在刑事审判活动中故意违背事实和法律作枉法裁判的行为。

2.犯罪构成

按照我国《刑法》的规定,徇私枉法罪的犯罪构成主要包括:

(1)侵犯的客体是国家司法机关的正常活动。司法机关,指行使国家审判权和法律监督权的机关,是人民法院、人民检察院和公安机关的总称。司法机关是人民民主专政的重要工具,是国家机构的重要组成部分,具有保护人民、打击敌人、制裁犯罪和保护社会主义四化建设的职能。司法工作人员,手中握有执法权,依法享有侦查、预审、逮捕、起诉、审判的权力。这就要求他们在司法活动中刚正不阿,忠于国家和人民的利益,忠于法律制度,忠于事实真相,严格依法办事。如果他们徇私枉法,就会破坏国家司法机关的正常活动,损害国家司法机关在人民群众中的威信,破坏社会主义法制。

(2)客观方面表现为两种起因、三种行为。

①两种起因:a.徇私,即为了谋取个人利益、小集体利益而枉法。b.徇情,即出于私情而枉法,主要表现为出于照顾私人关系或感情、袒护亲友或者泄愤报复而枉法。刑法要求“徇私枉法、徇情枉法”,旨在将司法工作人员因法律水平不高、事实掌握不

全而过失造成的错判排除在本罪之外。

②三种行为:a.对明知是无罪的人而使他受追诉。这是指对没有实施危害社会行为,或者根据《刑法》第十三条规定,情节显著轻微危害不大,不认为是犯罪以及其他依照刑法规定不负刑事责任的人,采取伪造、隐匿、毁灭证据或者其他隐瞒事实、违背法律的手段,以追究刑事责任为目的进行侦查(含采取强制性措施)、起诉、审判等追诉活动。这里的“追诉”,不要求法律形式上属于追诉,只要实质上属于追诉即可;不要求程序上合法,只要事实上追诉即可;不要求追诉的全部过程,只要进入追诉阶段即可;不要求采取法定的强制措施,只要属于通常的追诉行为即可。对于明知是无罪的人,采取不立案、不报捕,但予以关押的手段,待被害人“交代”后再立案、采取强制措施的,应当认定为本罪。行为人明知他人无罪,而将其作为“逃犯”在网上通缉的,成立本罪。b.明知是有罪的人而故意包庇不使他受追诉。这里的“追诉”应是指法定的全部追诉过程与追诉结果。不使有罪的人受追诉,是指对明知有犯罪事实需要追究刑事责任的人,采取伪造、隐匿、毁灭证据或者其他隐瞒事实、违背法律的手段,故意包庇使其不受立案、侦查(含采取强制措施)、起诉、审判;或者在立案后,故意违背事实和法律,应该采取强制措施而不采取强制措施,或者虽然采取强制措施,但无正当理由中断侦查或者超过法定期限不采取任何措施,实际放任不管,以及违法撤销、变更强制措施,致使犯罪嫌疑人、被告人实际脱离司法机关侦控。对于明知是有罪的人,而故意不收集有罪证据,导致有罪证据消失,因“证据不足”不能认定有罪的,应当认定为本罪。c.在刑事审判活动中故意违背事实和法律作枉法裁判。这是指故意枉法进行判决、裁定,使有罪判无罪、使无罪判有罪、使此罪判彼罪或者重罪轻判、轻罪重判。

(3)犯罪主体是特殊主体,即刑事诉讼中的司法工作人员(负有侦查、检察、审判、监管职责的工作人员,以及司法机关专业技术人员)。非司法工作人员与司法工作人员勾结,共同实施徇私枉法行为,构成犯罪的,应当以徇私枉法罪的共犯追究刑事责任。司法机关为了谋取某种利益,集体决定共同犯本罪的,应当依法追究直接负责的主管人员和其他直接责任人员的刑事责任。

(4)主观方面是故意。

第五章 经济法律制度

学习目的

我国颁布和施行了大量与经济活动相关的法律。这些法律是适应国家经济调节的需要而颁行的，由于涉及社会经济生活的诸多重要方面，因此关系到社会经济的总体结构和运行。学习经济法可以让我们在经济生活过程中，遵守经济的相关法律，享受个人权利，履行个人义务。

重点提示

了解经济法的调整对象；了解经济法的主要框架和内容；掌握经济法的基本原则和发展历史。

第一节 经济法概论

一、经济法界说

(一)经济法的概念

经济法是调整国家在调节社会经济过程中发生的各种社会关系，促进社会经济发展实现国家预期目标的法律规范的总称。经济法的基本任务和作用是确保国家调节依法作用于社会经济，影响经济结构和运行，使其实现国家预期的目标。

(二)经济法的调整对象的范围

经济法调整的是同国民经济总体和全局(结构和运行)相关，需要国家调节和管理的方面和环节。

(三)经济法调整对象的分类

(1)按照国家调节的基本方式，可分为市场障碍排除关系(或称国家对市场规制关系)、国家投资经营关系和宏观引导调控关系。

(2)按照国家调节经济的目标和任务所主要侧重的方面，可分为经济运行调节关系和经济结构调节关系。

(3)按照国家各种经济调节措施对社会经济所直接涉及的部位,可分为宏观经济调节关系和微观经济调节关系。

(4)按照国家经济调节过程的不同环节,可分为经济决策管理关系、组织实施管理关系以及对国家经济调节过程的监督和对于纠纷与违法的调处关系。

(5)按照经济成分,国家经济调节可分为国有经济调节管理和对非国有经济的调节管理。

(6)根据调节的领域,国家经济调节关系可分为国内经济调节关系和涉外经济调节关系。

二、经济法的基本原则

1.国家适度干预原则

"适度"即在充分尊重私权基础之上的有限的国家干预。它在资源配置中的地位和作用,只能从属于市场的自由调节。适度干预不是"随意干预",而是要充分尊重市场经济的基本规律,如一般性行业的市场准入的限制;适度干预不是"全面干预",而是应认识到国家的"有限理性",国家干预的范围只限于市场失灵的范围。适度干预体现了经济法中的国家干预不是滥权观,而是控权观。

2.维护公平竞争原则

维护公平竞争原则,指政府的经济管理和市场操作应当公开、公平和公正,不得违背和破坏市场公平竞争之客观法则。

在理解该原则时,应注意如下问题:

(1)维护公平竞争,要立足于市场这一载体。

(2)维护公平竞争,既要求以国家"有形之手"来纠正市场"无形之手"所生之弊端,又力求使"无形之手"在最大范围和最高限度上发挥作用。也就是说,国家干预并不排斥市场竞争。

(3)经济法所"维护"的公平竞争,是指宏观层面的充分、适度的市场竞争。

(4)维护公平竞争原则既体现在竞争法等市场规制法范畴,也体现在金融法等宏观调控法范畴。

3.责权利相统一原则

责权利相统一原则,指在经济法律关系各主体(尤其是管理主体)所承受的职权与职责、权利与义务应一致,不应脱节或错位。

在理解该原则时,应注意如下问题:

(1)责权利相统一原则中的"责"是一种角色责任,即必须要求经济法的主体就其具体经济行为承担责任,但不同的主体在经济法律关系中所承受的责任应是不同的。

(2)责权利相统一原则中的"权"是指权利和权力,即应赋予经济法主体一定的权力或权利,以使其能更好地开展具体的经济活动,实现社会整体经济利益的协调、稳定和发展,如经济职能机关的经济职权。

(3)责权利相统一原则中的"利"指利益。这是由经济法的经济性特征所决定的,即将经济法主体本身的利益同其角色和工作成效有机地联系起来。即权责重,成效显著,利就大;反之则小。经济法的理念中更应重视责权利相统一原则中"责"的承担,不能只赋权而没有控权和责任。

第二节 消费者权益保护法

一、消费者权益保护法概述

(一)消费者的概念和特征

1.概念

消费者,指为了满足个人生活消费需要而购买或使用由经营者提供的商品或服务的人。

2.消费者的特征

综合目前学界的观点来看,一般认为,消费者具有三个特征:①消费者是个人,是购买、使用商品或接受服务的自然人;②消费者购买、使用的商品或接受的服务是由经营者提供的;③消费者是获取生活资料而进行生活性消费的个人。从定义上看,与国际上的规定基本一致,国际标准化组织消费者政策委员会将消费者定义为"为了个人目的购买或者使用商品和接受服务的个体社会成员。"这是因为,分散的、单个的自然人,在市场中处于弱者地位,需要法律的特殊保护。所以,从事消费活动的社会组织、企事业单位不属于消费者保护法意义上的"消费者"。

(二)消费者权益

消费者权益,指消费者在有偿获得商品或接受服务时,以及在以后的一定时期内依法享有的权益。这是一定社会经济关系下适应经济运行的客观需要而赋予商品最终使用者享有的权利。

消费者权益是消费者权利的客观表现。消费者权利是基于消费者身份所享有的权利。通常,消费者权利是法定的权利,是基于消费者的弱势地位而特别赋予的权利。

(三)消费者权益保护法

1.我国消费者权益保护法立法

消费者权益保护法,指国家为了维护全体消费者的合法权益而制定的法律规范的总称。1993 年 10 月 31 日，第八届全国人民代表大会常务委员会第四次会议通过《中华人民共和国消费者权益保护法》(下文简称《消费者权益保护法》)。2009 年 8 月 27 日、2013 年 10 月 25 日，全国人民代表大会常务委员会对该法进行了两次修正。根据该法第一条的规定，该法的立法目的是保护消费者的合法权益，维护社会经济秩序，促进社会主义市场经济健康发展。

2.消费者权益保护的价值

《消费者权益保护法》的出现与近代工业和消费经济的发展密切相关，总的来看，其旨在追求三方面的价值：

(1)安全价值。消费者安全是《消费者权益保护法》最重要的价值追求。消费者安全权包括人身安全权(生命安全权和健康安全权)和财产安全权。

(2)交易公平的价值。

(3)福利价值。消费者福利主要是消费需求的满足问题。消费者福利是《消费者权益保护法》最基本的价值追求。

二、消费者权益保护的主体与路径

(一)保护消费者权益的主体

《消费者权益保护法》明确了保护消费者权益的三大主体：经营者、国家和社会。

具体来说，在消费关系中，各主体之间的权利义务关系主要表现为：

(1)经营者在为消费者提供其生产、销售的商品或者提供服务时，不得损害消费者的合法权益。

(2)国家应当采取措施，保障消费者依法行使权利，维护消费者的合法权益。国家要倡导文明、健康、节约资源和保护环境的消费方式，反对浪费。

(3)保护消费者的合法权益是全社会的共同责任。一切组织和个人都有权对损害消费者合法权益的行为进行社会监督。大众传播媒介应当做好维护消费者合法权益的宣传，对损害消费者合法权益的行为进行舆论监督。

(二)保护消费者权益的路径

综观《消费者权益保护法》的结构和具体内容，可以发现，该法通过明确规定消费者的权利和经营者的义务，以及经营者不履行其义务时应当承担的法律责任，来实现对消费者合法权益的保护。

在此补充说明两个问题：第一，保护消费者合法权益的法律不限于《消费者权益保护法》。该法第二条和第三条依次规定："消费者为生活消费需要购买、使用商品或者接受服务，其权益受本法保护；本法未作规定的，受其他有关法律、法规保护。""经营者为消费者提供其生产、销售的商品或者提供服务，应当遵守本法；本法未作规定的，应当遵守其他有关法律、法规。"第二，《消费者权益保护法》的适用对象不限于购买生活资料的消费者。该法第六十二条规定："农民购买、使用直接用于农业生产的生产资料,参照本法执行。”

三、消费者的权利

根据《消费者权益保护法》的规定,消费者主要享有如下权利:

1.保障安全权

指消费者在购买、使用商品和接受服务时所享有的保障其人身、财产安全不受损害的权利。这是消费者最基本、最重要的权利,具体包括人身安全权和财产安全权。

2.知悉真情权

也称获取信息权、了解权、知情权,指消费者所享有的知悉其购买、使用的商品或接受的服务的真实情况的权利。消费者有权根据商品或者服务的不同情况,要求经营者提供商品的价格、产地、生产者、用途、性能、规格、等级、主要成分、生产日期、有效期限、检验合格证明、使用方法说明书、售后服务以及服务的内容、规格、费用等的真实情况。

3.自主选择权

指消费者享有自主选择商品或者服务的权利。该项权利的内容非常丰富,具体包括:第一,消费者享有自主选择商品或者服务的权利;第二,消费者有权自主选择提供商品或者服务的经营者,自主选择商品品种或者服务方式,自主决定购买或者不够买任何一种商品、接受或者不接受任何一项服务;第三,消费者在自主选择商品或者服务时,有权进行比较、鉴别和挑选。

4.公平交易权

指消费者购买商品或者接受服务时享有获得质量保障和价格合理、计量正确等公平交易条件的权利。

该项权利包括如下内容:第一,获得质量保障的权利,包括获得安全保障、性能保障、包装和产品标准保障的权利;第二,价格合理;第三,计量正确;第四,有权拒绝强制交易。

5.依法求偿权

也称获得赔偿权,指消费者在因购买、使用商品或接受服务而受到人身或财产损害时依法所享有的要求并获得赔偿的权利。依法求偿权与消费者的保障安全权密切相关,包括人身权的损害赔偿和财产权的损害赔偿,前者又包括生命健康权的损害赔偿和人格尊严权的损害赔偿。

6.依法结社权

指消费者享有的依法成立维护自身合法权益的社会团体的权利。目前,中国消费者协会及地方各级消费者协会已经成立。实践证明,消费者组织的工作对沟通政府与消费者的关系,解决经营者与消费者的矛盾,充分地保护消费者权益,起到了积极的作用。

7.接受教育权

也称获取知识权、求教知识权,是从知悉真情权中引申出来的一项权利,指消费者享有获得有关消费和消费者权益保护方面的知识的权利。消费者应当努力掌握所需商品或者服务的知识和使用技能,正确使用商品,提高自我保护意识。

我国宪法赋予公民受教育的权利,同时规定受教育也是公民的一项义务。接受教育权是公民的受教育权在消费领域的具体化,既是一项权利,同时也是一项义务。

8.获得尊重权

也称人格尊严权、维护尊严权、受尊重权,指消费者在购买、使用商品或接受服务时,享有其人格尊严、民族风俗习惯得到尊重的权利。人格权是消费者人身权的主要组成部分。尊重他人的人格尊严和不同民族的风俗习惯,是一个国家和社会文明进步的重要标志,也是法律对人格保障的基本要求。我国是一个多民族国家,尊重各个民族尤其是少数民族的风俗习惯,关系到全国的安定团结,关系到各民族的长久和睦。消费者权益保护法将人格尊严和民族风俗习惯专条加以规定,是对消费者精神权利的有力保障,也是党和国家民族政策在法律上的体现。

9.监督批评权

即消费者享有对商品和服务以及保护消费者权益保护工作进行监督的权利。监督权是上述各项权利的必然延伸,对消费者权利的切实实现至关重要。这种监督权的表现,一是有权对经营者的商品和服务进行监督,在权利受到侵害时有权提出检举或控告;二是有权对国家机关及其工作人员进行监督,对其在保护消费者权益工作中的违法失职行为进行检举、控告;三是对消费者权益保护工作的批评、建议权。

四、经营者的义务

在消费法律关系中,消费者的权利就是经营者的义务。为了有效地保护消费者的权益,约束经营者的经营行为,《消费者权益保护》不仅专章规定了消费者的权利,还专章规定了经营者的义务。

1.履行法定义务及约定义务

经营者的义务包括两个方面:一是法定义务,即法律直接规定的义务。这是经营者必须履行的义务。二是约定义务,即经营者与消费者约定的义务。按照诚实信用原则的要求,经营者必须严格履行其与消费者约定的义务。但是,双方的约定不得违背法律、法规的规定。

2.接受消费者监督的义务

接受消费者监督的义务是消费者的监督批评权的必然要求。

履行该项义务,经营者应当做到如下三点:一是经营者应当允许消费者对商品和服务提出不同看法;二是经营者应当为消费者反映自己的要求提供便利渠道;三是经营者应正确对待消费者的建议和意见；四是对经营者具有违法性的损害消费者利益的行为，消费者予以制止时，经营者应当立即停止违法行为，主动对消费者承担责任。

3.保证商品、服务的安全保障义务

商品、服务的安全保障义务是消费者的保障安全权的必然要求。该项义务对经营者提出如下要求：一是经营者应当保证其提供的商品或者服务符合保障人身、财产安全的要求。二是对危险商品和服务进行警示说明，即对可能危及人身、财产安全的商品和服务，应当向消费者作出真实的说明和明确的警示，并说明和标明正确使用商品或者接受服务的方法以及防止危害发生的方法。三是经营者发现其提供的商品或者服务存在缺陷，有危及人身、财产安全危险的，应当立即向有关行政部门报告和告知消费者，并采取停止销售、警示、召回、无害化处理、销毁、停止生产或者服务等措施。采取召回措施的，经营者应当承担消费者因商品被召回支出的必要费用。四是给消费者创造安全的消费环境。特别是宾馆、商场、餐馆、银行、机场、车站、港口、影剧院等经营场所的经营者，应当对消费者尽到安全保障义务。未尽到安全保障义务，造成他人损害的，应当承担侵权责任。因第三人的行为造成他人损害的，由第三人承担侵权责任；管理人或者组织未尽到安全保障义务的，承担相应的补充责任。

4.信息提供义务

信息提供义务，指经营者向消费者提供有关商品或者服务的质量、性能、用途、有效期限等信息，应当真实、全面，不得作虚假或者引人误解的宣传。

该项义务包含以下含义：一是经营者不得拒绝提供有关信息；二是经营者面对消费者的询问，应当提供真实、明确的信息；三是经营者应当提供充分的信息；四是经营者应当提供全面的信息；五是经营者应当以适当的方式提供信息。

5.标明真实名称和标记的义务

明确经营者的身份标明义务，旨在降低消费者的识别难度，提高维权实效。一方面，该项义务要求经营者应当标明其真实名称或标记；另一方面，该项义务要求租赁他人柜台或场地的经营者应当标明其真实名称和标记。

6.出具凭据、单据的义务

该项义务要求，经营者提供商品或者服务时，应当按照国家有关规定或者商业惯例向消费者出具发票等购货凭证或者服务单据。消费者索要发票等购货凭证或者服务单据的，经营者必须出具。

7.品质担保义务

该项义务对经营者提出如下要求：一是经营者应当保证在正常使用商品或者接受服务的情况下，其提供的商品或者服务应当具有的质量、性能、用途和有效期限；但消费者在购买该商品或者接受该服务前已经知道其存在瑕疵，且存在该瑕疵不违反法律强制性规定的除外。二是经营者以广告、产品说明、实物样品或者其他方式表明商品或者服务的质量状况的，应当保证其提供的商品或者服务的实际质量与表明的质量状况相符。三是经营者提供的机动车、计算机、电视机、电冰箱、空调器、洗衣机等耐用商品或者装饰装修等服务，消费者自接受商品或者服务之日起6个月内发现瑕疵且发生争议的，由经营者承担有关瑕疵的举证责任。

8.售后服务义务

该项义务要求，经营者提供的商品或者服务不符合质量要求时，消费者可以依照国家规定、当事人约定退货，或者要求经营者履行更换、修理等义务。没有国家规定和当事人约定的，消费者可以自收到商品之日起7日内退货。7日后符合法定解除合同条件的，消费者可以及时退货；不符合法定解除合同条件的，可以要求经营者履行更换、修理等义务，而且经营者应当承担因进行退货、更换、修理而产生的运输等必要费用。

9.无理由退货义务

该项义务要求，经营者采用网络、电视、电话、邮购等方式销售商品，消费者有权自收到商品之日起7日内退货，且无须说明理由。但下列商品除外：①消费者定做的商品；②鲜活易腐的商品；③在线下载或者消费者拆封的音像制品、计算机软件等数字化商品；④交付的报纸、期刊；⑤其他根据商品性质并经消费者在购买时确认不宜退货的商品。除了上述所列商品外，其他根据商品性质并经消费者在购买时确认不宜退货的商品，不适用7天无理由退货。消费者退货的商品应当完好，经营者应当自收到退回商品之日起7日内返还消费者支付的商品价款。退回商品的运费由消费者承担，经营者和消费者另有约定的，按照约定。

10.保守秘密和禁止信息骚扰的义务

该项义务要求，经营者收集、使用消费者个人信息时，应当遵循合法、正当、必要的原则，明示收集、使用信息的目的、方式和范围，并经消费者同意。经营者收集、使用消费者个人信息，应当公开其收集、使用规则，不得违反法律、法规的规定和双方的约定收集、使用信息。经营者及其工作人员对收集的消费者个人信息必须严格保密，不得泄露、出售或者非法向他人提供。经营者应当采取技术措施和其他必要措施，确保信息安全，防止消费者个人信息泄露、丢失。在发生或者可能发生信息泄露、丢失的情况时，应当立即采取补救措施。经营者未经消费者同意或者请求，或者消费者明确表示拒绝的，不得向其发送商业性信息。

11.正确使用格式条款的义务

经营者在经营活动中使用格式条款的，应当以显著方式提醒消费者注意商品或者服务的数量和质量、价款或者费用、履行期限和方式、安全注意事项和风险警示、售后服务、民事责任等与消费者有重大利害关系的内容，并按照消费者的要求予以说明。经营者不得以格式条款、通知、声明、店堂告示等方式，作出排除或者限制消费者权利、减轻或者免除经营者责任、加重消费者责任等对消费者不公平、不合理的规定，不得利用格式条款并借助技术手段强制交易。

五、法律责任

一般来说，消费纠纷导致的法律责任主要分为两类，一类是补偿性法律责任，另一类是惩罚性法律责任。目前我国《消费者权益保护法》对这两类法律责任都有所规定。

（一）关于补偿性法律责任的规定

1.侵犯人身权的法律责任

（1）致人伤害的民事责任。

经营者提供商品或者服务，造成消费者或者其他受害人人身伤害的，应当赔偿医疗费、护理费、交通费等为治疗和康复支出的合理费用，以及因误工减少的收入。造成残疾的，还应当赔偿残疾生活辅助器具费和残疾赔偿金。

（2）致人死亡的民事责任。

《消费者权益保护法》第四十九条规定，经营者提供商品或者服务，造成消费者或者其他受害人死亡的，除支付前述费用外，还应当赔偿丧葬费和死亡赔偿金。

（3）侵害人格尊严或侵犯人身自由的民事责任。

经营者侵害消费者的人格尊严、侵犯消费者人身自由或者侵害消费者个人信息依法得到保护的权利的，应当停止侵害、恢复名誉、消除影响、赔礼道歉，并赔偿损失。经营者有侮辱诽谤、搜查身体、侵犯人身自由等侵害消费者或者其他受害人人身权益的行为，造成严重精神损害的，受害人可以要求精神损害赔偿。

2.侵犯财产权的法律责任

（1）承担法律责任的方式。

经营者提供商品或者服务，造成消费者财产损害的，应当依照法律规定或者当事人约定承担修理、重作、更换、退货、补足商品数量、退还货款和服务费用或者赔偿损失等民事责任。

（2）预收款方式提供商品或服务的民事责任。

经营者以预收款方式提供商品或服务的，应当按照约定提供。未按照约定提供的，应当按照消费者的要求履行约定或者退回预付款，并应当承担预付款利息，消费者必须支付的合理费用。

（3）根据《消费者权益保护法》第五十四条的规定，消费者购买的商品，依法经有关行政部门认定为不合格的，消费者可以要求退货，经营者应当负责退货。即一般商品发现问题后，应经过修理、更换，仍无法使用的再予以退货；对不合格商品，只要消费者要求退货，经营者应立即负责退货，不得以修理、更换或者其他借口延迟或者拒绝消费者的退货要求。

(二)关于惩罚性法律责任的规定

1.民事责任

经营者提供商品或者服务有欺诈行为的,应当按照消费者的要求增加赔偿其受到的损失,增加赔偿的金额为消费者购买商品的价款或者接受服务的费用的3倍;增加赔偿的金额不足500元的,为500元。法律另有规定的,依照其规定。

经营者明知商品或者服务存在缺陷,仍然向消费者提供,造成消费者或者其他受害人死亡或者健康严重损害的,受害人有权要求经营者除承担补偿性的赔偿损失外,并有权要求所受损失2倍以下的惩罚性赔偿。

2.行政责任

经营者有下列情形之一,除承担相应的民事责任外,还应当承担行政责任,即由相关行政机关给予行政处罚:

(1)提供的商品或者服务不符合保障人身、财产安全要求的;

(2)在商品中掺杂、掺假,以假充真,以次充好,或者以不合格商品冒充合格商品的;

(3)生产国家明令淘汰的商品或者销售失效、变质的商品的;

(4)伪造商品的产地,伪造或者冒用他人的厂名、厂址,篡改生产日期,伪造或者冒用认证标志等质量标志的;

(5)销售的商品应当检验、检疫而未检验、检疫或者伪造检验、检疫结果的;

(6)对商品或者服务作虚假或者引人误解的宣传的;

(7)拒绝或者拖延有关行政部门责令对缺陷商品或者服务采取停止销售、警示、召回、无害化处理、销毁、停止生产或者服务等措施的;

(8)对消费者提出的修理、重作、更换、退货、补足商品数量、退还货款和服务费用或者赔偿损失的要求,故意拖延或者无理拒绝的;

(9)侵害消费者人格尊严、侵犯消费者人身自由或者侵害消费者个人信息依法得到保护的权利的;

(10)法律、法规规定的对损害消费者权益应当予以处罚的其他情形。

对前述情形,除依照法律、法规规定予以处罚外,处罚机关还应当记入信用档案,向社会公布。

经营者违反消费者权益保护法的规定,应当承担民事赔偿责任和缴纳罚款、罚金,其财产不足以同时支付的,应当先承担民事赔偿责任。经营者对于行政机关的处罚决定不服的可以申请行政复议或者提起行政诉讼。

3.刑事责任

对于违反《消费者权益保护法》构成犯罪的行为,应当依法追究刑事责任,其主要表现在:第一,经营者违法提供商品或者服务,侵害消费者合法权益,构成犯罪的,依法追究刑事责任。第二,国家机关工作人员玩忽职守或者包庇经营者侵害消费者合法权益的行为，情节严重，构成犯罪的，依法追究刑事责任。第三，以暴力、胁迫等方法阻碍有关行政部门工作人员依法执行职务的，依法追究刑事责任，未使用暴力、胁迫方法的，则依照《中华人民共和国治安管理处罚法》的规定进行处罚。

4.其他有关法律、法规规定的法律责任

根据《消费者权益保护法》第四十八条的规定，经营者提供商品或者服务有下列情形之一的，除《消费者权益保护法》另有规定外，应当依照其他有关法律、法规的规定，承担民事责任：

(1)商品或者服务存在缺陷的；

(2)不具备商品应当具备的使用性能而出售时未作说明的；

(3)不符合在商品或者其包装上注明采用的商品标准的；

(4)不符合商品说明、实物样品等方式表明的质量状况的；

(5)生产国家明令淘汰的商品或者销售失效、变质的商品的；

(6)销售的商品数量不足的；

(7)服务的内容和费用违反约定的；

(8)对消费者提出的修理、重作、更换、退货、补足商品数量、退还货款和服务费用或者赔偿损失的要求，故意拖延或者无理拒绝的；

(9)法律、法规规定的其他损害消费者权益的情形。

经营者对消费者未尽到安全保障义务，造成消费者损害的，应当承担侵权责任。

第三节 产品质量法

一、产品与产品质量概述

(一)产品的概念

我国《中华人民共和国产品质量法》(下文简称《产品质量法》)第二条第一款规定："本法所称产品是指经过加工、制作，用于销售的产品。"广义的产品质量法包括所有调整产品质量及产品责任关系的法律法规，我们通常所说的产品质量法是指狭义的产品质量法，即 1993 年 2 月 22 日颁发并于同年 9 月 1 日起施行的《产品质量法》。该法于 2000 年 7 月 8 日修订。

可见，产品必须具备两个条件：一是必须经过加工、制作。这就排除了未经过加工的天然品(如原煤、原矿、天然气、石油等)及初级农产品(如未经加工、制作的农、林、牧、渔业产品和猎物)。二是用于销售。这是区分《产品质量法》意义上的产品与其他物品的又一重要特征。这样，非为销售而加工、制作的物品被排除在外。

另外，根据《产品质量法》第二条第三款和第七十三条的规定，建设工程虽然不适用《产品质量法》的规定,但建设工程使用的建筑材料、建筑构配件和设备,属于产品的范围的,则适用该法规定;军工产品质量监督管理办法,由国务院、中央军事委员会另行制定;因核设施、核产品造成损害的赔偿责任,法律、行政法规另有规定的,依照其规定。

(二)产品质量的概念

产品质量,是由国家法律、法规、质量标准等所确定的以及由当事人的合同所约定的有关产品适用、安全、外观等诸种特性的综合。国际标准化组织(ISO)规定产品质量的含义是,产品能满足规定需要或者潜在需要的特征和特性的总和。所谓总和,是指在标准中规定的产品的安全性、适用性、可靠性、维修性、有效性、经济性等质量指标,它反映、代表了产品的质量状况。根据产品标准进行检验,符合标准的即是合格产品,方可认为达到了质量要求。

产品质量的内容随经济、科技的发展以及人们的需要的变化,也在不断地丰富和发展。一般认为,产品质量包括适用性和安全性两方面。由此产生产品不适用和产品不安全的产品质量问题(产品不合格)。产品不适用是因产品瑕疵而形成的,产品不安全是因产品缺陷而产生的。

二、产品质量法的概念、范围及作用

1.产品质量法的概念

我国的产品质量法,是调整在生产、流通以及监督管理过程中,因产品质量而发生的各种经济关系的法律规范的总称。它兼具市场运行和国家监督两个方面的法律规范,其结构为"产品责任法"加"产品质量监督法"。

所以,我国的产品质量法主要调整的法律关系包括:第一,产品质量监督管理关系,即各级技术质量监督部门、工商行政管理部门在产品质量的监管检查、行使行政权时与市场经营主体所发生的法律关系;第二,产品质量责任关系,即因产品质量问题引起的消费者与生产者、销售者之间的法律关系,包括因产品缺陷导致的人身、财产损害在生产者、销售者、消费者之间所产生的损害赔偿法律关系;第三,产品质量检验、认证关系,即因中介服务所产生的中介机构与市场经营主体之间的法律关系,因产品质量检验和认证不实损害消费者利益而产生的法律关系。

2.产品质量法的适用范围

(1)空间上,在中华人民共和国境内从事产品生产、销售活动,包括销售进口商品,必须遵守《产品质量法》。

(2)客体上,适用于生产、流通的产品,即各种动产,而不包括不动产。

(3)主体上,适用于生产者、销售者和消费者以及监督管理机构。运输者与仓储者虽然也可能成为责任主体,但他们是对产品生产者、销售者或者是收货方、寄存方承担责任,属于合同法的调整范围,并不适用《产品质量法》。

3.产品质量法的作用

根据《产品质量法》第一条的规定,该法旨在加强对产品质量的监督管理,提高产品质量水平,明确产品质量责任,保护消费者的合法权益,维护社会经济秩序。因此,该法有助于引导产品质量工作走上法治道路,使相关主体能够充分运用《产品质量法》解决经济领域的现实问题。

三、产品质量法相关制度

(一)产品质量监督管理体制

1.各级政府的产品质量监管责任

(1)各级人民政府应当把提高产品质量纳入国民经济和社会发展规划,加强对产品质量工作的统筹规划和组织领导,引导、督促生产者、销售者加强产品质量管理,提高产品质量,组织各有关部门依法采取措施,制止产品生产、销售中违反《产品质量法》规定的行为,保障《产品质量法》的施行。

(2)各级人民政府不得排斥非本地区或者非本系统企业生产的质量合格产品进入本地区、本系统。

2.国家质量监督检验检疫总局主管全国产品质量监督工作

3.有关行业主管部门负责本行政区本行业关于产品质量的行政监督工作

(二)产品质量检验制度

(1)产品质量应当检验合格,不得以不合格产品(包括处理品、劣质品)冒充合格产品。产品或者其包装上的标识,要有产品质量检验合格证明。

(2)产品质量检验机构必须具备相应的检测条件和能力,经有权考核的部门考核合格后,方可承担产品质量检验工作。

(3)产品出厂要检验,商家进货也要检验。对进出口产品,按照《进出口商品检验法》检验。

(三)产品质量标准制度

1.产品质量标准的概念

标准是对重复性事物和概念所做的统一规定,是衡量某一事物或某项工作应该达到的水平、尺度和必须遵守的规定。而规定产品质量特性应达到的技术要求,即为产品质量标准。

2.产品质量标准的种类

(1)统一标准与约定标准。质量是合同的条款之一,当事人对此应有明确的约定,无法达成明确约定的,按照国家标准、行业标准履行;没有国家标准、行业标准的,按照通常标准或者符合合同目的的特定标准履行。

(2)强制性标准与一般性标准。根据《产品质量法》第十三条的规定,可能危及人体健康和人身、财产安全的工业产品,必须符合保障人体健康和人身、财产安全的国家标准、行业标准;未制定国家标准、行业标准的,必须符合保障人体健康和人身、财产安全的要求。禁止生产、销售不符合保障人体健康和人身、财产安全的标准和要求的工业产品。

3.标准的制定

(1)国家标准由国务院标准化行政主管部门制定。

(2)行业标准由国务院有关行政主管部门制定,并报国务院标准化行政主管部门备案。

(3)地方标准由省、自治区、直辖市标准化行政主管部门制定,并报国务院标准化行政主管部门和国务院有关行政主管部门备案。

(4)企业的产品标准须报当地政府标准化行政主管部门和有关行政主管部门备案。

4.标准的实施

(1)国家标准、行业标准分为强制性标准和推荐性标准。

(2)强制性标准包括:①药品标准,食品卫生标准,兽药标准;②产品及产品生产、储运和使用中的安全、卫生标准,劳动安全、卫生标准,运输安全标准;③工程建设的质量、安全、卫生标准及国家需要控制的其他工程建设标准;④环境保护的污染物排放标准和环境质量标准;⑤重要的通用技术术语、符号、代号和制图方法;⑥通用的试验、检验方法标准;⑦互换配合标准;⑧国家需要控制的重要产品质量标准。

(3)工业产品的安全、卫生要求的地方标准,在本行政区域内是强制性标准。

(4)强制性标准以外的标准是推荐性标准。

(四)产品质量认证制度

所谓认证,是指由认证机构证明产品、服务、管理体系符合相关技术规范的强制性要求或者标准的合格评定活动。

所谓产品质量认证制度,是指国务院产品质量监督管理部门或其授权部门认可的认证机构,依据国际通用的“质量管理和质量保证”系列标准,对企业的质量体系和质量保证能力进行审核,颁发给合格企业质量体系认证证书,以兹证明的活动。

产品质量认证以自愿为原则,由企业自愿提出认证申请。认证标准是国际标准化组织(ISO—International Standardization Organization)于1987年3月正式发布的ISO 9000系列标准。

产品质量认证的目的在于:在有合同的条件下,是为了提高供方的质量信誉,向需方提供质量担保,增强企业在市场上的竞争能力;在没有合同的条件下,是为了加强企业内部的质量管理,实现质量方针和质量目标。

(五)产品质量体系认证

1.产品质量体系认证的含义

产品质量体系认证,指依据具有国际水平的产品标准和技术要求,经过认证机构确认,并通过颁发认证证书和产品质量认证标志的形式,证明产品符合相应标准和技术要求的活动。其认证对象是产品,即产品的质量技术水平。

2.产品质量体系认证的种类

(1)安全认证:必须符合《产品质量法》《中华人民共和国标准化法》(下文简称《标准化法》)的有关规定。

(2)合格认证:必须符合《标准化法》中有关强制性标准的要求。未制定国家标准、行业标准的,以社会普遍公认的安全、卫生要求为依据。

3.产品质量体系认证标志

(1)方圆标志。方圆标志分为合格认证标志和安全认证标志,方圆 Q 标志为合格认证标志,由中国方圆认证委员会颁发;方圆 S 标志属于安全认证标志,由中国消防产品质量认证委员会颁发。

(2)长城标志。中国电工产品认证委员会(CCEE)质量认证标志。已经实施强制认证的产品有电视机、收录机、空调机、电冰箱、电风扇、电动工具、低压电器。

(3)RRC 标志。RRC 标志为合格认证标志,由中国电子元器件认证委员会颁发。

4.产品质量体系认证原则

产品质量体系认证,坚持强制和自愿相结合原则。凡是涉及人体健康和人身、财产安全的工业产品以及重要的工业产品,都实行强制认证。从 2003 年 7 月 1 日起,未经认证的产品不能销售。

(六)产品质量监督检查制度

1.检查途径多元

产品质量监督检查的途径是多元的,不仅包括企业的自我监督,还包括社会监督和国家监督。

2.国家对产品质量实行以抽查为主要方式的监督检查制度

(1)抽查产品的范围:①可能危及人体健康和人身、财产安全的产品;②影响国计民生的重要工业产品;③消费者、有关组织反映有质量问题的产品。

(2)抽查的样品应当在市场上或者企业成品仓库内的待销产品中随机抽取。

(3)国家监督抽查的产品,地方不得另行重复抽查;上级监督抽查的产品,下级不得另行重复抽查。

(4)检验抽取样品的数量不得超过检验的合理需要,并不得向被检查人收取检验费用;监督抽查所需检验费用按照国务院规定列支。

(5)生产者、销售者对抽查检验的结果有异议的,可以自收到检验结果之日起 15

日内向实施监督抽查的产品质量监督部门或者其上级产品质量监督部门申请复检，由受理复检的产品质量监督部门作出复检结论。

3.市场经济条件下，对产品实行分层管理

(1)多数产品放开，依靠市场竞争去调节，一般的结果必然是优胜劣汰。

(2)对少数产品国家必须管住、管好，即对那些可能危及人体健康和人身、财产安全的工业产品，提出强制性的标准或要求。

(3)对缺陷产品实行召回管理是产品质量监督制度的一项新发现，我国此项工作从缺陷汽车的召回开始。

四、生产者、销售者的产品质量义务

(一)生产者的产品质量义务

生产者的产品质量义务是作为义务。主要包括如下内容：

1.产品内在质量符合要求

(1)不存在危及人身、财产安全的不合理的危险，有保障人体健康，人身、财产安全的国家标准、行业标准的，应当符合该标准。这是默示担保义务。

(2)具备产品应当具备的使用性能，但是，对产品存在使用性能的瑕疵作出说明的除外。这是默示担保义务。

(3)符合在产品或者其包装上注明采用的产品标准，符合以产品说明、实物样品等方式表明的质量状况。这是明示担保义务。

2.遵守质量标识制度

产品或者其包装上的标识必须真实，并符合下列要求：

(1)有产品质量检验合格证明；

(2)有中文标明的产品名称、生产厂厂名和厂址；

(3)根据产品的特点和使用要求，需要标明产品规格、等级、所含主要成分的名称和含量的，用中文相应予以标明；需要事先让消费者知晓的，应当在外包装上标明，或者预先向消费者提供有关资料；

(4)限期使用的产品，应当在显著位置清晰地标明生产日期和安全使用期或者失效日期；

(5)使用不当，容易造成产品本身损坏或者可能危及人身、财产安全的产品，应当有警示标志或者中文警示说明；

(6)裸装的食品和其他根据产品的特点难以附加标识的裸装产品，可以不附加产品标识。

易碎、易燃、易爆、有毒、有腐蚀性、有放射性等危险物品以及储运中不能倒置和其他有特殊要求的产品，其包装质量必须符合相应要求，依照国家有关规定作出警示标志或者中文警示说明，标明储运注意事项。

除了满足一定的作为义务外,生产者还应当满足一定的不作为义务:第一,生产者不得生产国家明令淘汰的产品;第二,生产者不得伪造产地,不得伪造或者冒用他人的厂名、厂址;第三,生产者不得伪造或者冒用认证标志等质量标志;第四,生产者生产产品,不得掺杂、掺假,不得以假充真、以次充好,不得以不合格产品冒充合格产品。

(二)销售者的产品质量义务

销售者作为买卖合同关系的重要主体,其应当履行以下义务:

1.进货验收义务

销售者应当建立并执行进货检查验收制度,验明产品合格证明和其他标识。

2.保持产品质量的义务

销售者应当采取措施,保持销售产品的质量。

3.有关产品标识的义务

销售者销售的产品的标识应当符合《产品质量法》的规定。

4.不得违反禁止性规范

对销售者而言,法律规定的禁止性规范有以下四项:

(1)销售者不得销售国家明令淘汰并停止销售的产品和失效、变质的产品;

(2)销售者不得伪造产地,不得伪造或者冒用他人的厂名、厂址;

(3)销售者不得伪造或者冒用认证标志等质量标志;

(4)销售者销售产品,不得掺杂、掺假,不得以假充真、以次充好,不得以不合格产品冒充合格产品。

五、产品质量违法行为的法律责任

(一)产品质量违法行为的民事责任

1.产品质量民事责任的归责原则

凡是违反了《产品质量法》的要求,除法定免责的情况外,都应承担相应的责任。其中,追究产品瑕疵担保责任,不以是否造成实际损害为前提,也不论是否存在过错。追究产品缺陷造成损害的法律后果,对生产者适用严格责任原则,对销售者则适用过错责任原则或过错推定原则。

2.生产者的缺陷产品赔偿责任

第一,生产者对缺陷产品承担赔偿责任的条件包括:①产品存在缺陷,即产品存在危及人身、他人财产安全的不合理的危险;产品有保障人体健康和人身、财产安全的国家标准、行业标准的,是指不符合该标准。②造成人身、他人财产(指缺陷产品以外的其他财产)损害。③缺陷与损害之间存在因果关系。④无须考虑生产者有无过错。

第二,免责事由。生产者能够证明有下列情形之一的,不承担赔偿责任:①未将产品投入流通的;②产品投入流通时,引起损害的缺陷不存在的;③将产品投入流通时的科学技术水平尚不能发现缺陷存在的。

第三,赔偿方式与标准。①产品存在缺陷造成受害人人身伤害的,侵害人应当赔偿医疗费、治疗期间的护理费、因误工减少的收入等费用;造成残疾的,还应当支付残疾者生活自助具费、残废者生活补助费、残疾赔偿金以及由其扶养的人所必需的生活费等费用;造成受害人死亡的,并应当支付丧葬费、死亡赔偿金、死者生前抚养的人必要的生活费等费用。②因产品存在缺陷造成受害人财产损失的,侵害人应当恢复原状或者折价赔偿。受害人因此遭受其他重大损失的,侵害人应当赔偿损失。其他重大损失,是指其他经济等方面的损失,包括可以获得的利益损失。

第四,诉讼时效问题。①诉讼时效:因产品存在缺陷造成损害要求赔偿的诉讼时效期间为2年,自当事人知道或者应当知道其权益受到损害时起计算。②请求权时效:因产品存在缺陷造成损害要求赔偿的请求权,在造成损害的缺陷产品交付最初消费者满10年丧失;但是,尚未超过明示的安全使用期的除外。

3.销售者的赔偿责任

第一,一般性的赔偿责任。售出的产品有下列情形之一的,销售者应当负责修理、更换、退货;给购买产品的消费者造成损失的,销售者应当赔偿损失:①不具备产品应当具备的使用性能而事先未作说明的;②不符合在产品或者其包装上注明采用的产品标准的;③不符合以产品说明、实物样品等方式表明的质量状况的。销售者依法负责修理、更换、退货、赔偿损失后,属于生产者的责任或者属于向销售者提供产品的其他销售者(下文简称供货者)的责任的,销售者有权向生产者、供货者追偿。

第二,由于销售者的过错使产品存在缺陷,造成人身、他人财产损害的,销售者应当承担赔偿责任。销售者不能指明缺陷产品的生产者也不能指明缺陷产品的供货者的,销售者应当承担赔偿责任。

(二)产品质量违法行为的行政责任

1.民事责任优先原则

根据《产品质量法》第六十四条的规定:“违反本法规定,应当承担民事赔偿责任和缴纳罚款、罚金,其财产不足以同时支付时,先承担民事赔偿责任。”

2.产品质量违法行为的行政责任的表现形式

产品质量违法行为的行政责任主要表现为行政处罚,包括责令停止生产(销售)、没收违法生产或销售的产品、没收违法所得、罚款、吊销营业执照等。其中,关于罚款标准问题,采用的是“生产销售产品货值金额”标准。这里的“生产销售产品货值金额”,包括已售出产品及未售出产品的货值,而且是以产品标价或同类产品的市场价格计算。

3.承担行政责任的产品质量违法行为的类型

根据《产品质量法》的规定,实施了下列违法行为的生产者、销售者及其他主体,应当承担行政责任:①生产、销售的产品不符合法定要求的;②伪造产地、伪造或冒用厂名、厂址或者认证标志的;③产品标识不符合法定条件的;④拒绝接受产品质量监督检查的;⑤在广告中对产品质量虚假宣传的;⑥某些与制假、售假有关的违法行为;⑦产品质量检验机构、认证机构的行为违法的;⑧社会团体、社会中介机构的行为违法的;⑨各级政府和其他国家机关工作人员的行为违法的;⑩在产品质量监督、产品质量检验中行为违法的。

(三)产品质量违法行为的刑事责任

1.生产者、销售者的刑事责任

生产者、销售者实施下列行为,并构成犯罪的,应当承担刑事责任:①生产、销售不符合保障人体健康和人身、财产安全的国家标准、行业标准的产品的;②在产品中掺杂、掺假,以假充真,以次充好,或者以不合格产品冒充合格产品的;③销售失效、变质的产品的;④知道或者应当知道属于《产品质量法》规定禁止生产、销售的产品而为其提供运输、保管、仓储等便利条件的,或者为以假充真的产品提供制假生产技术的。

2.国家工作人员的刑事责任

一方面,各级人民政府工作人员和其他国家机关工作人员有下列情形之一,并构成犯罪的,依法追究刑事责任:①包庇、放纵产品生产、销售中违反《产品质量法》规定行为的;②向从事违反《产品质量法》规定的生产、销售活动的当事人通风报信,帮助其逃避查处的;③阻挠、干预产品质量监督部门或者工商行政管理部门依法对产品生产、销售中违反《产品质量法》规定的行为进行查处,造成严重后果的。

另一方面,产品质量监督部门或者工商行政管理部门的工作人员滥用职权、玩忽职守、徇私舞弊,构成犯罪的,依法追究刑事责任。

3.其他刑事责任

以暴力、威胁方法阻碍产品质量监督部门或者工商行政管理部门的工作人员依法执行职务的,依法追究刑事责任。

六、产品质量争议处理

(1)因产品质量发生民事纠纷时,当事人可以通过协商或者调解解决。当事人不愿协商调解解决或者协商调解不成功的,可以根据协议向仲裁机构申请仲裁;当事人各方没有达成仲裁协议或者协议无效的,可以直接向人民法院起诉。

(2)《产品质量法》授权产品质量监督部门、工商行政管理部门及有关部门对消费者就产品质量问题的申诉"负责处理",主要的形式为行政调解,此种调解不具有法律效力。

第四节 劳 动 法

一、劳动法概论

(一)劳动法的概念和调整对象

1.劳动法的概念

劳动法是调整劳动关系以及与劳动关系密切联系的其他社会关系的法律规范的总称。制定劳动法的目的是保护劳动者的合法权益,构建和发展和谐稳定的劳动关系,维护社会安定,促进经济发展和社会进步。

劳动法有广义和狭义之分,狭义上的劳动法,一般是指国家最高立法机关制定颁布的全国性、综合性的劳动法,即《中华人民共和国劳动法》(下文简称《劳动法》);广义上的劳动法,是指调整劳动关系以及与劳动关系有密切联系的其他社会关系的法律规范的总称。

2008 年 1 月 1 日起施行的《中华人民共和国劳动合同法》(下文简称《劳动合同法》),是全面调整劳动合同关系的法律规范,在规范用人单位与劳动者订立、履行、解除、变更、终止、续订劳动合同中发挥着重要的作用。《劳动法》与《劳动合同法》是一般法与特别法的关系,即《劳动合同法》有规定的,优先适用《劳动合同法》,《劳动合同法》没有规定的,适用《劳动法》。

2.劳动法的调整对象

劳动法的调整对象为劳动关系和与劳动关系密切联系的其他社会关系。

劳动法的主要调整对象是劳动关系。狭义上的劳动关系是指劳动者与用人单位之间在实现劳动过程中发生的社会关系,广义上的劳动关系的主体还包括劳动者的团体组织。

狭义上的劳动关系的特征是:

(1)劳动关系的当事人是特定的。一方是劳动者,另一方是用人单位。我国劳动法限定劳动关系的主体资格,劳动者只能是自然人,是劳动力的所有者,可以释放其脑力和体力的劳动能力以从事物质创造和完成其他工作任务。

(2)劳动关系是在实现劳动过程中发生的社会关系,是在职业劳动、集体劳动、工业劳动过程中发生的社会关系。所谓实现劳动过程,就是劳动者参加到某一用人单位中去劳动,使劳动者与用人单位提供的生产资料、工作条件相结合。私人雇佣劳动关系和农业劳动关系、家庭成员的共同劳动关系等不由劳动法调整。

(3)劳动关系具有人身、财产关系的属性。劳动关系具有人身属性,用人单位有权依法管理和使用劳动者,这一属性决定了用人单位对劳动力的使用、管理直接关系到劳动者的人身,关系到其健康和生命,关系到其劳动能力、人格尊严的维护,关系到其工资等物质权利的保护。这种人身属性也决定了劳动者必须亲自履行劳动义务。同时,劳动关系也具有财产关系的属性,即劳动者有偿提供劳动力,用人单位向劳动者支付劳动报酬,由此缔结的社会关系具有财产关系的性质。

(4)劳动关系具有平等、从属关系的属性。在市场经济条件下,劳动关系是通过市场机制双向选择,以现代契约形式——劳动合同确定的,有私法性质。双方当事人在建立、变更劳动关系时,应当依照平等、自愿、合法原则进行,因而劳动关系具有平等性,不具有惩罚性和强制性。由于我国劳动力市场供大于求现象的存在,用人单位有一定的经济实力,劳动力在劳动关系建立后从属于用人单位,因而劳动关系还存在事实上的不平等,劳动者还处于弱势地位,因此需要国家公权力干预劳动关系,制定强制实施的劳动标准和条件,以实现社会公平。

(二)劳动法的适用范围

1.适用劳动法的情形

根据我国《劳动法》《劳动合同法》以及有关劳动法规和劳动规章的规定,我国劳动法对适用范围的规定如下:

(1)在中华人民共和国境内的企业、个体经济组织和民办非企业单位等组织与劳动者建立劳动关系,适用《劳动法》。

(2)国家机关、事业组织、社会团体和与之建立劳动合同关系的劳动者,订立、履行、变更、解除或者终止劳动合同关系,依照《劳动法》的有关规定执行。

2.不适用劳动法的情形

(1)国家机关的公务员,事业单位和社会团体中纳入公务员编制或者参照公务员进行管理的工作人员,适用公务员法,不适用劳动法。

(2)实行聘用制的事业单位与其他工作人员的关系,法律、行政法规或国务院另有规定的,不适用劳动法;如果没有特别规定,适用劳动法。

(3)从事农业劳动的农村劳动者(乡镇企业职工和进城务工、经商的农民除外)不适用劳动法。

(4)现役军人、军队的文职人员不适用劳动法。

(5)家庭雇佣劳动关系不适用劳动法。

(6)在中华人民共和国境内享有外交特权和豁免权的外国人不适用劳动法。

(7)义务性劳动关系、慈善性劳动关系、家庭劳动关系不适用劳动法。

二、劳动法律关系

(一)劳动者的权利能力

1.概念

劳动者的权利能力,指公民依法享有劳动权利和承担劳动义务的资格。

2.影响因素

影响劳动者的权利能力的因素主要有三个:①户籍,劳动者的权利能力受到户籍性质的限制和户籍区域的限制;②职数,原则上,一个公民在同一时期只能成为一个用人单位的职工,只允许参加一个劳动关系;③制裁,劳动者因违法或违纪而受到的制裁,有可能会产生劳动权利能力被限制的后果。

(二)劳动者的行为能力

1.劳动者的行为能力的含义

劳动者的行为能力,是指公民依法能够以自己的行为行使包括劳动权利和履行劳动义务的资格。

2.影响因素

影响劳动者的行为能力的因素主要有四个:①年满十六周岁;②身体基本健康;③智力发育正常;④人身自由没有受到司法机关的限制。

(三)关于劳动者的行为能力的具体规定

1.年龄

(1)劳动行为能力的起始年龄:在我国,最低就业年龄规定为16周岁。任何单位和个人都不得招用未满16周岁的公民从事劳动,如果文艺、体育和特种工艺单位确需招用未满16周岁的劳动者的,必须经过县级以上劳动行政部门批准。

(2)完全劳动行为能力的起始年龄:即成年人起始年龄,18周岁。已满此年龄的公民即成年人,才可成为完全劳动行为能力人;未满此年龄而已满最低就业年龄的公民即未成年人,则只能成为限制劳动行为能力人,称为未成年工。

(3)限制劳动行为能力年龄,即已满16周岁未满18周岁的人。《劳动法》明确规定不得招用已满16周岁未满18周岁的公民从事过重、有毒有害的劳动或危险作业。

(4)退休年龄:按我国现行劳动法规的规定,达到退休年龄的公民,只应推定为限制劳动行为能力人。

2.健康

(1)疾病的限制:各种岗位的职工,都不得患有本岗位所禁忌或不宜的特定疾病。

(2)残疾的限制:完全丧失劳动能力的残疾人无劳动行为能力;部分丧失劳动能力的残疾人只能从事其残疾状况所允许的职业。

(3)妇女生理条件的限制:国家禁止招用女职工从事危害妇女生理健康的某些特定职业;女职工在经期、孕期、哺乳期时,不得安排其从事某些特定的作业。

3.智力

劳动者必须精神健全,具有相应的文化水平和技术水平。

4.行为自由

有劳动行为能力的公民,只有具备支配自己劳动能力所必要的行为自由,才能以自己的行为去实现劳动权利和义务。

三、劳动合同的概念、分类与订立原则

(一)劳动合同的概念

劳动合同是劳动者与用人单位确立劳动关系,明确双方权利和义务的协议。建立劳动关系应当订立劳动合同,劳动合同是确立劳动关系的普遍性法律形式,是用人单位与劳动者履行劳动权利义务的重要依据。劳动合同区别于民商事合同,具有以国家意志为主导,以当事人意志为主体的特征。

(二)劳动合同的分类

1.以期限为标准

可分为:无固定期限的劳动合同与有固定期限的劳动合同;长期工劳动合同与短期工劳动合同;临时性季节工劳动合同与定期轮换工劳动合同。

2.以合同目的为标准

可分为:录用合同;续用合同;聘用合同;借用合同。

3.其他类型

例如:双务合同和单务合同;有偿合同与无偿合同;有名合同与无名合同;诺成合同与实践合同;一时性合同与持续性合同。

(三)劳动合同订立的原则

1.合法原则

即劳动合同必须依法订立,不得违反法律、行政法规的规定,不得违反国家强制性、禁止性的规定。劳动合同依法订立即具有法律效力,用人单位与劳动者应当履行劳动合同约定的义务。违法订立的劳动合同,会被劳动争议仲裁委员会或者人民法院确认无效。合法原则具体要求如下:①合同的主体必须合法;②合同的内容必须合法;③程序必须合法;④形式必须合法。

2.平等自愿原则

用人单位与劳动者应当在平等自愿的基础上签订劳动合同,任何一方不得凭借事实上的优势地位强迫对方接受不合理、不公平、不合法的条款。同时,合同的订立以及合同内容的达成必须完全出于当事人自己的意志,是其真实意思的表示,任何一方不得将自己的意志强加于对方,也不允许第三者非法干预。

3.公平原则

即订立、履行、变更、解除或者终止劳动合同时,应当公平合理,利益均衡,不得使某一方的利益过于失衡。作为劳动合同双方当事人的用人单位和劳动者法律地位是平等的,劳动关系的运行中不应当有倾向性,但是由于用人单位在组织上、经济

地位上与劳动者存在明显的优势地位。因此,劳动合同立法及其执法有必要通过制度设计来加强对劳动者利益的保护,消除双方当事人事实上的不平等,使劳动者与用人单位的利益均衡,以实现结果公平。

4.诚实信用原则

是指劳动合同的双方当事人在订立、履行、变更、解除或者终止劳动合同过程中,应当讲究信用,诚实不欺,在追求自身合法权益的同时,以善意的方式履行义务,尊重对方当事人的利益和他人利益,不得损人利己。

四、劳动合同的形式

(一)概念

劳动合同的形式,是指劳动合同的存在或表现形式,它由劳动者与用人单位在签订合同时的意思表示和愿望所决定。

(二)口头形式的劳动合同

口头形式的劳动合同,是指劳动者和用人单位就权利义务关系通过口头达成一致意见,合同即成立。其缺点是不详细,不完备,法律效力差,容易引起劳动争议。

(三)书面形式的劳动合同

书面形式的劳动合同,是指用文字记载劳动者和用人单位权利义务关系的一种合同形式。

根据《劳动合同法》第十条的规定,建立劳动关系,应当订立书面劳动合同;已建立劳动关系,未同时订立书面劳动合同的,应当自用工之日起1个月内订立书面劳动合同。用人单位与劳动者在用工前订立劳动合同的,劳动关系自用工之日起建立。

五、劳动合同的期限

(一)含义

劳动合同的期限,是指劳动合同的有效时间。它始于劳动合同生效之日,终于劳动合同解除或终止之时。

(二)无固定期限劳动合同的订立情形

无固定期限劳动合同的订立,分为三种情形:

1.可以订立无固定期限劳动合同

双方协商一致,可以订立无固定期限劳动合同。

2.应当订立无固定期限劳动合同

具有以下情形之一的,应当订立无固定期限劳动合同:

(1)劳动者连续干满10年;

(2)用人单位初次实行劳动合同制度或者国企改制重新订立劳动合同时,劳动者已连续干满10年且距法定退休年龄不足10年；

(3)连续订立两次固定期限劳动合同，且劳动者没有法定的违法违规行为或者因病因伤不能胜任工作等特定情形的，除劳动者提出订立固定期限劳动合同外，应当订立无固定期限劳动合同。

3.视为订立无固定期限劳动合同

用人单位自用工之日起满1年不与劳动者订立书面劳动合同的，视为已订立无固定期限劳动合同。同时，用人单位违反规定不与劳动者订立无固定期限劳动合同的，自应当订立之日起向劳动者每月支付双倍的工资。

(三)无固定期限劳动合同的解除

无固定期限劳动合同并非不可解除，其解除与固定期限劳动合同没有多大区别，不管是劳动者还是用人单位，都可依法解除。

六、劳动合同的效力

(一)劳动合同的生效

劳动合同的生效，是指已经成立的劳动合同符合法律规定的有效条件，从而在当事人之间发生拘束力。

(二)劳动合同的无效

1.劳动合同的无效的含义

劳动合同的无效，指劳动者和用人单位之间通过劳动合同设定法律关系的行为无效，劳动合同不能在二者之间发生设定权利义务关系的效果。

2.无效劳动合同的种类

根据《劳动合同法》第二十六条的规定，下列劳动合同无效或者部分无效：①以欺诈、胁迫的手段或者乘人之危，使对方在违背真实意思的情况下订立或者变更劳动合同的；②用人单位免除自己的法定责任、排除劳动者权利的；③违反法律、行政法规强制性规定的。

3.无效劳动合同的确认

根据《劳动合同法》第二十六条的规定，对劳动合同的无效或者部分无效有争议的，由劳动争议仲裁机构或者人民法院确认。

4.无效劳动合同的后果

(1)劳动合同部分无效，不影响其他部分效力的，其他部分仍然有效。

(2)劳动合同被确认无效，劳动者已付出劳动的，用人单位应当向劳动者支付劳动报酬。劳动报酬的数额，参照本单位相同或者相近岗位劳动者的劳动报酬确定。

(3)劳动合同被确认无效，给对方造成损害的，有过错的一方应当承担赔偿责任。

七、劳动合同的变更

(一)概念

劳动合同的变更,指已发生法律效力的劳动合同,因出现法定情况,而由双方当事人对合同的内容进行修改或增减。

(二)劳动合同变更的条件

用人单位与劳动者协商一致,可以变更劳动合同约定的内容,变更后劳动合同,应当采用书面形式,变更后的劳动合同文本由用人单位和劳动者各执一份。

(三)劳动合同变更的后果

劳动合同依法变更,当事人之间的权利义务关系就应当按照变更后的劳动合同来确认,被变更的原劳动合同条款将自动丧失法律效力。

八、劳动合同的内容

根据《劳动合同法》第十七条的规定,劳动合同的内容由必备条款和约定条款构成。其中,以下条款为必备条款:①用人单位的名称、住所和法定代表人或者主要负责人;②劳动者的姓名、住址和居民身份证或者其他有效身份证件号码;③劳动合同期限;④工作内容和工作地点;⑤工作时间和休息休假;⑥劳动报酬;⑦社会保险;⑧劳动保护、劳动条件和职业危害防护;⑨法律、法规规定应当纳入劳动合同的其他事项。除前述必备条款外,用人单位与劳动者可以约定试用期、培训、保守秘密、补充保险和福利待遇等其他事项。

关于约定条款,《劳动合同法》也作出了一些规定:

(一)试用期条款

1.试用期的计算

劳动合同期限 3 个月以上不满 1 年的,试用期不得超过 1 个月;劳动合同期限 1 年以上不满 3 年的,试用期不得超过 2 个月;3 年以上固定期限和无固定期限的劳动合同,试用期不得超过 6 个月;以完成一定工作任务为期限的劳动合同或者劳动合同期限不满 3 个月的,不得约定试用期。

2.试用期的次数限制

同一用人单位与同一劳动者只能约定 1 次试用期。

3.试用期期限与劳动合同期限的关系

试用期包含在劳动合同期限内。劳动合同仅约定试用期的,试用期不成立,该期限为劳动合同期限。

4.试用期内的工资标准

劳动者在试用期的工资不得低于本单位相同岗位最低档工资或者劳动合同约定工资的 80%,并不得低于用人单位所在地的最低工资标准。

5.试用期内用人单位不得随意解除劳动合同

用人单位仅在下列特定情况下可以解除劳动合同：

(1)在试用期间被证明不符合录用条件的；

(2)劳动者患病或者非因工负伤，在规定的医疗期满后不能从事原工作，也不能从事由用人单位另行安排的工作的；

(3)劳动者不能胜任工作，经过培训或者调整工作岗位，仍不能胜任工作的。

用人单位在试用期解除劳动合同的，应当向劳动者说明理由。

6.用人单位违反试用期规定的法律责任

第一，用人单位违反劳动合同法规定与劳动者约定试用期的，由劳动行政部门责令改正。

第二，违法约定的试用期已经履行的，由用人单位以劳动者月工资为标准，按已经履行的超过法定试用期的期间向劳动者支付赔偿金。

(二)培训条款

1."服务期"的规定

用人单位为劳动者提供专项培训费用，对其进行专业技术培训的，可以与劳动者订立协议，约定服务期。

(1)服务期含义：是指劳动者与用人单位约定的劳动者必须为用人单位提供服务的期限，服务期可以长于劳动合同的期限，只要是双方的真实意思表示并通过合同固定下来，则对双方均具有约束力。

(2)服务期条款的内容：一是服务期限，即劳动者应为用人单位提供的服务时间；二是用人单位就服务期限应对劳动者提供的培训及其他额外福利待遇；三是劳动者违约应承担的违约责任。

2."培训期+服务期"条款违约金的规定

(1)劳动者违反服务期约定的，应当按照约定向用人单位支付违约金。

(2)违约金的数额不得超过用人单位提供的培训费用。

(3)用人单位要求劳动者支付的违约金不得超过服务期尚未履行部分所应分摊的培训费用。

(三)保密条款

保密条款用人单位与劳动者可以在劳动合同中约定保守用人单位的商业秘密和与知识产权相关的保密事项。

对负有保密义务的劳动者，用人单位可以在劳动合同或者保密协议中与劳动者约定竞业限制条款，并约定在解除或者终止劳动合同后，在竞业限制期限内按月给予劳动者经济补偿。

(四)竞业禁止条款

1.含义

指劳动者在终止或者解除劳动合同后的一定期限内不得再生产同类产品,经营同类业务或者其他有竞争关系的用人单位就职,也不得自己生产与原单位有竞争关系的同类产品或经营同类业务。

2.主体

用人单位的高级管理人员、高级技术人员和其他负有保密义务的人员。

3.竞业限制的内容

竞业限制的范围、地域、期限由用人单位与劳动者约定,并不得违反法律、法规的规定。其中,在解除或者终止劳动合同后,用人单位的高级管理人员,高级技术人员和其他负有保密义务的人员到与本单位生产或者经营同类产品、从事同类业务的有竞争关系的其他用人单位,或者自己开业生产或者经营同类产品、从事同类业务的竞业限制期限,不得超过 2 年。

4.补偿

用人单位按月给予劳动者经济补偿,劳动者违反竞业限制约定的,应当按照约定向用人单位支付违约金;用人单位在竞业限制条款中约定的违约金过分高于实际损失的,人民法院、劳动争议仲裁委员会可以依据劳动者的请求对违约金额予以适当调整。

九、劳动合同的解除与终止

劳动合同的解除可以分为协商解除、用人单位单方解除、劳动者单方解除等。

(一)劳动合同协议解除

1.含义

劳动合同协议解除,又称约定解除,是指劳动合同双方当事人在协商一致的基础上解除劳动合同的行为。

2.条件

劳动合同的协议解除,必须坚持双方自愿、平等、协商一致原则,并且要采用书面形式。

(二)劳动合同的单方解除

1.劳动者单方预告解除

劳动者提前 30 日以书面形式通知用人单位,可以解除劳动合同;劳动者在试用期内提前 3 日通知用人单位,可以解除劳动合同。

2.劳动者单方即时解除

用人单位有下列情形之一的,劳动者可以解除劳动合同:①未按照劳动合同约定提供劳动保护或者劳动条件的;②未及时足额支付劳动报酬的;③未依法为劳动者缴纳社会保险费的;④用人单位的规章制度违反法律、法规的规定,损害劳动者权益的;⑤因以欺诈、胁迫的手段或者乘人之危,使对方在违背真实意思的情况下订立或者变更劳动合同致使劳动合同无效的;⑥法律、行政法规规定劳动者可以解除劳动合同的其他情形。同时,用人单位以暴力、威胁或者非法限制人身自由的手段强迫劳动者劳动的,或者用人单位违章指挥、强令冒险作业危及劳动者人身安全的,劳动者可以立即解除劳动合同,不需事先告知用人单位。

3.用人单位单方解除

劳动者有下列情形之一的,用人单位可以解除劳动合同:①在试用期间被证明不符合录用条件的;②严重违反用人单位的规章制度的;③严重失职,营私舞弊,给用人单位造成重大损害的;④劳动者同时与其他用人单位建立劳动关系,对完成本单位的工作任务造成严重影响,或者经用人单位提出,拒不改正的;⑤因以欺诈、胁迫的手段或者乘人之危,使对方在违背真实意思的情况下订立或者变更劳动合同致使劳动合同无效的;⑥被依法追究刑事责任的。

4.用人单位单方预告解除

有下列情形之一的,用人单位提前 30 日以书面形式通知劳动者本人或者额外支付劳动者 1 个月工资后,可以解除劳动合同:①劳动者患病或者非因工负伤,在规定的医疗期满后不能从事原工作,也不能从事由用人单位另行安排的工作的;②劳动者不能胜任工作,经过培训或者调整工作岗位,仍不能胜任工作的;③劳动合同订立时所依据的客观情况发生重大变化,致使劳动合同无法履行,经用人单位与劳动者协商,未能就变更劳动合同内容达成协议的。

(三)经济补偿金

1.适用情形

有下列情形之一的,用人单位应当向劳动者支付经济补偿:①劳动者依照《劳动合同法》第三十八条规定解除劳动合同的;②用人单位依照《劳动合同法》第三十六条规定向劳动者提出解除劳动合同并与劳动者协商一致解除劳动合同的;③用人单位依照《劳动合同法》第四十条规定解除劳动合同的;④用人单位依照《劳动合同法》第四十一条第一款规定解除劳动合同的;⑤除用人单位维持或者提高劳动合同约定条件续订劳动合同,劳动者不同意续订的情形外,依照《劳动合同法》第四十四条第一项规定终止固定期限劳动合同的;⑥依照《劳动合同法》第四十四条第四项、第五项规定终止劳动合同的;⑦法律、行政法规规定的其他情形。

2.支付年限与支付数额标准

经济补偿金按劳动者在本单位工作的年限,每满 1 年支付 1 个月工资的标准向劳动者支付。6 个月以上不满 1 年的,按 1 年计算;不满 6 个月的,向劳动者支付半个月工资的经济补偿。劳动者月工资(指劳动者在劳动合同解除或者终止前 12 个月的平均工资)高于用人单位所在直辖市、设区的市级人民政府公布的本地区上年度职工月平均工资3倍的,用人单位向其支付经济补偿的标准按职工月平均工资3倍的数额支付,向其支付经济补偿的年限最高不超过12年。

(四)经济违约金

用人单位与劳动者可以约定由劳动者承担违约金的情形仅限于两种:一是劳动者违反服务期约定的,应当按照约定向用人单位支付违约金。违约金的数额不得超过用人单位提供的培训费用,不得超过服务期尚未履行部分所应分摊的培训费用。二是劳动者违反竞业限制约定的,应当按照约定向用人单位支付违约金。

(五)经济赔偿金

用人单位违反《劳动合同法》规定解除或者终止劳动合同,劳动者要求继续履行劳动合同的,用人单位应当继续履行;劳动者不要求继续履行劳动合同或者劳动合同已经不能继续履行的,用人单位应当依照经济补偿标准的2倍向劳动者支付赔偿金。

十、工伤法律制度

(一)工伤的认定

根据《工伤保险条例》第十四条的规定,职工有下列情形之一的,应当认定为工伤:①在工作时间和工作场所内,因工作原因受到事故伤害的;②工作时间前后在工作场所内,从事与工作有关的预备性或者收尾性工作受到事故伤害的;③在工作时间和工作场所内,因履行工作职责受到暴力等意外伤害的;④患职业病的;⑤因工外出期间,由于工作原因受到伤害或者发生事故下落不明的;⑥在上下班途中,受到非本人主要责任的交通事故或者城市轨道交通、客运轮渡、火车事故伤害的;⑦法律、行政法规规定应当认定为工伤的其他情形。

关于前述规定,补充说明的是:①工作时间。从事与工作有关的预备性或者收尾性的正式工作时间的前后,认定为工作时间;因公外出时间,也认定为工作时间。②工作场所,是指在履行工作职责的环境范围之内,因公外出的领域,以及上下班的途中也认为是工作场所。③上下班途中的事实认定。第一,上下班途中合理的时间内。不能简单理解为用人单位考勤规定的上下班时间,还包括加班时间以及因合理事由引起的延误或提前等情形。第二,上下班合理的路途上。关于合理路线,应根据个案具体情况而定,原则上劳动者居住地和工作场所之间的路线不限于最短路线,也不应由用人单位指定路线。

(二)视同工伤的情形

视同工伤,指实际上并不是工伤,但由于与履行工作职责有关,为了更好地保护职工权利,将其作为工伤对待。

根据《工伤保险条例》第十五条的规定,职工有下列情形之一的,视同工伤:①在工作时间和工作岗位，突发疾病死亡或者在48小时之内经抢救无效死亡的；②在抢险救灾等维护国家利益、公共利益活动中受到伤害的；③职工原在军队服役，因战、因公负伤致残，已取得革命伤残军人证，到用人单位后旧伤复发的。

(三)非工伤的情形

根据《工伤保险条例》第十六条的规定，职工虽然符合认定为工伤或者视同工伤的情形，但是有下列情形之一的，不得认定为工伤或者视同工伤：①故意犯罪的；②醉酒或者吸毒的；③自残或者自杀的。

(四)工伤医疗待遇

(1)治疗：职工治疗工伤应当在签订服务协议的医疗机构就医，情况紧急时可以先到就近的医疗机构急救。

(2)治疗费用：治疗工伤所需费用符合工伤保险诊疗项目目录、工伤保险药品目录、工伤保险住院服务标准的，从工伤保险基金支付。

(3)治疗补助：职工住院治疗工伤的，由所在单位按照本单位因公出差伙食补助标准的70%发给住院伙食补助费；经医疗机构出具证明，报经办机构同意，工伤职工到统筹地区以外就医的，所需交通，食宿费用由所在单位按照本单位职工因公出差标准报销。

(4)康复性治疗费用：工伤职工到鉴定服务协议的医疗机构进行康复性治疗的费用符合工伤保险诊疗项目目录、工伤保险药品目录、工伤保险住院服务标准的，从工伤保险基金支付。

(5)伤残辅助工具待遇：工伤职工因日常生活或者就业需要，经劳动能力鉴定委员会确认，可以安装假肢、矫形器、假眼、假牙和配置轮椅等辅助器具，所需费用按照国家规定的标准从工伤保险基金支付。

(6)停工留薪：职工因工作遭受事故伤害或者患职业病需要暂停工作接受工伤医疗的，在停工留薪期内，原工资福利待遇不变，由所在单位按月支付；一般不会超过12个月，伤情严重或者情况特殊，经设区的市级劳动能力鉴定委员会确认，可以适当延长，但延长不得超过12个月。

(7)生活护理：生活护理费按照生活完全不能自理、生活大部分不能自理、生活部分不能自理三个等级支付，分别为统筹地区上年度职工月平均工资的50%、40%和30%。

(五)伤残待遇

1.一级到四级的伤残待遇

保留劳动关系，退出工作岗位。

(1)一次性伤残补助金：一级27个月本人工资；二级25个月本人工资；三级23个月本人工资；四级21个月本人工资。

(2)伤残津贴:一级本人工资的90%;二级本人工资的85%;三级本人工资的80%;四级本人工资的75%。

(3)基本养老保险:工伤职工达到退休年龄并办理退休手续后,停发伤残津贴,享受基本养老保险待遇。基本养老保险待遇低于伤残津贴的,由工伤保险基金补足差额。

2.五级、六级伤残待遇

(1)一次性伤残补助金:五级18个月本人工资;六级16个月本人工资。

(2)安排适当工作或伤残津贴:保留与用人单位的关系,由用人单位安排适当工作。难以安排工作的,由用人单位按月发放伤残津贴:五级本人工资的70%;六级本人工资的60%。

(3)经工伤职工本人提出,该职工可以与用人单位解除或终止劳动关系,由用人单位支付一次性工伤医疗补助金和伤残就业补助金。

3.七级到十级的伤残待遇

(1)一次性伤残补助金:七级13个月本人工资;八级11个月本人工资;九级9个月本人工资;十级7个月本人工资。

(2)一次性工伤医疗补助金和伤残就业补助金:劳动合同期满终止,或者经工伤职工本人提出,该职工可以与用人单位解除或终止劳动关系,由用人单位支付一次性工伤医疗补助金和伤残就业补助金。

(六)工亡待遇

1.丧葬补助金

为6个月的统筹地区上年度职工月平均工资。

2.一次性工亡补助金

为上一年度全国城镇居民人均可支配收入的20倍。

3.供养亲属抚恤金

(1)供养亲属是指该职工的配偶、父母、子女、祖父母、外祖父母、孙子女、外孙子女和兄弟姐妹(同父母)。

(2)上述规定的人员,依靠因工死亡职工生前提供主要生活来源,并有下列情形之一的,可按规定申请供养亲属抚恤金:①完全丧失劳动能力的;②工亡职工配偶男年满60周岁,女满55周岁的;③工亡职工父母年满60周岁,女满55周岁的;④工亡职工子女未满18周岁的;⑤工亡职工父母均已经死亡,其祖父、外祖父年满60周岁,祖母、外祖母年满55周岁的;⑥工亡职工子女已经死亡或者完全丧失劳动能力,其孙子女、外孙子女未满18周岁的;⑦工亡职工父母均已死亡或者完全丧失劳动能力,其兄弟姐妹未满18周岁的。

4.因工外出或者抢险救灾中下落不明的待遇

(1)从事故发生当日起3个月内照发工资。

(2)从第4个月起停发工资,由工伤保险基金向其供养亲属按月支付。

(3)生活有困难的,可以预支一次性工亡补助金的50%。

(4)职工被人民法院宣告死亡的,按照职工因工死亡的规定处理。

但是也要注意特殊情形:①用人单位分支、合并、转让的,承继单位应当承担原用人单位的工伤保险责任;原用人单位已经参加工伤保险的,承继单位应当到当地经办机构办理工伤保险变更登记。②用人单位实行承包经营的,工伤保险责任由职工劳动关系所在单位承担。③职工被借调期间受到工伤事故伤害的,由原用人单位承担工伤保险责任,但原用人单位与借调单位可以约定补偿办法。④职工被派遣出境工作,依据前往国家或地区的法律应当参加当地工伤保险的,参加当地工伤保险,其国内工伤保险关系终止;不能参加当地工伤保险的,其国内工伤保险关系不终止。

十一、工时与休假制度

(一)缩短工时制度适用范围

(1)从事矿山、井下、高山,严重有毒有害,特别繁重和过度紧张的体力劳动工人。

(2)从事夜班工作的。法律规定,实行三班倒的企业,从事夜班工作的时间比白班减少一个小时,并按规定发给夜班津贴。

(3)哺乳期内的女职工。

(4)未成年工实行缩短工作日。

(二)延长工作时间制度

1.延长工作时间的形式

一是加班,即用人单位在公休假日或法定节假日安排劳动者从事职业劳动;二是加点,即用人单位在法定工作日之外延长劳动时间。

2.延长工作时间的限制

①延长工作时间必须为用人单位所必需。②必须有用人单位与工会和劳动者协商一致达成协议。③延长工作时间不得超过法定最高限制:一般每日不得超过1小时;因特殊原因需要延长工作时间的,在保障劳动者身体健康的条件下延长工作时间每日不得超过3小时,但是每月不得超过36小时。④用人单位不得安排未成年工,怀孕7个月以上的女工和哺乳期未满周岁婴儿的女工参加加班加点。

但是,有下列情形之一的,延长工作时间不受前述限制:①发生自然灾害、事故或者因其他原因,威胁劳动者生命健康和财产安全,需要紧急处理的;②生产设备、交通运输线路、公共设施发生故障,影响生产和公众利益,必须及时抢修的;③法律、行政法规规定的其他情形。

（三）延长工作时间的补偿

1.补休

对于法定节假日以外延长工时的，应当优先采用补休的形式。补休的时间应当与加班的时间相等，如果实在不能安排补休的，应当支付额外的工资补偿。

2.支付加班加点工资

（1）安排劳动者延长工作时间的，支付不低于工资的150%的工资报酬；

（2）休息日安排劳动者工作又不能安排补休的，支付不低于工资的200%的工资报酬；

（3）法定休假日安排劳动者工作的，支付不低于工资的300%的工资报酬。

（四）休息、休假制度

1.享受探亲假的条件

凡工作满1年的固定职工，与配偶不住在一起，又不能在公休日团聚的，可以享受规定的探望配偶的待遇；与父母不住在一起，又不能在公休日团聚的，可以享受规定的探望父母的待遇；但职工与父亲或母亲一方能够在公休假日团聚的，不能享受。

2.探亲假期

（1）职工探望配偶，每年给予一方探亲假1次，假期为30天；

（2）未婚职工探望父母，原则上每年给探亲假1次，假期为20天，如果因工作需要，本单位当年不能给予假期，或者职工自愿2年探亲1次的，可以2年给探亲假1次，假期为45天；

（3）已婚职工探望父母，每4年给假1次，假期为20天；

（4）凡实行休假制度的职工，如学校的教职工，应在休假期间探亲；如果休假期较短，可由本单位适当安排，补足其探亲假的天数。

3.探亲假期待遇

（1）工资待遇：职工在规定的探亲假期和路程假期的，按照本人的标准工资发给工资。

（2）探亲路费的报销：职工探望配偶和未婚职工探望父母的往返路费，由所在单位负担；已婚职工探望父母的往返路费，在本人月标准工资30%以内的，由本人自理，超过部分由所在单位负担。

十二、劳动争议调解仲裁法律制度

1.劳动争议的概念

劳动争议，指用人单位与劳动者之间基于劳动关系而产生的有关劳动权利和义务方面的争议。

2.劳动争议的认定

(1)中国境内的企业与职工之间的争议；

(2)个体工商户与学徒、帮工之间的争议；

(3)国家机关、事业组织、社会团体与本单位的工人(或称工勤人员)及与之建立劳动合同关系的非工勤人员之间的争议；

(4)军队、武警部队的机关、事业组织、企业与无军籍职工之间的争议；

(5)用人单位与一部分离退休人员及其聘用的离退休人员之间的争议；

(6)中国境外企业或劳动者与境内劳动者或企业在中国境内签订或履行劳动合同彼此之间的争议。

3.劳动争议的处理原则

处理劳动争议,应当遵循合法原则、公正原则、及时原则和着重调解原则。

4.劳动争议的处理方式

(1)协商

发生劳动争议,劳动者可以与用人单位协商,也可以请工会或者第三方共同与用人单位协商,达成和解协议;通过协商方式自行和解,是双方当事人应首先选择的解决争议的途径,同时也是在解决争议过程中可以随时采用的方式;协商解决是以双方当事人自愿为基础的,不愿协商或者经协商不能达成一致的,当事人可以选择其他方式。

(2)调解

发生劳动争议,当事人不愿协商、协商不成或者达成和解协议后不履行的,可以向劳动争议调解委员会申请调解。这种调解也实行自愿原则。

(3)申请仲裁

调解不成或者达成协议后不履行的,可以向劳动争议仲裁委员会申请仲裁。若经劳动争议调解委员会调解,双方达不成协议,当事人一方或者双方均可向当地劳动争议仲裁委员会申诉,当事人也可以不经劳动争议调解委员会处理而直接申请仲裁。劳动争议仲裁是强制性的必经程序,只要有一方当事人申请仲裁,且符合受案条件,劳动争议仲裁委员会应予受理;当事人如果要起诉至法院,必须先经过仲裁,否则法院将不予受理。

(4)提起诉讼

当事人如果对劳动争议仲裁委员会的仲裁裁决、不予受理仲裁决定或通知书不服的,可以在规定的时限内向当地基层人民法院起诉。

(5)申诉

用人单位违反国家的规定,拖欠或者未足额支付劳动报酬或者拖欠工伤医疗费、经济补偿或者赔偿金的,劳动者可以向劳动行政部门监察大队投诉,依法处理。

第六章　行政法律制度

学习目的

行政法是建设社会主义法治国家的重要保障。学习行政法,必须坚持法治原则、法律至上原则、正当程序原则和公民救济原则。通过学习,基本掌握依法行政的法律体系,强化依法行政观念,为实现依法治国奠定基础。

重点提示

了解行政法的核心原则;理解行政机关和行政相对人的具体内容;掌握行政行为的特征、内涵;了解行政行为的分类。

第一节　行政法概述

一、行政法的概念

1.行政的概念

了解行政法的概念,必须了解行政的内涵。所谓行政,指国家通过行政主体依法对国家和社会事务进行组织和管理的活动。

2.行政的特征

从行政的概念界定中,我们可以看出行政具有以下特征:第一,行政具有国家意志性。行政是行政主体以国家的名义对国家事务和社会事务进行的组织和管理活动。行政主体,指依法享有行政职权,能够以自己的名义行使行政职权,并能够独立承担法律责任的组织,具体表现为行政机关和法律、法规、规章授权的组织。第二,行政具有执行性。行政主体对国家事务和社会事务的管理必须依法进行,其本质是对国家制定的法律规范的执行。第三,行政具有强制性。行政主体对国家事务和社会事务的管理,旨在维护公共秩序和公共利益,增进社会福祉,因此,该管理对公民、法人和其他组织具有强制性。

3.行政法的概念

行政法是调整行政关系的法律规范的总和。

所谓行政关系,指行政主体在管理国家事务与社会事务过程中,与公民、法人和其他组织之间形成的社会关系。

行政法以行政关系为调整对象,其目的是保障国家行政权运行的合法性和合理性。

二、行政法的基本原则

行政法的基本原则是在行政法调控行政权的历史时期形成,并由行政法学者所概括归纳的法律原则。目前,虽然有的行政法基本原则已经在一些国家的宪法或者行政法中得到了确认,但是从整体上看,行政法基本原则并非是由某一个或某几个具体法律、法规所特别规定的,而是中外行政法学者通过长期的研究、总结、概括出来的法的原理、原则。它不仅指导立法,即指导法律的制定,而且也指导执法、司法,即指导法律的执行和法律争议的裁决。因此,行政主体实施行政行为,包括实施行政立法、行政执法、行政司法,都不仅要依据法的规定,而且要依据法的原理、原则。否则,如果行政只拘泥于法的文字,拘泥于法的具体规定,机械依法,其行为就很可能背离法的目的,产生负面的社会效果。

关于行政法的基本原则的具体内容,各国并不完全相同。在我国,学者的概括也存在些许差异。目前,通说认为,国务院于 2004 年颁行的《全面推进依法行政实施纲要》对行政法的基本原则的概括最精准。具体包括如下六项内容:

(一)合法行政原则

合法行政原则的基本含义是,政府的一切行政行为都应当依法而为,受到法律的拘束。具体来说,行政机关实施行政管理,应当依照法律、法规、规章的规定进行;没有法律、法规、规章的规定,行政机关不得作出影响公民、法人和其他组织合法权益或者增加公民、法人和其他组织义务的决定。例如,派出所民警在执勤时,发现一对恋人在商场门口接吻,就对二人作出罚款决定。该行为也违反了合法行政的要求。

在我国,合法行政原则主要包括以下四个要求:

(1)合法行政的“法”,包括宪法、法律、法规和规章。在所有这些法的形式中,宪法的效力最高,法律的效力高于法规,行政法的效力高于地方性法规和规章。在下位法的与上位法发生冲突时,行政机关应当适用上位法,而不能适用与上位法相抵触的下位法。

(2)合法行政要求行政机关依法的明文规定和法的原理、原则行政。行政机关不严格按照法律规定办事,不严格依法律规定行政,就不是法治政府。但是,依法行政不仅仅要求行政机关依法的明文规定行政,还要求行政机关依法的原理、原则行政。

(3)合法行政要求行政机关依照法律规定行政，首先要求依行政管理法的规定行政。行政机关不严格按照行政管理法规定的范围、条件、标准和限度办事，自然谈不上合法行政。但是，合法行政不仅要求行政机关依行政管理法的规定行政，还要求行政机关依行政组织法和行政程序法的规定行政。

(4)合法行政要求行政机关对行政相对人依法实施管理。因为“行政”的基本含义就是管理，没有依法管理自然谈不上合法行政。但是，合法行政不仅要求行政机关对行政相对人依法管理，还要求行政机关自身守法，依法提供服务和依法接受监督。

(二)合理行政原则

合理行政原则，即行政机关作出的行政行为内容要客观、适度、符合理性。合理行政原则是一项普遍适用的行政法的基本原则。例如，居民在小区外面的马路边上停车，一直没有交警来贴罚单。临近年底前，突然交警连续几天都来贴罚单，其目的是完成当年的罚款指标。马路边上随便停车固然违反了交通法规，按照法律规定应当给予罚款，但是交警给予罚款不是为了纠正违法行为，而仅仅是为了完成罚款指标，那么该行为就违反了合理行政原则。

合理行政原则的具体要求是：①行政行为的动因应当符合行政目的；②行政行为应当建立在正当考虑的基础之上；③行政行为的内容应当客观、适度、合乎情理。

合理行政原则产生的主要原因是行政裁量权的存在与扩大。行政裁量权，指行政机关的自行决定权，即对具体行政行为的方式、范围、种类、幅度等的选择权。尽管从机关性质上来说，行政机关应当是执行法律的机关，其行为皆应依法实施，但由于行政事务的复杂性，立法机关不可能通过严密的法律规范完全约束行政行为，故不得不在法律上承认行政机关享有一定程度的行为选择权，即行政裁量权。诚然，为了执行公务的需要，行政裁量权必须存在，但与此同时，由于行政裁量权较少受到法律的约束，因而常常被滥用，以致破坏行政法治。因此，我们既应当承认行政裁量权的作用，又应当加强对行政裁量权的控制。合理行政原则正是在这一背景下应运而生的，它的出现可谓是行政法原则的一个重大发展。行政机关实施行政管理，应当遵循公平、公正的原则。要平等对待行政管理相对人，不偏私、不歧视。行使行政裁量权应当符合法律目的，排除不相关因素的干扰；所采取的措施和手段应当必要、适当；行政机关实施行政管理可以采用多种方式实现行政目的，应当避免采用损害当事人权益的方式。

(三)程序正当原则

行政机关作出影响行政相对人权益的行政行为，必须遵循正当法律程序，包括事先告知行政相对人，向行政相对人说明作出行政行为的根据、理由，听取行政相对人的陈述、申辩，事后为行政相对人提供相应的救济途径等。

正当法律程序原则有广义和狭义之分。广义的正当法律程序原则指整个行政法程序性基本原则,包括行政公开、公平、公正原则,也包括行政程序具体原则;狭义的正当法律程序原则仅指相当于英国行政法中自然正义和美国行政法中正当法律程序原则。在行政法律规范中,程序性规范占据着极大比例,因此程序正当也是法律上对行政活动提出的基本要求。

程序正当的具体内容也可以被分解为三个方面:①信息公开,又称情报公开,指行政机关应向社会公众公开其活动的依据、过程以及结果。当然,涉及国家秘密和依法受到保护的商业秘密、个人隐私的信息,不在公开之列。②参与原则,指行政机关作出行政行为应当说明理由,并告知行政相对人依法享有的权利。作出影响行政相对人权益的行为,应当听取行政相对人的意见,特别是作出对行政相对人不利的行为时,须听取他们的陈述和申辩。③回避原则,指行政公务人员履行职责,与行政相对人存在利害关系时,应当回避。

(四)高效便民原则

高效便民原则,指行政机关实施行政管理,应当遵守法定时限,积极履行法定职责,提高办事效率,提供优质服务,方便公民、法人和其他组织。

具体来说,高效便民原则主要分为两个方面。第一是行政效率原则。一方面,行政机关应当积极履行法定职责,禁止不作为或者不完全作为;另一方面,行政机关在依法行政时应当严格遵守法定时限,禁止超越法定时限或者不合理延迟。不合理延迟是行政不公和行政侵权的表现。第二是便利当事人原则。在行政活动中增加当事人程序负担,是法律禁止的行政侵权行为。实践中,行政机关在办理公司注册和户籍登记时,经常通过设定种种异常烦琐的程序,要求行政相对人提供各种证明,这些均对行政相对人构成了诸多不便。

(五)诚实守信原则

诚实守信原则,指行政机关公布的信息应当全面、准确、真实。

具体来说,诚实守信原则应当包括如下两个方面的内容:第一,行政信息真实原则。行政机关公布的信息应当全面、准确、真实。无论是向全体社会公众公布的信息,还是向特定行政相对人提供的信息,行政机关都应当对其真实性承担法律责任。第二,信赖利益保护原则。非因法定事由并经法定程序,行政机关不得撤销、变更已经生效的行政决定;因国家利益、公共利益或者其他法定事由需要撤回或者变更行政决定的,应当依照法定权限和程序进行,并对行政相对人因此而受到的财产损失依法予以补偿。

(六)权责统一原则

行政机关依法履行经济、社会和文化事务管理职责,要由法律、法规赋予其相应的执法手段。行政机关违法或者不当行使职权,应当依法承担法律责任,实现权力和责任的统一。这就是权责统一原则。具体来说,权责统一原则主要分为两个方面。第一是行政效能原则。行政机关依法履行经济、社会和文化事务管理职责，要由法律、法规赋予其相应的执法手段，保证政令有效。第二是行政责任原则。行政机关违法或者不当行使职权，应当依法承担法律责任。这一原则的基本要求是行政权力和法律责任的统一，即执法有保障、有权必有责、用权受监督、违法受追究、侵权须赔偿。

三、行政法的渊源

关于行政法的渊源，目前学术界有多种不同解释，其根源在于对法的渊源有不同认识。对法的渊源，主要有以下代表性观点：

1.认为法的渊源就是法存在的形式

任何部门的法律规范都必须以一定的法的形式存在，这些法的形式可以是成文法律，也可能是习惯、法理或判例。

2.认为法的渊源就是法的原动力

至于原动力为何，则有不同说法。

3.认为法的渊源就是产生法的原因

一国的法律源于一国的历史、民族精神、社会意识、思想等多方面，这些社会的、文化的、经济的、政治的环境决定了法律的形成和变迁。

4.认为法的渊源就是法的制定机关

法的主要制定机关是代议机关，所以其为主要法源。

前述关于法的渊源的种种解释都有其合理性，也有其存在的根据。实际上，各个学说之间存在着一定的内在联系，是相互补充的关系，而非绝对的相互排斥、非此即彼的关系。本书采用法的存在形式说，主张行政法的渊源是行政法规范和原则的表现形式，也就是构成行政法这一法律部门的法律规范的来源、出处。

一般来说，行政法的渊源可以分为一般渊源和特殊渊源。其中，行政法的一般渊源包括宪法、法律、行政法规、地方性法规、自治条例、单行条例、部门规章与地方政府规章；行政法的特殊渊源包括法律解释（法律解释包括立法解释、司法解释、行政解释、地方解释）、其他规范性文件、国际条约和惯例。

四、行政法律关系主体

行政法律关系主体，指行政法律关系中权利的享有者和义务的承担者，也称为行政法律关系当事人，包括行政主体和行政相对人。

（一）行政主体

1.行政主体的概念

行政主体，指能以自己名义行使国家行政职权，作出影响公民、法人和其他组织权利、义务的行政行为，并能由其本身对外承担行政法律责任，在行政诉讼中通常能作为被告应诉的行政机关和法律、法规、规章授权的组织。行政主体通常具有如下特征：

(1)行政主体是一类组织,而不是某个自然人；

(2)行政主体具有行政职能,能以自己的名义对外进行行政活动；

(3)行政主体能够独立承担法律责任。

有人认为公务员就是行政主体,这是错误的。实际上,公务员只是执行国家公务的人员,他对外进行行政行为是以行政主体的名义进行的,最后也是由行政主体来承担责任。例如:交通警察对违章车辆开具罚单,落款处是某个交通警察支队,并加盖该单位的公章。如果交通警察的罚款行为违法或不当,承担责任的是具有行政主体资格的该交通警察支队,而不是该交警。

2.行政主体的范围

我国的行政主体主要包括行政机关和被授权组织。

(1)行政机关,指根据宪法或组织法的规定而设立的,具有法人资格,能够以自己的名义行使国家行政权并承担由此产生的法律责任的国家机关。具体包括:国务院、国务院的组成部门、国务院直属机构、国务院部委管理的国家局、地方各级人民政府、县级以上地方各级人民政府的组成部门、县级以上地方人民政府的派出机关。

(2)被授权组织本来不具有行政主体资格,但是经过法律、法规和规章的授权,在授权范围内就具有了行政主体资格。具体包括:经法律、法规、规章授权的行政机构、具有公共事务管理职能的企业和事业单位、基层群众自治组织、社会团体和其他组织,如派出所、税务所、专利复审委员会、商标评审委员会、公安消防机构、高等学校等。

3.行政主体的职权与职责

行政职权是国家行政权的转化形式,是行政主体实施行政管理活动的资格及权能。主要包括以下内容:①行政立法权;②行政命令权;③行政处理权;④行政监督权;⑤行政裁决权;⑥行政强制权;⑦行政处罚权。

行政职责,指行政主体在行使国家赋予的行政职权,实施行政管理活动的过程中,所必须承担的法定义务。行政职责是行政主体必须履行的义务,因此不能放弃和违反,否则会引起相应违法责任的追究。行政主体的行政职责主要包括:依法履行职务,遵守权限规定,符合法定目的,遵守法定程序。

(二)行政相对人

1.行政相对人的概念

行政相对人,指行政法律关系中与行政主体相对应的另一方当事人,即自身权益受到行政行为影响的公民、法人和其他组织。

2.行政相对人的范围

一般来说,法律文本将行政相对人表述为“公民、法人和其他组织”。对此,需要注意两个方面:一是此处的“公民”包括中国公民、外国公民以及不具有任何国家国籍的自然人(即无国籍人);二是在特定行政法律关系中,国家机关也可以成为行政相对人。

3.行政相对人的法律地位

行政相对人与行政主体共同构成行政法律关系的主体。作为行政法律关系的主体,行政相对人享有一定的权利,同时也必须履行一定的义务。行政相对的权利主要包括:知情权;参与权(包括陈述权与申辩权);监督权;救济权。行政相对人的主要义务包括服从的义务和配合的义务。

五、公务员

(一)公务员的概念

公务员有广义和狭义之分。

广义的公务员,指根据《中华人民共和国公务员法》(下文简称《公务员法》)第二条的规定,依法履行公职、纳入国家行政编制、由国家财政负担工资福利的工作人员。具体指下列机关中除工勤人员以外的工作人员:①中国共产党各级机关;②各级人民代表大会及其常务委员会机关;③各级行政机关;④中国人民政治协商会议各级委员会机关;⑤各级审判机关;⑥各级检察机关;⑦各民主党派和工商联的各级机关。同时,根据《公务员法》第一百零六条的规定,法律、法规授权的具有公共事务管理职能的事业单位中除工勤人员以外的工作人员,经批准参照《公务员法》进行管理。这部分人员也属于广义的公务员的范畴。

狭义的公务员,特指国家依法定方式和程序任用的,在中央和地方各级国家行政机关中工作的,依法行使国家行政职权,执行国家公务的人员。

(二)公务员的分类和任用

1.公务员的分类

公务员主要可以分为领导职务公务员和非领导职务公务员。领导职务层次分为:国家级正职、国家级副职、省部级正职、省部级副职、厅局级正职、厅局级副职、县处级正职、县处级副职、乡科级正职、乡科级副职;非领导职务层次在厅局级以下设置。

2.公务员的任用

对领导职务公务员采用选任、调任等方式任用,对非领导职务公务员主要采用考试或者聘任的方式任用。其中,通过考试任用的方式是最为普遍的方式。按照《公务员法》第二十一条的规定,录用担任主任科员以下及其他相当职务层次的非领导职务公务员,应当采取公开考试、严格考察、平等竞争、择优录取的办法。

根据《公务员法》第十一条和第二十三条的规定，报考公务员必须符合以下 8 个条件：①具有中华人民共和国国籍；②年满 18 周岁；③拥护中华人民共和国宪法；④具有良好的品行；⑤具有正常履行职责的身体条件；⑥具有符合职位要求的文化程度和工作能力；⑦法律规定的其他条件；⑧具备省级以上公务员主管部门规定的拟任职务所要求的任职资格和条件。

同时，根据《公务员法》第二十四条的规定，下列人员不得录用为公务员：①曾因犯罪受过刑事处罚的；②曾被开除公职的；③有法律规定不得录用为公务员的其他情形的。

3.公务员的录用程序

第一步，发布公告。录用公务员，应当首先发布招考公告，招考公告中应当载明招考的职位、名额、报考资格条件、报考时需要提交的申请资料以及其他报考须知事项。国家公务员的招考公告一般应当在每年的 10 月发布。

第二步，报名。国家公务员考试报名一般安排在每年的 10 月中旬，考试时间大概安排在 11 月的最后一个周末。从第二年的 1 月下旬开始，报考者可以查询到自己的考试成绩。

第三步，审查。招录机关可以根据报考资格条件对报考申请进行审查，报考者提交的申请材料应当真实、准确。

第四步，考试。考试主要采取笔试和面试的方式进行，考试内容根据公务员应当具备的基本能力和不同职位类别进行分别设置。

第五步，招录。招录机关根据考试成绩、考试情况和体检结果，提出拟录用人员名单并予以公示。公示期满后，中央一级招录机关将拟录用的人员名单报给中央公务员主管部门备案；地方各级招录机关将拟录用人员名单报给省级或者设区的市级公务员主管部门审批。

第六步，试用。新录用公务员的试用期为一年，试用期满合格的予以任职；不合格的取消录用。

（三）公务员的辞职、辞退

1.公务员的辞职

按照《公务员法》的规定，公务员辞去公职，应当向任免机关提出书面申请，任免机关应当自申请之日起 30 日内予以审批，其中对领导成员辞去公职的申请，应当自接到申请之日起 90 日内予以审批。

担任领导职务的公务员如果因为工作变动，依照法律规定需要辞去现任职务的，应当履行辞职手续。担任领导职务的公务员因为个人或者其他原因，可以自愿辞去领导职务。领导成员因为工作严重失误、失职而造成重大损失或者恶劣社会影响的，或者对重大事故负有领导责任的，应当引咎辞去领导职务。领导成员引咎辞职或者因为其他原因不再适合担任现任领导职务，而本人不提出辞职的，应当责令其辞去领导职务。对擅自离职的公务员给予开除处分,不准重新录用到国家行政机关工作。

2.公务员的辞退

根据《公务员法》第八十三条的规定,公务员有下列情形之一的,予以辞退:①在年度考核中,连续两年被确定为不称职的;②不胜任现职工作,又不接受其他安排的;③因所在机关调整、撤销、合并或者缩减编制员额需要调整工作,本人拒绝合理安排的;④不履行公务员义务,不遵守公务员纪律,经教育仍无转变,不适合继续在机关工作,又不宜给予开除处分的;⑤旷工或者因公外出、请假期满无正当理由逾期不归连续超过15天,或者1年内累计超过30天的。

同时,《公务员法》第八十四条还规定了不得辞退公务员的四种情形:①因公致残,被确认丧失或者部分丧失工作能力的;②患病或者负伤,在规定的医疗期内的;③女性公务员在孕期、产假、哺乳期内的;④法律、行政法规规定的其他不得辞退的情形。

辞退公务员的决定应当以书面的形式通知被辞退的公务员,被辞退的公务员可以领取辞退费或者根据国家有关规定享受失业保险。公务员辞职或者被辞退时,离职前应当办理公务员交接手续,必要时按照规定接受审计。

(四)公务员的退休

公务员的退休分为应当退休和提前退休。

应当退休,指公务员达到国家规定的退休年龄或者完全丧失工作能力时,应当退休。目前,国家规定的退休年龄是男年满60周岁,女年满55周岁。如果公务员未达到国家规定的退休年龄的,但是已经完全丧失工作能力的,应当退休。

提前退休,指满足一定条件,由公务员自愿提出申请,经过任免机关的批准,可以提前退休。主要包括:工作年限满30年;距离国家规定的退休年龄已经不足5年,且工作年限满20年的;符合国家规定的可以提前退休的其他情形。对于提前退休,一要符合条件,二要本人提出申请,三要单位批准。[1]

第二节　行政行为概述

一、行政行为的概念和要件

1.行政行为的概念

行政行为是行政主体为实现国家行政管理目标而行使行政权力,产生行政法律

[1]鲁晓慧:《法律基础》,北京:中国水利水电出版社,2012年版。

效果的行为。如交通警察对违章车辆所做的罚款行为。

行政行为是整个行政法学研究中的核心,是各种行政法律制度得以建立的基础,如行政复议、行政诉讼、行政赔偿等制度都是围绕着行政行为而建立的。

2.行政行为的成立要件

学界认为,行政行为的成立要件包括四个方面:

(1)行政行为的主体必须是具有行政职权的组织,即行政主体;

(2)行政行为的本质是行政权的实际运用;

(3)行政行为的内容必须是能产生法律效果的行为;

(4)行政行为必须具有一定的存在形式,并表达行为主体的真实意思。

3.行政行为的合法要件

判断一个行政行为是否合法,关键是分析其是否具备合法要件。根据《行政复议法》《行政诉讼法》以及其他相关法律法规的规定,行政行为的合法要件如下:

(1)行为的主体合法,即作出行政行为的主体是行政主体。

(2)行为必须在行政机关的权限内,不能超越权限。

(3)行为的内容必须合法,即事实清楚、证据确凿、适用法律正确、符合行政法基本原则。例如,2009 年 9 月,有人举报孙某有嫖娼行为。公安机关审查后发现,孙某的嫖娼行为发生在 2005 年的 1 月,随后对其作出了罚款 2000 元的处罚决定。孙某的行为实际上已经过了行政处罚的追诉时效,因此就不应该对其进行处罚。所以该处罚行为是违法行为。

(4)行为必须符合法定程序。行政行为的作出要符合法律规定的时间和步骤。例如在行政处罚时,要听取当事人的申辩。如果没有听取当事人的申辩,就直接作出了处罚决定,那么该处罚行为就违反了法定程序。

(5)行为必须符合法定形式。例如,对公民的行政许可申请是否许可,行政机关应该作出书面决定,即法定形式。

二、行政行为的分类

1.内部行政行为与外部行政行为

行政行为以其适用与效力作用的对象的范围为标准,可分为内部行政行为与外部行政行为。所谓内部行政行为,是指行政主体在内部行政组织管理过程中所作的只对行政组织内部产生法律效力的行政行为,如行政处分及上级机关对下级机关所下达的行政命令等。所谓外部行政行为,是指行政主体在对社会实施行政管理活动过程中针对公民、法人或其他组织所作出的行政行为,如行政许可行为、行政处罚行为等。

2.抽象行政行为与具体行政行为

所谓抽象行政行为,是指以不特定的人或事为管理对象,制定具有普遍约束力的规范性文件的行为。抽象行政行为具有如下特征：对象的不特定性；效力的普遍性与反复适用性。

抽象行政行为包括两类：

第一类是行政立法行为，即特定的行政机关依照法律规定的权限和程序制定行政法规、行政规章的活动。根据《宪法》和《立法法》的规定，享有行政立法权的行政机关包括：①国务院；②国务院各部、各委员会；③国务院直属机构；④省、自治区、直辖市人民政府；⑤设区的市的人民政府。为提高行政立法的质量，行政立法应当遵循依法立法原则、民主立法原则、科学立法原则和加强管理与增进权益相协调原则。同时，行政立法的程序主要包括：①立项；②起草；③听取公众意见；④审查；⑤决定与公布。

第二类是制定不具有法源性的规范性文件的行为，即有权行政机关制定或规定除行政法规和规章以外的具有普遍约束力的其他规范性文件的行为。如银监会发布的《关于规范商业银行代理销售业务的通知》(银监发〔2016〕24 号)。

所谓具体行政行为，是指在行政管理过程中，针对特定的人或事所采取具体措施的行为，其行为的内容和结果将直接影响某一个人或组织的权益。具体行政行为最突出的特点，就是行为对象的特定性和具体化，属于某个个人或组织，或者某一具体社会事项。具体行政行为一般包括行政许可与确认行为、行政奖励与行政给付行为、行政征收行为、行政处罚行为、行政强制行为、行政监督行为、行政裁决行为等。

3.羁束行政行为与裁量行政行为

行政行为以受法律规范拘束的程度为标准，可分为羁束行政行为和裁量行政行为。羁束行政行为，指法律规范对其范围、条件、标准、形式、程序等作了较详细、具体、明确规定的行政行为。裁量行政行为，指法律规范仅对行为目的、行为范围等作一原则性规定，而将行为的具体条件、标准、幅度、方式等留给行政主体自行选择、决定的行政行为。

4.依职权的行政行为与依申请的行政行为

以行政主体是否可以主动作出行政行为为标准，行政行为可分为依职权的行政行为和依申请的行政行为。依职权的行政行为，指行政主体依据法律赋予的职权，无须相对方的请求而主动实施的行政行为。依申请的行政行为，指行政主体必须有相对方的申请才能实施的行政行为。

5.单方行政行为与双方行政行为

以决定行政行为成立时参与意思表示的当事人的数目为标准，将行政行为分为单方行政行为与双方行政行为。单方行政行为，指依行政主体单方意思表示，无须征得相对方同意即可成立的行政行为。双方行政行为，指行政主体为实现公务目的，与相对方协商达成一致而成立的行政行为。

6.要式行政行为与非要式行政行为

以行政行为是否应当具备一定的法定形式为标准,行政行为可分为要式行政行为与非要式行政行为。所谓要式行政行为,指必须具备某种法定的形式或遵守法定的程序才能成立生效的行政行为。所谓非要式行政行为,是指不需一定方式和程序,无论采取何种形式都可以成立的行政行为。

7.作为行政行为与不作为行政行为

以行政行为是否以作为方式来表现为标准,行政行为可分为作为行政行为和不作为行政行为。所谓作为行政行为,指以积极作为的方式表现出来的行政行为,如行政奖励、行政强制行为。所谓不作为行政行为,指以消极不作为方式表现出来的行政行为。

8.行政立法行为、行政执法行为与行政司法行为

这是以行政权作用的表现方式和实施行政行为所形成的法律关系为标准所作的划分。所谓行政立法行为,指行政主体依法定职权和程序制定的、具有普遍约束力的规范性文件的行为,它所形成的法律关系是以行政主体为一方,以不确定的行政相对人为另一方。所谓行政执法行为,指行政主体依法实施的直接影响行政相对人权利义务的行为,或者对行政相对人的权利、义务的行使和履行情况进行监督检查的行为。它形成的法律关系是以行政主体为一方,以被采取措施的特定的行政相对人为另一方的双方法律关系,具体包括行政许可、行政确认、行政奖励、行政处罚、行政强制、行政合同、行政监督等行为。所谓行政司法行为,指行政主体作为争议双方之外的第三者,按照准司法程序审理特定的行政争议或民事争议案件并作出裁决的行为,它所形成的法律关系是以行政主体为一方,以发生争议的双方当事人各为一方的三方法律关系,具体包括行政调解、行政裁决、行政复议等行为。

三、具体行政行为的成立和效力

(一)具体行政行为的成立

具体行政行为的成立,是指具体行政行为在法律上的存在。只有首先确定具体行政行为的成立,才能对其进行法律评价确认是否合法适当。

具体行政行为成立的一般条件是:

1.主体要件

作出具体行政行为的是享有行政职权的行政主体,实施该具体行政行为的工作人员意志健全具有行为能力。如果作出行政决定的不是执行行政职权、可以承担国家责任的行政机关或者其他合法的实施者,该决定不能发生法律上的效力,也无法按照行政法上的救济方式追究法律责任。

2.内容要件

向对方当事人作出具有效果意思的表示。效果意思是行政主体作出行政决定所希望达到的法律效果,即设立、变更和消灭对方当事人的权利义务。行政主体要求对方当事人应当做什么或者不准做什么的意思,应当以正确和可识别的方式清楚地表示出来,使对方当事人知道行政主体为其安排了什么样的权利义务。

3.程序要件

按照法律规定的时间和方式进行送达。对方当事人履行义务的内容限于领受送达的内容,领受送达的时间是对方当事人开始履行义务的时间点。未经过领受程序的具体行政行为,不发生法律约束力。

(二)具体行政行为的效力

法律效力是具体行政行为法律制度中的核心因素。评价具体行政行为合法与否的实际意义,就在于其对法律效力的影响。

具体行政行为的效力可以分为若干种,一般包括确定力、拘束力、执行力。

1.确定力

主要是指具体行政行为不再争议、不得更改的效力,具体行政行为因此取得不可撤销性。一般而言,具体行政行为作出后都会有一个可争议期和可更改期。权益受到侵害的当事人可以利用行政复议、行政诉讼或者其他法定程序获得救济,行政主体也可以通过行政监督程序撤回已经生效却有法律缺陷的具体行政行为。但是出于稳定行政管理关系的需要,这一期限不可能无限延长,当法定的不可争议不可更改期限到来时,该具体行政行为也就取得了确定力,当然这是形式意义的确定力。

2.拘束力

是指具体行政行为一经生效,行政主体和对方当事人都必须遵守,其他国家机关和社会成员都必须予以尊重的效力。对于已经生效的具体行政行为,不但对方当事人应当接受并履行义务,作出具体行政行为的行政主体不得随意更改,而且其他国家机关也不得以相同的事实和理由再次受理和处理该同一案件,其他社会成员也不得对同一案件进行随意干预。

3.执行力

是指使用国家强制力迫使当事人履行义务或者以其他方式实现具体行政行为权利义务安排的效力。这是具体行政行为具有国家意志性的重要体现。理论上,具体行政行为发生拘束力后,有关当事人就应当积极主动地履行相关义务。如果当事人不能自动履行这些义务,具体行政行为所规定的权利和义务无法实现,具体行政行为的执行力就可以发生作用。有关机关可以根据法律的规定依据职权或者依申请采取措施,强制实现具体行政行为的权利义务安排。

四、具体行政行为的无效、撤销与废止

具体行政行为的无效、撤销和废止,是终止具体行政行为效力的重要原因。

(一)行政行为的无效

1.行政行为无效的条件

如果一个具体行政行为有着严重和明显的法律缺陷,这种违法达到一个有正常理智的普通人都可以明显看出的程度,那么它就是无效的具体行政行为。这种无效行为的构成原则表明,如果具体行政行为有着明显和严重的法律缺陷,那么应当首选考虑的是依法行政原则,对具体行政行为的确定力和行政法上的其他原则的考虑则处于次要地位。

通说认为,具有下列情形之一的行政行为是无效行政行为:①行政行为具有特别重大的违法情形或具有明显的违法情形;②行政主体不明确或明显超越相应行政主体职权的行政行为;③行政主体受胁迫作出的行政行为;④行政行为的实施将导致犯罪;⑤没有可能实施的行政行为。

同时,最高人民法院的司法解释认为有下列情形之一的行政行为,属于"重大且明显违法"的行政行为:一是行政行为实施主体不具有行政主体资格;二是减损权利或者增加义务的行政行为没有法律规范依据;三是行政行为的内容客观上不可能实施;四是其他重大且明显违法的情形。

2.行政行为无效的法律后果

总的来说,在实体法上,无效的具体行政行为自发布之时起就没有任何法律约束力,因此当事人不受它的拘束,其他国家机关和其他社会成员也可以不尊重它。当事人不履行它所规定的义务,不承担法律责任。因此,具体来说,无效行政行为将产生如下法律后果:

(1)行为相对人可在任何时候请求有权国家机关宣布该行为无效。

(2)有权国家机关可在任何时候宣布该行政行为无效。

(3)行政行为被宣布无效后,行政主体通过该行为从行政相对人处获得的一切均应返回行政相对人;所加予的一切义务均应取消;对行政相对人所造成的实际损失,均应赔偿。

(二)行政行为的撤销

1.行政行为的撤销条件

行政行为合法要件缺损,或者不适当,是其被撤销的条件。

2.行政行为撤销的法律后果

行政行为被撤销的,将产生如下法律后果:①被撤销的行政行为通常自撤销之日起失去法律效力,但也可追溯到该行政行为作出之日;②行政行为被撤销时给行政相对人造成的实际损失,应由行政主体予以赔偿;③如果行政行为的撤销是因为行政相对人的过错引起的,则行政相对人必须视具体情况承担相当的责任。

(三)行政行为的废止

1.行政行为废止的条件

行政行为的废止,又称行政行为的撤回。一般,存在如下情形之一时,有权的国家机关可以废止行政行为:①行政行为所依据的相应法律法规、规章、政策被依法修改、废止或撤销;②形势发生重大变化,原行政行为的继续存在将有碍社会政治、经济、文化的发展,甚至给国家和社会公共利益造成重大损失;③行政行为已完成原定目标、任务,实现了其历史使命。

2.行政行为废止的法律后果

一方面,被废止的行政行为自废止之日起失效;另一方面,行政行为的废止给行政相对人造成损失的,行政机关应当依法赔偿其损失。

第三节　具体行政行为的主要类型

一、行政许可

1.行政许可的概念

2003 年颁布的《中华人民共和国行政许可法》(下文简称《行政许可法》)第二条规定“行政许可是指行政机关根据公民、法人或者其他组织的申请,经依法审查,准予其从事特定活动的行为。”如:工商局颁发企业营业执照、专利局颁发专利权证书、商标局颁发商标权证书等,都是行政主体行使行政许可权的表现。

2.行政许可的特征

(1)行政许可是一种依申请的具体行政行为,不同于行政主体依职权主动赋予相对方权利或免除义务的行为。例如,根据《中华人民共和国食品安全法》第二十七条的规定,食品生产经营企业和食品摊贩,必须先取得卫生行政部门颁发的卫生许可证方可向工商行政管理部门申请登记。未取得卫生许可证的,不得从事食品生产经营活动。

(2)行政许可是一种要式行政行为。行政许可应当以书面形式作出,一般表现为向行政相对人颁发许可证、执照等形式。行政许可即便是当场作出的,也应当采用书面形式。

(3)行政许可是行政主体赋予行政相对人某种法律资格或法律权利的行为。公民、法人或者其他组织要从事特定活动,需要向相关行政主体申请才能取得行政许可。

3.行政许可的分类

依据不同的标准,可以对行政许可作出不同分类:以许可的范围为标准,分为一般许可和特殊许可;以许可的程度为标准,分为排他性许可和非排他性许可;以其能否单独适用为标准,分为独立的许可和附条件的许可;以是否附加履行义务为标准,分为权利性许可和附义务许可;以存续时间为标准,分为长期许可和附期限许可;以许可的内容为标准,分为行为许可和资格许可。

4.行政许可的设定

(1)可以设定行政许可的事项

根据《行政许可法》第十二条的规定,下列事项可以设定行政许可:①直接涉及国家安全、公共安全、经济宏观调控、生态环境保护以及直接关系人身健康、生命财产安全等特定活动,需要按照法定条件予以批准的事项;②有限自然资源开发利用、公共资源配置以及直接关系公共利益的特定行业的市场准入等,需要赋予特定权利的事项;③提供公众服务并且直接关系公共利益的职业、行业,需要确定具备特殊信誉、特殊条件或者特殊技能等资格、资质的事项;④直接关系公共安全、人身健康、生命财产安全的重要设备、设施、产品、物品,需要按照技术标准、技术规范,通过检验、检测、检疫等方式进行审定的事项;⑤企业或者其他组织的设立等,需要确定主体资格的事项;⑥法律、行政法规规定可以设定行政许可的其他事项。

同时,根据《行政许可法》第十三条的规定,前述事项通过下列方式能够予以规范的,可以不设行政许可:①公民、法人或者其他组织能够自主决定的;②市场竞争机制能够有效调节的;③行业组织或者中介机构能够自律管理的;④行政机关采用事后监督等其他行政管理方式能够解决的。

(2)行政许可的设定权限

《行政许可法》第十四条至第十七条对行政许可的设定权限作出明确规定,即:第一,行政许可可以由法律设定。第二,尚未制定法律的,行政法规也可以设定行政许可;必要时,国务院可以采用发布决定的方式设定行政许可。实施后,除临时性行政许可事项外,国务院应当及时提请全国人民代表大会及其常务委员会制定法律,或者自行制定行政法规。第三,尚未制定法律、行政法规的,地方性法规可以设定行政许可。第四,尚未制定法律、行政法规和地方性法规的,因行政管理的需要,确需立即实施行政许可的,省、自治区、直辖市人民政府规章可以设定临时性的行政许可。临时性的行政许可实施满一年需要继续实施的,应当提请本级人民代表大会及其常务委员会制定地方性法规。第五,除法律、行政法规、国务院决定、地方性法规、省级政府规章外,其他规范性文件一律不得设定行政许可。

(3)行政许可的设定程序

本质上,行政许可的设定行为是立法行为。法律、行政法规、国务院决定、地方性法规、省级政府规章拟设定行政许可的,其起草单位应当采取听证会、论证会等形式广泛地听取意见,并向制定机关说明设定该行政许可的必要性、对经济和社会产生的影响以及听取和采纳意见的情况。

5.行政许可的实施机关与实施程序

根据《行政许可法》的规定,可以实施行政许可的机关包括:具有行政许可权的行政机关;法律法规授权的具有管理公共事务职能的组织;以及接受行政机关委托的行政机关。另外,经国务院批准,省、自治区、直辖市人民政府根据精简、统一、效能的原则,可以决定一个行政机关行使有关行政机关的行政许可权。

行政许可的实施程序包括一般程序和特别程序。就一般程序而言,主要包括以下环节:

(1)申请:公民、法人或者其他组织从事特定活动,依法需要取得行政许可的,应当向行政机关提出申请。申请书需要采用格式文本的,行政机关应当向申请人提供行政许可申请书格式文本,并且不得收费。

(2)受理:行政机关对申请人提出的行政许可申请,应当按照不同情况分别作出处理:第一,申请事项依法不需要取得行政许可的,应当即时告知申请人不受理;第二,申请事项依法不属于本行政机关职权范围的,应当即时作出不予受理的决定,并告知申请人向有关行政机关申请;第三,申请材料存在可以当场更正的错误的,应当允许申请人当场更正;第四,申请材料不齐全或者不符合法定形式的,应当当场或者在5日内一次告知申请人需要补正的全部内容,逾期不告知的,自收到申请材料之日起即为受理;第五,申请事项属于本行政机关职权范围,申请材料齐全、符合法定形式,或者申请人按照本行政机关的要求提交全部补正申请材料的,应当受理行政许可申请。同时,行政机关受理或者不予受理行政许可申请,都应当出具加盖本行政机关专用印章和注明日期的书面凭证。

(3)审查与决定:行政机关应当对申请人提交的申请材料进行审查。进行审查时,发现行政许可事项直接关系他人重大利益的,应当告知该利害关系人。申请人、利害关系人有权进行陈述和申辩。行政机关应当听取申请人、利害关系人的意见。申请人的申请如果符合法定条件和标准的,行政机关应当依法作出准予行政许可的书面决定。行政机关依法作出不予行政许可的书面决定的,应当说明理由,并告知申请人享有依法申请行政复议或者提起行政诉讼的权利。

(4)作出行政许可的期限:除了可以当场作出行政许可决定的外,行政机关应当自受理行政许可申请之日起20日内作出行政许可决定。20日内不能作出决定的,经本行政机关负责人批准,可以延长10日,并应当将延长期限的理由告知申请人。但是,法律、法规另有规定的,依照其规定。行政许可如果采取统一办理或者联合办理、集中办理的,办理的时间不得超过45日;45日内不能办结的,经本级人民政府负责人批准,可以延长15日,并应当将延长期限的理由告知申请人。依法应当先经下级行政机关审查后报上级行政机关决定的行政许可,下级行政机关应当自其受理行政许可申请之日起20日内审查完毕。但是,法律、法规另有规定的,依照其规定。

二、行政征收

1.行政征收的概念与特征

行政征收有广义和狭义之分。狭义的行政征收,指行政主体凭借国家行政权,依法向行政相对人强制地、无偿地征集一定数额金钱或实物的行政行为。行政相对人的财产一经国家征收,其所有权就转为国家所有,成为国家财产的一部分,由国家支配和使用,以保证国家财政开支的需要。广义的行政征收,除包括狭义的行政征收外,还包括公益征收。本书仅关注狭义的行政征收。这类行政征收具有法定性、强制性、无偿性、先定性和固定性等特征。

2.行政征收的分类与主要内容

目前,我国的行政征收主要由税和费组成。因此,行政征收主要分为两大类,即行政征税和行政征费。

相应的,行政征收的主要内容有:①税收征收;②建设资金征收;③资源费征收;④排污费征收;⑤管理费征收;⑥滞纳金征收。

3.行政征收与行政征用的区别

行政征用,指行政主体为了公共利益的需要,依照法定程序强制征用行政相对人财产或劳务的一种具体行政行为。两者区别主要在于:

(1)从法律后果看,行政征收的后果是财产所有权从行政相对人转归国家;而行政征用的后果则是行政主体暂时取得了被征用财产的使用权,并不发生财产所有权的转移。

(2)从行为的标的看,行政征收的标的一般仅限于财产;而行政征用的标的除财产外,还可包括劳务。

(3)从能否取得补偿来看,行政征收是无偿的;而行政征用一般是有偿的,行政主体应当给予被征用方以相应的经济补偿。

三、行政处罚

1.行政处罚的概念

行政处罚,指行政主体为达到对违法者予以惩戒,促使其以后不再犯,以有效实施行政管理,维护公共利益和社会秩序,保护公民、法人或其他组织的合法权益的目的,依法对行政相对人违反行政法律规范但尚未构成犯罪的行为,给予法律制裁的行政行为。

1996 年 3 月 17 日,全国人民代表大会颁布了《中华人民共和国行政处罚法》(下文简称《行政处罚法》),对行政处罚的基本原则、种类、设定、实施机关、处罚程序等作了全面规定。

2.行政处罚的特征

行政处罚的特征主要有:①行政处罚的主体是行政机关或法律、法规授权的具有管理公共事务职能的组织,即行政主体;②行政处罚是对实施了违反行政法律规范行为的行政相对人的制裁;③行政处罚是对于违反行政法律规范尚未构成犯罪的行政相对人的制裁。

3.行政处罚的基本原则

(1)处罚法定原则,包括处罚的设定法定、处罚的主体法定、处罚的依据法定和处罚的程序法定等。

(2)处罚公开、公正的原则,即行政处罚的设定和实施必须以事实为依据,与违法行为的事实、性质、情节以及社会危害程度相当;对违法行为给予行政处罚的规定必须公布;未经公布的,不得作为行政处罚的依据。

(3)处罚与教育相结合的原则,即行政主体在实施行政处罚时,要注意说服教育,实现制裁与教育的双重功能。

(4)保障相对人权利的原则。该原则实质上是由保障行政相对人陈述权、申辩权和无救济便无处罚原则等构成。对行政处罚决定不服的,行政相对人可以依法申请行政复议或提起行政诉讼;因行政机关违法给予行政处罚受到损害的,有权依法提出赔偿要求。

(5)一事不再罚款原则,即针对行政相对人的同一个违法行为,不能给予两次以上的罚款,以保护行政相对人的合法权益。

4.行政处罚的种类和形式

(1)人身自由罚:主要指行政拘留。

(2)行为罚:主要形式有责令停产停业,暂扣或者吊销许可证、执照等。

(3)财产罚:主要形式有罚款、没收违法所得和非法财物。

(4)声誉罚:主要形式有警告、通报批评等。

5.行政处罚的作出程序

(1)简易程序

行政处罚的简易程序,也称当场处罚程序,是指行政机关或被授权的组织依法当场作出行政处罚决定时应当遵循的程序。

适用简易程序的条件是:违法事实确凿;有法定依据;较小数额罚款(对公民处以50元以下,对法人或者其他组织处以1000元以下罚款)或者警告的行政处罚。简易程序的基本步骤包括:表明身份;确认违法事实,说明处罚理由和依据;填写预定格式的行政处罚决定书;行政处罚决定书的交付与备案。

(2)一般程序

行政处罚的一般程序,又称普通程序,是行政处罚通常所应适用的程序。

一般程序的基本步骤包括:立案;调查取证;拟定处罚决定书;说明理由并告知

权利;听取当事人陈述和申辩;作出行政处罚决定;行政处罚决定书的送达。其中,行政机关作出责令停产停业、吊销许可证或者执照、较大数额罚款等行政处罚决定之前,应当告知当事人有要求举行听证的权利。当事人要求听证的,行政机关应当组织听证。

6.行政处罚的执行程序

行政处罚的执行程序,指有关国家机关保证行政处罚决定所确定的当事人的义务得以履行的程序。

行政处罚的执行程序的原则:①复议和诉讼不停止执行原则;②作出罚款决定的机关和收缴罚款的机构相分离的原则。作出行政处罚决定的行政机关及其执法人员不得自行收缴罚款。当事人应当自收到行政处罚决定书之日起15日内,到指定的银行缴纳罚款。银行应当收受罚款,并将罚款直接上缴国库。

不过,当场作出行政处罚决定,有下列情形之一的,执法人员可以当场收缴罚款:①依法给予20元以下的罚款的;②不当场收缴事后难以执行的。另外,在边远、水上、交通不便地区,行政机关及其执法人员依照一般程序作出罚款决定后,当事人向指定的银行缴纳罚款确有困难,经当事人提出,行政机关及其执法人员可以当场收缴罚款。行政机关及其执法人员当场收缴罚款的,必须向当事人出具省、自治区、直辖市财政部门统一制发的罚款收据;不出具财政部门统一制发的罚款收据的,当事人有权拒绝缴纳罚款。执法人员当场收缴的罚款,应当自收缴罚款之日起2日内,交至行政机关;在水上当场收缴的罚款,应当自抵岸之日起2日内交至行政机关;行政机关应当在2日内将罚款缴付指定的银行。

当事人逾期不履行行政处罚决定的,作出行政处罚决定的行政机关可以采取下列措施:①到期不缴纳罚款的,每日按罚款数额的3%加处罚款;②根据法律规定,将查封、扣押的财物拍卖或者将冻结的存款划拨抵缴罚款;③申请人民法院强制执行。

四、行政强制

1.行政强制的概念

行政强制由行政强制措施和行政强制执行构成。前者指行政主体在行政管理过程中,为制止违法行为、防止证据损毁、避免危害发生、控制危险扩大等情形,依法对公民的人身自由实施暂时性限制,或者对公民、法人或者其他组织的财物实施暂时性控制的行为;后者指行政主体或者行政主体申请人民法院,对不履行行政决定的公民、法人或者其他组织,依法强制履行义务的行为。

(1)行政强制措施的概念和特征

行政强制措施是指行政主体在行政管理过程中,为了制止违法行为、防止证据毁损、避免危害发生、控制危险扩大等情形,依法对公民的人身自由实施暂时性限制,或者对公民、法人或者其他组织的财物实施暂时性控制的行为。

行政强制性措施有以下几个特征:第一,预防性和制止性,行政措施的目的在于预防、制止和控制危害社会行为的发生或扩大;第二,临时性和中间性,行政强制措施常常是行政主体作出最终处理决定的前奏和准备;第三,主体只能是行政机关和经授权的组织。

(2)行政强制执行的概念和特征

行政强制执行是行政主体或由行政主体申请法院对不履行行政主体依法作出的行政决定中规定的义务的行政相对人,采取强制措施,强迫其履行义务,或达到与履行义务相同状态的行为。

行政强制执行具有以下几个特征:第一,行政强制执行的执行主体包括行政主体和人民法院。与实施行政强制措施的主体只能是行政机关和经授权的组织不同,行政强制执行的主体除了行政机关和经授权的组织外,还包括法院。第二,行政强制执行以公民、法人或者其他组织不履行行政行为所确定的义务为前提。公民、法人或者其他组织所负义务是生效行政行为确定的义务。如果公民,法人或者其他组织自动履行义务,则不产生强制执行的问题。行政强制执行只能是公民、法人或者其他组织不履行义务时才能进行。第三,行政强制执行的目的在于以强制的方式迫使当事人履行义务,或者达到与履行义务相同的状态,即实现行政行为所确定的义务内容。

2.行政强制的基本原则

行政强制的基本原则指的是贯穿于行政强制制度之中,体现行政法治的内在精神和理念,要求行政主体、公务员或者相关主体从事行政强制活动时必须坚持和遵循的基本要求。2011 年通过的《中华人民共和国行政强制法》(下文简称《行政强制法》)第四条至第八条分别确立了五项基本原则:

(1)行政强制法定原则

《行政强制法》第四条规定:“行政强制的设定和实施,应当依照法定的权限、范围和条件和程序。”该规定确立了行政强制法定原则,其包括设定法定和实施法定两个方面的内容。设定法定主要指行政强制的设定权由法律规定,它涉及行政机关限制、剥夺或其他影响公民、法人或者其他组织权利的正当性和权限问题。实施法定指的是由立法来设定行政强制,享有行政强制权的机关必须依照法律规定的权限、范围、条件和程序来行使该权力。

(2)行政强制适当原则

《行政强制法》第五条规定:“行政强制的设定和实施,应当适当。采用非强制手段可以达到行政管理目的的,不得设定和实施行政强制。”该规定所确立的行政强制适当原则,是行政强制至关重要的原则,对其理解直接关系到行政强制法的适用。而所谓行政强制中的“适当”原则,主要是指行政强制的设定和实施都应当保证行政强制手段与行政强制目的的关系的恰当与适中,即设定和实施的行政强制应当处于行政管理所必须,在有多种行政强制手段时可以采用损害最小的手段。

(3)教育和强制相结合原则

《行政强制法》第六条规定:“实施行政强制,应当坚持教育与强制相结合。”该规定确立了教育与强制相结合原则。

(4)不得谋利原则

不得谋利原则指的是行政机关及其工作人员应当始终坚持行政强制权的行使必须符合公共利益的要求,不得利用行政强制权为单位或者个人谋取利益。

(5)权利保障原则

《行政强制法》第八条规定:“公民、法人或者其他组织对行政机关实施行政强制,享有陈述权、申辩权;有权依法申请行政复议或者提起行政诉讼;因行政机关违法实施行政强制受到损害的,有权依法要求赔偿。公民、法人或者其他组织因为人民法院在强制执行中有违法行为或者扩大强制执行范围受到损害的,有权依法要求赔偿。”

3.行政强制的种类

(1)行政强制措施的种类

行政强制措施可以划分为不同的类别,《行政强制法》第九条对此作出了明确的规定:第一,限制人身自由;第二,查封场所、设施或者财物;第三,扣押财物;第四,冻结存款、汇款;第五,其他行政强制措施。

(2)行政强制执行的方式

行政强制执行的方式因为执行主体不同而有所不同。如果行政机关的具体行政行为需要申请法院执行,则由法院使用相应的强制方式强制当事人履行;如果行政机关有自行强制执行权,则由行政机关依法律规定的方式执行。具体来说,其主要包括以下三类:

第一,代履行。也可以称之为代执行,如当事人拒不履行的义务可由他人代为履行的义务时,行政机关请他人代为履行,并要求当事人承担相应费用的执行方式。

第二,执行罚。指当事人逾期不履行义务时,行政机关要求当事人承担一定的金钱给付义务,促使其履行义务的执行方式。

第三,直接强制。指行政机关直接对当事人人身或财产实施强制,迫使其履行义务或者实现与履行义务相同状态的执行方法,一般包括划拨存款、汇款、拍卖或者依法处理查封、扣押的场所、设施或者财物等。

《行政强制法》由第十一届全国人民代表大会常务委员会第二十一次会议于2011年6月30日通过,同日公布,自2012年1月1日起施行。该法对行政强制的基本原则、行政强制的种类和设定、行政强制措施的实施程序、行政主体强制执行的程序、行政主体申请人民法院强制执行的程序以及违法实施行政强制的法律责任等作出明确规定。

第四节 政府信息公开

2007 年 1 月国务院 165 次常务会议讨论通过了《中华人民共和国政府信息公开条例》(下文简称《政府信息公开条例》),并于 2008 年 5 月 1 日起正式施行。这是我国首部有关保护公众知情权的行政法规。《政府信息公开条例》的出台,对提高政府透明度,建立阳光政府,促进依法行政,充分发挥政府信息对人民群众生产、生活和经济社会活动的服务作用都产生了积极而深远的影响。

一、政府信息的概念

政府信息,是指行政机关掌握的与经济、社会管理和公共服务相关的,以纸质、胶卷、磁带、磁盘以及其他电子存储材料等载体反映的内容。根据《政府信息公开条例》第二条的规定:“本条例所称政府信息,是指行政机关在履行职责过程中制作或者获取的,以一定形式记录、保存的信息。”

一般来讲,政府信息必须同时符合三个条件:一是由行政机关掌握的信息;二是与经济、社会管理和公共服务相关的信息;三是由特定载体所反映的信息。

二、政府信息公开的意义

《政府信息公开条例》第一条规定:“为了保障公民、法人和其他组织依法获取政府信息,提高政府工作的透明度,促进依法行政,充分发挥政府信息对人民群众生产、生活和经济社会活动的服务作用,制定本条例。”《政府信息公开条例》是一部规范政府信息公开和利用行为、保障公民知情权的重要行政法规,是推行政务公开实践经验的系统总结。政府信息公开是推进社会主义民主、完善社会主义法制的重要举措,是进一步深化行政管理体制改革、加快政府职能转变的必然要求,是从源头预防和治理腐败的有效措施。

三、政府信息公开的主体

一是行政机关。公开政府信息,是行政机关的责任;获取政府信息,是公民的权利。《政府信息公开条例》规定,各级人民政府及其所属部门应当建立健全本行政机关的政府信息公开工作制度,并指定机构作为政府信息公开工作机构,负责本行政机关政府信息公开的日常工作。

二是法律、法规授权的具有管理公共事务职能的组织。地震局、气象局、银监会、证监会、保监会、电监会等单位虽然是事业单位,但依照有关法律、行政法规的授权,具有管理公共事务的职能,他们在履行公共管理职能的过程中制作或获取的信息也应该归入政府信息,这些单位也是政府信息公开的主体。

三是与群众利益密切相关的公共企事业单位。许多提供社会公共服务的公共企事业单位,如教育、医疗卫生、计划生育、供水、供电、供气、供热、环保、公共交通等行业,他们的工作与人民群众的生产生活密切相关,直接影响到社会稳定和群众对政府的评价,这部分企事业单位的运作,也应当纳入到人民群众的监督范围,因此也作为政府信息公开的主体。

四、主动公开的范围

行政机关应当主动公开符合下列基本要求之一的政府信息:一是涉及公民、法人或者其他组织切身利益的;二是需要社会公众广泛知晓或者参与的;三是反映本行政机关机构设置、职能、办事程序等情况的;四是其他依照法律、法规和国家有关规定应当主动公开的。

五、依申请公开制度

由于有相当部分政府信息只涉及特定的人和事,对特定公民、法人或者其他组织从事生产、安排生活、开展科研等活动具有特殊的影响。为了减少行政机关主动公开政府信息的行政成本支出,同时也保证公民、法人或者其他组织获取所需要各类政府信息,充分发挥政府信息对经济社会生活的服务作用,《政府信息公开条例》建立了依申请公开制度。

首先,《政府信息公开条例》明确了公民、法人或者其他组织可以根据自身生产、生活、科研等特殊需要,向行政机关申请获取相关政府信息。“可以”,实际上是对一种权利的确认,即公民、法人或者其他组织有向政府申请获得信息的权利。其次,《政府信息公开条例》对申请获取政府信息的程序进行了明确的规定。这些程序涉及申请、申请的处理、答复以及收费。《政府信息公开条例》对依申请公开制度进行了详细的规定,包括向政府提出信息申请应当采取书面形式;政府对信息申请的要求应当在 15 个工作日内给予答复;政府在处理信息申请时如涉及第三方,还应当征求第三方意见;政府在答复时,如遇到申请人有阅读困难或者视听障碍,还应当提供帮助。

六、不能公开的政府信息

强调政府信息公开并不意味着所有的政府信息都必须公开,这不是立法的本意,世界其他国家也没有这一先例。这就是说,有些信息是不能公开的。根据《政府信息公开条例》的规定,在我国不得公开的信息主要有三类:

一类是涉及国家安全、公共安全、经济安全和社会稳定的信息;

二类是涉及国家秘密、商业秘密、个人隐私的信息,未经权利人或者行政机关同意,不得公开;

三类是涉及国家外交、国防、社会管理等敏感信息,未经批准不得公开。

第五节　行政责任与行政赔偿

一、行政违法与行政责任

(一)行政违法

1.行政违法的概念

行政违法,指行政法律关系主体违反行政法律规范,侵犯受法律保护的行政法律关系,对社会造成一定程度的危害,但尚未构成犯罪的行为。

2.行政违法的构成要件

按照目前行政法学界的通说,判断一个行政行为是否违法,主要看其是否满足以下条件:

(1)行为主体必须是行政法律关系主体;

(2)行政法律关系主体具有相关的法定义务;

(3)行政法律关系主体具有不履行法定义务的行为;

(4)有的行政违法要具备主观要件。

3.行政违法的分类

根据行政法律关系的主体不同,行政违法可分为行政主体的违法和行政相对人的违法;根据行为的方式和状态不同,可分为作为行政违法和不作为行政违法;根据行为的内容和形式的不同,可分为实质性行政违法和形式性行政违法。

(二)行政责任

1.行政责任的概念

行政责任,指行政法律关系主体由于违反行政法律规范或不履行行政法律义务而依法应承担的行政法律后果。

2.行政责任的构成要件

(1)行政法律关系主体实施了违反行政法律义务的行为;

(2)行政法律关系主体主观上有过错;

(3)存在承担行政责任的法律依据。

3.行政责任的种类与方式

(1)行政主体承担行政责任的具体方式有:通报批评;赔礼道歉,承认错误;恢复名誉,消除影响;返还权益;恢复原状;停止违法行为;履行职务;撤销违法的行政行为;纠正不适当的行政行为;行政赔偿等。

(2)公务员承担行政责任的具体方式有:通报批评;行政赔偿等。

(3)行政相对人承担行政责任的具体方式有:承认错误,赔礼道歉;接受行政处罚;履行法定义务;恢复原状,返还财产;赔偿损失等。

二、行政赔偿

1.行政赔偿的概念

行政赔偿,指国家行政机关及其工作人员或法律、法规授权行使行政职权的组织在行使职权时,违法侵犯公民、法人或其他组织的合法权益并造成损害,国家负责向受害人赔偿的制度。

2.行政赔偿的特征

(1)行政赔偿是国家赔偿,赔偿义务机关是代表国家履行赔偿责任。

(2)赔偿范围与赔偿标准具有法定性。

(3)赔偿的途径具有多元性。受害人可以直接向行政赔偿义务机关提出赔偿请求,也可以通过行政复议、行政诉讼、行政赔偿诉讼等途径提出赔偿请求。

3.行政赔偿的归责原则

主要是违法归责原则,即国家只对违法行使职权的行为承担赔偿责任。对于合法行使职权造成的损害,国家不承担赔偿责任。

4.行政赔偿的范围

根据《中华人民共和国国家赔偿法》(下文简称《国家赔偿法》)的规定,国家对具体行政行为和违法行使职权的事实行为造成的损害予以赔偿,具体包括对侵犯人身权的行政赔偿和对侵犯财产权的行政赔偿。

同时,《国家赔偿法》第五条规定了国家不承担赔偿责任的三种情形,即:①行政机关工作人员与行使职权无关的个人行为致使损害发生的;②因公民、法人和其他组织自己的行为致使损害发生的;③法律规定的其他情形。

5.行政赔偿请求人和赔偿义务机关

(1)行政赔偿请求人

行政赔偿请求人,指因行政机关及其工作人员违法执行职务而遭受损害,有权请求国家予以赔偿的人。行政赔偿请求人既可以是公民,也可以是法人或其他组织。

行政赔偿中,受到行政侵权的公民、法人或者其他组织是行政赔偿请求人。受害人死亡的,其继承人和其他有扶养关系的亲属也可以成为行政赔偿请求人;受害的法人或其他组织终止的,承受其权利的法人或其他组织有权要求赔偿。

(2)行政赔偿义务机关

行政赔偿义务机关,指依法履行赔偿义务、接受赔偿请求、支付赔偿费用、参加赔偿诉讼程序的行政机关或被授权组织。

根据《国家赔偿法》的规定,行政赔偿义务机关可以分为以下六种情形:

①行政机关及其工作人员行使行政职权侵犯公民、法人和其他组织的合法权益造成损害的，该行政机关为赔偿义务机关。②两个以上行政机关共同行使行政职权时侵犯公民、法人和其他组织的合法权益造成损害的，共同行使行政职权的行政机关为共同赔偿义务机关。③法律、法规授权的组织在行使授予的行政权力时侵犯公民、法人和其他组织的合法权益造成损害的，被授权的组织为赔偿义务机关。④受行政机关委托的组织或者个人在行使受委托的行政权力时侵犯公民、法人和其他组织的合法权益造成损害的，委托的行政机关为赔偿义务机关。⑤行政赔偿义务机关被撤销的，继续行使其职权的行政机关为赔偿义务机关；如果没有继续行使其职权的行政机关，撤销该赔偿义务机关的行政机关为赔偿义务机关。⑥经行政复议后的案件，由最初作出具体行政行为的行政机关为赔偿义务机关。但是，复议机关的复议决定加重损害的，复议机关对加重的部分履行赔偿义务。

6.行政赔偿的程序

(1)行政赔偿的途径

《国家赔偿法》规定了两种行政赔偿途径：一是单独就赔偿问题向行政赔偿义务机关申请赔偿；二是在行政复议、行政诉讼中一并提起赔偿请求。

(2)行政赔偿义务机关的受案与处理

行政赔偿义务机关应当自收到受害人的赔偿申请书后，经审查认为赔偿申请符合条件的，应当通知请求人，并在 2 个月内作出处理决定。逾期不予赔偿或赔偿请求人对赔偿数额有异议的，赔偿请求人可自期间届满之日起 3 个月内向人民法院提起诉讼。

(3)行政赔偿诉讼

行政赔偿诉讼是特殊的诉讼形式。它是法院根据赔偿请求人的诉讼请求，依照行政诉讼程序和国家赔偿的基本原则裁判赔偿争议的活动。

行政赔偿诉讼与其他行政案件的区别在于：

第一，行政赔偿请求人不能直接向人民法院提起行政赔偿诉讼。

第二，行政赔偿诉讼中，原则上，当事人按“谁主张，谁举证”的原则分担举证责任。但是，赔偿义务机关采取行政拘留或者限制人身自由的强制措施期间，被限制人身自由的人死亡或者丧失行为能力的，赔偿义务机关的行为与被限制人身自由的人的死亡或者丧失行为能力是否存在因果关系，赔偿义务机关应当提供证据。

第三，行政赔偿诉讼可以适用调解。

第四，在行政赔偿诉讼中，法院不得向赔偿请求人收取任何费用。

7.行政赔偿方式和赔偿请求时效

行政赔偿方式是指国家承担行政赔偿责任的具体形式。《国家赔偿法》第二十五条规定了三种赔偿方式：①金钱赔偿。这是以货币形式支付赔偿金额的一种赔偿方式，也是行政赔偿的主要方式。②返还财产。这是行政机关将违法占有或控制的受害人的财产还给受害人的赔偿方式。③恢复原状。即,公民、法人或其他组织的财产因遭到违法分割或毁损以致破坏,若有恢复的可能,则由赔偿义务机关负责恢复原状。

行政赔偿请求人请求行政赔偿的时效为2年,自行政机关及其工作人员行使职权的行为被依法确认为违法之日起计算,但被羁押期间不计算在内。

第六节 行政复议

一、行政复议的概念和特点

1. 行政复议的概念

所谓行政复议,系指行政相对人(公民、法人和其他组织)认为行政主体的具体行政行为侵犯其合法权益,依法请求其上一级行政机关或其他法定行政机关依照法定程序,审查该具体行政行为是否合法、适当,并作出裁决的活动。

2.行政复议的特征

行政复议是对行政相对人的一种救济制度,属于行政司法的范畴。与其他行政行为相比,行政复议具有如下特征:

(1)行政复议所处理的是行政争议。所谓行政争议,主要是指行政主体在行政管理过程中因实施具体行政行为而与行政相对人发生的争议。这种争议的核心是该具体行政行为是否合法、适当。行政复议是专门为解决行政争议而设置的一种制度,因此,其具体制度、程序等都是根据行政争议的特点设计的。行政复议不解决民事争议,行政主体实施的解决民事争议的具体行政行为不是行政复议,而是行政调解或行政裁决。因此,区分行政争议与民事争议是区别行政复议和行政调解或行政裁决的重要前提。

(2)行政复议以具体行政行为为审查对象,并附带审查部分抽象行政行为。行政主体所作的行政行为可以分为具体行政行为和抽象行政行为,前者如行政处罚、行政许可等行为,后者如制定和发布行政法规、规章和其他规范性文件等。抽象行政行为通过具体行政行为对行政相对人的权利和义务产生影响,即当抽象行政行为成为具体行政行为的作出依据时,这种影响才具有法律意义。我国行政复议以具体行政行为为审查对象,附带审查抽象行政行为中的其他规范性文件,即不能审查行政法规和规章。行政相对人如认为行政法规、规章违法,可以通过其他法制监督途径解决。

(3)行政复议主要采用书面审查的方式,必要时也可以通过听证的方式审理。这一点显然不同于行政诉讼。书面审查的方式,是指行政复议机关通过审查双方提交的书面证据资料，认定案件的事实，判断法律适用的正确性，从而作出行政复议决定。如果案情比较复杂，行政复议机关也可以召集申请人和被申请人在指定的时间和地点，对案件事实的认定和法律适用等问题展开辩论，再由行政复议机关根据听证的结果作出行政复议决定。行政复议采用书面审查方式的目的，在于确保行政复议的行政效率。因此，行政复议程序并非简单地照搬行政诉讼程序。

二、行政复议的原则

行政复议的原则是在行政复议立法目的的指导下，遵循行政复议的基本规律设定的，是对行政复议具有高屋建瓴指导意义的基本行为准则。行政复议的原则不仅规范行政主体的行为，同时也规范行政相对人参与行政复议的行为。因此，行政复议的基本原则在行政复议法理论和实践中具有极为重要的法律意义。

1.合法原则

合法原则，指在行政复议过程中，无论是作出被申请复议的具体行政行为的行政主体，还是作为申请人的行政相对人，或者是主持裁决的行政复议机关，都应当遵守现行的有关行政复议的法律、法规和规章。当然，主持裁决的行政复议机关依法进行行政复议活动是合法原则的核心要求。合法原则的主要内容包括：主体合法、依据合法和程序合法。

2.公正原则

公正原则，指行政复议机关对被申请复议的具体行政行为不仅应当审查其合法性，而且还应当审查其合理性。现代行政权的核心是行政裁量权，通过行政法控制行政权的关键在于控制行政裁量权不被滥用。公正原则便是用来防止行政裁量权滥用的根本准则之一，它对行政复议机关提出如下要求：行政复议机关应当从合法性和合理性两个层面审查被申请复议的具体行政行为；行政复议机关应当查明所有与案件相关的事实，审查被申请人用于作出具体行政行为的证据是否合法取得，对事实的认定和案件的定性是否符合证据规则；行政复议机关应当正当、合理地行使复议裁量权。

3.公开原则

公开原则，指行政复议机关在行政复议过程中，除了涉及国家秘密、个人隐私和商业秘密外，整个过程应当向行政复议申请人和社会公开。公开原则是现代行政程序法上的一项基本原则。在行政复议过程中，确立公开原则是确保行政复议权合法、公正行使的基本条件，也是防止行政复议权滥用的最好手段。

4.及时原则

及时原则，指行政复议机关应当在法律规定的期限内，尽快完成行政复议案件的审查，并作出相应的决定。该原则要求行政复议机关严格遵守法定的期限，确保每个行政复议行为都能在法定的期限内完成，并敦促行政复议当事人遵守法定的期限。

5.便民原则

便民原则,指行政复议机关在行政复议程序中应当尽可能为行政复议当事人,尤其是为申请人提供必要的便利,从而确保当事人参加行政复议的目的的实现。因此,有关行政复议的规定应当尽可能地考虑为申请人提供复议的便利条件,同时,应当在法定范围内为当事人提供进行复议活动的便利条件。

三、行政复议的范围

1.可以申请行政复议的范围

按照《行政复议法》第六条的规定,有下列情形之一的,公民、法人或者其他组织可以依照本法申请行政复议:

(1)对行政机关作出的警告、罚款、没收违法所得、没收非法财物、责令停产停业、暂扣或者吊销许可证、暂扣或者吊销执照、行政拘留等行政处罚决定不服的;

(2)对行政机关作出的限制人身自由或者查封、扣押、冻结财产等行政强制措施决定不服的;

(3)对行政机关作出的有关许可证、执照、资质证、资格证等证书变更、中止、撤销的决定不服的;

(4)对行政机关作出的关于确认土地、矿藏、水流、森林、山岭、草原、荒地、滩涂、海域等自然资源的所有权或者使用权的决定不服的;

(5)认为行政机关侵犯合法的经营自主权的;

(6)认为行政机关变更或者废止农业承包合同,侵犯其合法权益的;

(7)认为行政机关违法集资、征收财物、摊派费用或者违法要求履行其他义务的;

(8)认为符合法定条件,申请行政机关颁发许可证、执照、资质证、资格证等证书,或者申请行政机关审批、登记有关事项,行政机关没有依法办理的;

(9)申请行政机关履行保护人身权利、财产权利、受教育权利的法定职责,行政机关没有依法履行的;

(10)申请行政机关依法发放抚恤金、社会保险金或者最低生活保障费,行政机关没有依法发放的;

(11)认为行政机关的其他具体行政行为侵犯其合法权益的。

2.可以附带申请行政复议的范围

根据《行政复议法》第七条的规定,公民、法人或者其他组织认为行政机关的具体行政行为所依据的下列规定不合法,在对具体行政行为申请行政复议时,可以一并向行政复议机关提出对该规定的审查申请。包括:

(1)国务院部门的规定;

(2)县级以上地方各级人民政府及其工作部门的规定;

(3)乡、镇人民政府的规定。

再次重申的是,对作为具体行政行为依据的行政法规和行政规章,公民、法人或者其他组织不能一并向行政复议机关提出审查申请。

3.不能申请行政复议的事项

根据《行政复议法》第八条的规定,不服行政机关作出的行政处分或其他人事处理决定,或者不服行政机关对民事纠纷作出的调解或者其他处理的,不能通过行政复议途径解决。

四、行政复议管辖

行政复议管辖,指行政复议机关受理复议申请的权限和分工,即某一行政争议发生后,应由哪一个行政机关来行使行政复议权。

根据《行政复议法》的规定,应当按照以下规则来确定行政复议的管辖机关:

(1)对县级以上地方各级人民政府工作部门的具体行政行为不服的,由申请人选择,可以向该部门的本级人民政府申请行政复议,也可以向上一级主管部门申请行政复议。不过,对海关、金融、国税、外汇管理等实行垂直领导的行政机关和国家安全机关的具体行政行为不服的,只能向上一级主管部门申请行政复议。

(2)对地方各级人民政府的具体行政行为不服的,向上一级地方人民政府申请行政复议。对省、自治区人民政府依法设立的派出机关所属的县级地方人民政府的具体行政行为不服的,向该派出机关申请行政复议。

(3)对国务院部门或者省、自治区、直辖市人民政府的具体行政行为不服的,向作出该具体行政行为的国务院部门或者省、自治区、直辖市人民政府申请行政复议。对行政复议决定不服的,可以向人民法院提起行政诉讼;也可以向国务院申请裁决。不过,国务院的裁决是最终裁决,行政相对人不能对其提起行政诉讼。

(4)对上述三项规定以外的其他行政机关、组织的具体行政行为不服的,按照下列规定申请行政复议:

①对县级以上地方人民政府依法设立的派出机关的具体行政行为不服的,向设立该派出机关的人民政府申请行政复议;

②对政府工作部门依法设立的派出机构依照法律、法规或者规章规定,以自己的名义作出的具体行政行为不服的,向设立该派出机构的部门或者该部门的本级地方人民政府申请行政复议;

③对法律、法规授权的组织的具体行政行为不服的,分别向直接管理该组织的地方人民政府、地方人民政府工作部门或者国务院部门申请行政复议;

④对两个或者两个以上行政机关以共同的名义作出的具体行政行为不服的,向其共同上一级行政机关申请行政复议;

⑤对被撤销的行政机关在撤销前所作出的具体行政行为不服的,向继续行使其

职权的行政机关的上一级行政机关申请行政复议。

前述五种情形中,申请人也可以向具体行政行为发生地的县级地方人民政府提出行政复议申请,由接受申请的县级地方人民政府将申请转送有关行政复议机关,并告知申请人。

五、行政复议程序

1.复议申请

(1)申请行政复议的期限

行政相对人申请行政复议的期限是自知道该具体行为之日起60日内,但是法律规定的申请期超过60日的除外。因不可抗力或其他正当理由耽误法定申请期限的,申请期限自障碍消除之日起继续计算。行政相对人申请行政机关履行法定职责,行政机关未履行的,行政复议申请期限依照下列规定计算:有履行期限规定的,自履行期限届满之日起计算;没有履行期限规定的,自行政机关收到申请满60日起计算。不过,行政相对人在紧急情况下请求行政机关履行保护人身权、财产权的法定职责,行政机关不履行的,行政复议申请期限不受前述规则的限制。

(2)申请行政复议的方式

行政相对人可以以书面形式申请行政复议,也可以以口头形式申请行政复议。以书面形式申请行政复议的,应当在行政复议申请书中载明下列事项:第一,申请人的基本情况,包括公民的姓名、性别、年龄、身份证号码、工作单位、住所、邮政编码;法人或者其他组织的名称、住所、邮政编码和法定代表人或者主要负责人的姓名、职务。第二,被申请人的名称。第三,行政复议请求、申请行政复议的主要事实和理由。第四,申请人的签名或者盖章。第五,申请行政复议的日期。行政相对人以口头形式申请行政复议的,行政复议机关负责法制工作的机构(下文简称行政复议机构)应当当场制作行政复议申请笔录交申请人核对,或者向申请人宣读,并由申请人签字确认。

2.行政复议的受理

行政复议机关应在收到申请后5日内进行审查。决定不予受理时应书面告知申请人;对不属于本机关受理的行政复议申请,应告知申请人向有关行政复议机关提出。受理日期自行政复议机构收到之日起计算。

复议申请人可自收到不予受理决定书之日起或者行政复议期满之日起15日内,依法向人民法院提起行政诉讼。

3.复议案件的审理

行政复议机构应当自受理之日起7日内,将复议申请书复印件发送被申请人,被申请人应在10日内作出书面答复,并提交相关材料。

在行政复议过程中，被申请人不得自行向申请人和其他有关组织或个人收集证据。

行政复议决定作出前，申请人经说明理由，可以撤回行政复议申请。

除法律规定的例外情况，行政复议期间具体行政行为不停止执行。

4.作出复议决定

行政复议机关应当自受理之日起 60 日内作出复议决定，但是法律规定的行政复议期限少于 60 日的除外。情况复杂，不能在规定期限内作出行政复议决定的，经行政复议机关的负责人批准，可以适当延长，并告知申请人和被申请人，但是延长期最多不超过 30 日。

行政复议决定的种类主要包括维持决定、履行决定、撤销决定、变更决定、赔偿决定、确认具体行政行为违法决定和驳回行政复议申请决定等。

第七章　诉讼法律制度

学习目的

三大诉讼是现代法治国家不可缺少的法治平台。用程序法导入实体法来治理现代国家，正被越来越多的人所认识和接受。三大诉讼法在我国的建立与完善，对我国现在和将来发展的意义无疑是巨大而深远的。

重点提示

了解诉讼的管辖；理解和理清不同诉讼法的程序、证据类型等；了解一审、二审、再审的程序适用。

第一节　民事诉讼法

一、民事诉讼法的概念和特点

1.民事诉讼的概念和特征

民事纠纷是指平等主体之间因财产关系、人身关系所涉及的民事权益而发生的争议。解决民事纠纷的主要制度有和解、诉讼外调解、仲裁和民事诉讼。与和解、诉讼外调解、仲裁等方式相比，民事诉讼具有如下特征：

第一，民事诉讼具有公权性。民事诉讼由法院代表国家行使审判权解决民事争议，是以司法方式解决平等主体之间的纠纷。法院是代表国家通过审判权这一公权力的行使来解决纠纷的，这既不同于群众自治组织性质的人民调解委员会以调解方式解决纠纷，也不同于由民间性质的仲裁委员会以仲裁方式解决纠纷。

第二，民事诉讼具有强制性。民事诉讼的强制性既表现在案件的受理上，又反映在裁判的执行上。和解、调解、仲裁等均建立在当事人自愿的基础上，而民事诉讼不同，只要原告的起诉符合法律规定，那么无论被告是否愿意，诉讼均会发生。

第三，民事诉讼具有严格程序。民事诉讼是依照法定程序进行的诉讼活动，无论是法院还是当事人和其他诉讼参与人,都需要按照民事诉讼法规定的程序实施诉讼行为,违反诉讼程序通常会引起一定的法律后果。

2.民事诉讼法的概念和特征

民事诉讼法,指规定人民法院和一切诉讼参与人在审理民事案件中所进行的各种诉讼活动,以及由此而产生的各种诉讼活动的法律规范的总和。民事诉讼法有广义和狭义之分,其中狭义的民事诉讼法专指民事诉讼法典,我国现行的民事诉讼法典是 1991 年 4 月 9 日颁布施行并经过 2007 年和 2012 年两次修正,于 2013 年 1 月 1 日起正式开始施行的《中华人民共和国民事诉讼法》(下文简称《民事诉讼法》)。广义的民事诉讼法则不仅包括民事诉讼法典,还包括宪法、其他法律法规中有关民事诉讼的规范,以及最高人民法院的司法解释等。

民事诉讼法主要具有以下特征:

第一,民事诉讼法是基本法。它属于基本法律,其效力仅低于宪法。

第二,民事诉讼法是部门法。它调整的是民事诉讼关系,是社会关系中具有独立特点的一类社会关系。

第三,民事诉讼法是程序法。从内容来看,其主要规定的是程序问题,因此属于程序法。

二、民事诉讼法的效力

民事诉讼法的效力,也称为民事诉讼法的适用范围,指民事诉讼法对事、对人,在什么时间、什么空间适用和发生作用。

1.对事的效力

人民法院依照民事诉讼法审理下列案件:

(1)民法、婚姻法、经济法等实体法律规范调整的公民之间、法人之间、公民和法人之间因财产关系和人身关系所发生的案件;

(2)劳动法规定由人民法院审理的案件;

(3)适用特别程序审理的选民资格案件和宣告公民失踪、死亡等非诉讼案件;

(4)按照督促程序解决的债务案件;

(5)按照公示催告程序解决的宣告票据和有关事项无效的案件。

2.对人的效力

凡在中华人民共和国领域内进行民事诉讼的人,包括中国公民、法人和其他组织,居住在我国领域内的外国人、无国籍人以及外国企业和组织等,都要适用我国的民事诉讼法。

3.空间效力

空间上的效力主要指的是民事诉讼法在哪些地方发生效力。根据《民事诉讼法》第四条的规定,民事诉讼法生效的空间是在我国领域内,包括我国的领土、领海和领空以及领土的延伸范围。

4.时间效力

时间上的效力是指民事诉讼法从什么时间开始生效。我国现行《民事诉讼法》生效的时间是2013年1月1日。无论是审理生效前受理的案件,还是审理生效后受理的案件,均应当适用新法。但是新法生效前已经受理案件适用旧法进行的程序依然有效。

三、民事诉讼法的基本原则

民事诉讼法的基本原则是指在民事诉讼过程中起指导作用的准则。它体现民事诉讼的精神实质,为法院的审判活动和诉讼参与人的诉讼活动指明了方向,概括性地提出了要求,因此对民事诉讼具有普遍的指导意义。综合《民事诉讼法》和相关的学术观点来看,民事诉讼法的原则主要包括两类,一类是根据宪法原则,结合人民法院组织法等有关规定制定的基本原则,这类原则不仅适用于民事诉讼法,也适用于行政诉讼法、刑事诉讼法等,因此也被称之为诉讼法的共有原则,如人民法院依法独立行使审判权原则;以事实为依据,以法律为准绳原则;诉讼当事人法律地位平等原则;使用本民族语言、文字进行诉讼的原则;辩论原则;检察监督原则等。另一类则是根据民事诉讼的特殊要求制定的基本原则,是民事诉讼法的特有原则,其主要包括以下几种:

1.当事人诉讼权利平等原则

我国《民事诉讼法》第八条规定:“民事诉讼当事人有平等的诉讼权利。人民法院审理民事案件,应当保障和便利当事人行使诉讼权利,对当事人在适用法律上一律平等。”法律规定的上述原则,可以概括为当事人平等原则。其具体包括:①双方当事人的诉讼地位平等;②人民法院平等地保障双方当事人行使诉讼权利;③对当事人在适用法律上一律平等。

2.同等原则和对等原则

我国《民事诉讼法》第五条第一款规定:“外国人、无国籍人、外国企业和组织在人民法院起诉、应诉,同中华人民共和国公民、法人或者其他组织具有同等的诉讼权利义务。”这一规定即确认了同等原则,也就是说上述主体享有同等的待遇。同时,《民事诉讼法》第五条第二款规定:“外国法院对中华人民共和国公民、法人和其他组织的民事诉讼权利加以限制的,中华人民共和国人民法院对该国公民、企业和组织的民事诉讼权利,实行对等原则。”该项规定确认了对等原则,即是维护国家主权的需要,同时也是保护我国公民、法人和其他组织合法权益的需要。

3.法院调解自愿和合法原则

我国《民事诉讼法》第九条规定:“人民法院审理民事案件,应当根据自愿和合法的原则进行调解;调解不成的,应当及时判决。”根据这一规定,人民法院审理民事案件时,要多做说服教育和疏导工作,促使双方达成协议,解决纠纷。

4.辩论原则

我国《民事诉讼法》第十二条规定:“人民法院审理民事案件时,当事人有权进行辩论。”民事诉讼当事人有权对争议的问题进行辩论。辩论原则是指在人民法院主持下,当事人有权就案件事实和争议问题,各自陈述自己的主张和根据,互相进行反驳和辩论,以维护自己的合法权益。

5.诚实信用原则

我国《民事诉讼法》第十三条第一款规定:“民事诉讼应当遵循诚实信用原则。”这是2012年修改的《民事诉讼法》新增的内容。其在民事诉讼中主要表现在当事人的诉讼行为上,具体包括:第一,当事人的真实陈述义务,要求当事人在诉讼中如实陈述案情;第二,促进诉讼义务,要求当事人在诉讼中不得迟延或者拖延诉讼行为;第三,禁止以欺骗防范形成不正当诉讼行为;第四,禁止滥用诉讼权利,要求当事人不得恶意或者无正当理由地行使诉讼权利,获得不当利法益。

6.处分原则

我国《民事诉讼法》第十三条第二款规定:“当事人有权在法律规定的范围内处分自己的民事权利和诉讼权利。”在民事诉讼中,当事人处分的权利分为两大类:一是对民事实体权利的处分;二是对民事诉讼权利的处分。

7.检察监督原则

我国《民事诉讼法》第十四条规定:“人民检察院有权对民事诉讼实行法律监督。”根据检察监督原则,人民检察院应当进行有效的监督,例如监督审判人员贪赃枉法、徇私舞弊等违法行为。民事案件中的原告和被告或者其他人对审判人员在审判中的不法行为,有权进行控告、检举,人民检察院应当履行法律监督的职责等。

四、民事诉讼的管辖

民事诉讼的管辖,指在人民法院系统内部,确定各级人民法院之间以及同级人民法院之间受理第一审民事案件的分工和权限。我国的法院有四级,除了最高人民法院外,每一级都有多个,因此需要对属于法院民事诉讼受案范围的纠纷做进一步划分,管辖制度就是通过这种方式来进行具体落实的。

民事诉讼的管辖可分为如下类别:

1.级别管辖

这是根据案件性质、繁简程度、影响范围,划分上下级人民法院之间受理第一审民事案件的分工和权限的管辖。根据《民事诉讼法》和最高人民法院有关司法解释的规定,基层人民法院管辖除由中级、高级和最高人民法院管辖外的其他民事案件;中级人民法院管辖重大涉外案件、本辖区内有重大影响的案件和最高人民法院确定由其管辖的案件;高级人民法院管辖本辖区内有重大影响的案件;最高人民法院管辖在全国有重大影响的案件和认为应当由本院审理的案件。

2.地域管辖

这是按照人民法院的辖区和民事案件的隶属关系所划分的诉讼管辖,是确定同级人民法院之间在各自的辖区内受理第一审民事案件的分工和权限。地域管辖分为普通管辖、特别管辖、协议管辖、专属管辖和共同管辖。

(1)普通管辖。是指按照当事人所在地与人民法院辖区的隶属关系所确定的管辖。

(2)特别管辖。是指以诉讼标的特殊性与特定管辖法院的必要性所确定的管辖。特别管辖有:因合同纠纷提起的诉讼,由被告住所地或者合同履行地人民法院管辖;因保险合同纠纷提起的诉讼,由被告住所地或者保险标的物所在地人民法院管辖;因票据纠纷提起的诉讼,由票据支付地或者被告住所地人民法院管辖;因铁路、公路、水上、航空运输和联合运输合同纠纷提起的诉讼,由运输始发地、目的地或者被告住所地人民法院管辖;因侵权行为纠纷提起的诉讼,由侵权行为地或者被告住所地人民法院管辖;因铁路、公路、水上和航空事故请求损害赔偿提起的诉讼,由事故发生地或者车辆、船舶最先到达地、航空器最先降落地或者被告住所地法院管辖;因船舶碰撞或者其他海事损害事故请求损害赔偿提起的诉讼,由碰撞发生地、碰撞船舶最先到达地、加害船舶被扣留地或者被告住所地法院管辖;因海难救助费用提起的诉讼,由救助地或者被救助船舶最先到达地法院管辖;因共同海损提起的诉讼,由船舶最先到达地、共同海损理算地或者航程终止地法院管辖。

(3)协议管辖。协议管辖是由双方当事人约定诉讼的管辖法院,故又称为约定管辖和合议管辖。《民事诉讼法》第三十四条规定:"合同或者其他财产权益纠纷的当事人可以书面协议选择被告住所地、合同履行地、合同签订地、原告住所地、标的物所在地等与争议有实际联系的地点的人民法院管辖,但不得违反本法对级别管辖和专属管辖的规定。"

(4)专属管辖。是指特定的案件专属于特定法院管辖。包括:因不动产纠纷提起的诉讼,由不动产所在地人民法院管辖;因港口作业中发生纠纷提起的诉讼,由港口所在地人民法院管辖;因继承遗产纠纷提起的诉讼,由被继承人死亡时住所地或者主要遗产所在地人民法院管辖。

(5)共同管辖。是指对同一诉讼依照法律规定,两个或者两个以上人民法院都有管辖权的诉讼,原告可以向其中一个人民法院起诉;原告向两个以上有管辖权的人民法院起诉的,由最先立案的人民法院管辖。尽管共同管辖的存在是当事人选择管辖的前提,但是法律规定共同管辖和选择管辖的实质在于把管辖选择权赋予当事人。

五、民事诉讼参加人

按照《民事诉讼法》的规定，诉讼参加人分为两种：一是当事人，包括原告和被告、共同诉讼人、诉讼代表人和第三人；二是诉讼代理人。

1.当事人

民事诉讼中的当事人，是指因民事上的权利义务关系发生纠纷，以自己的名义进行诉讼，并受人民法院裁判拘束的利害关系人。当事人有三个特点：①以自己的名义进行诉讼；②与案件有直接的利害关系；③受人民法院裁判的拘束。

2.共同诉讼人

当事人一方或双方为二人以上的诉讼，称为共同诉讼。原告为二人以上的，称为共同原告；被告为二人以上的，称为共同被告。共同原告和共同被告统称为共同诉讼人。共同诉讼人分为必要的共同诉讼人和普通的共同诉讼人。

3.诉讼代表人

即群体诉讼中人数众多的当事人的代表人，分为人数确定的诉讼代表人和人数不确定的诉讼代表人。所谓群体诉讼，是指当事人一方或者双方人数众多，由该群体中的一人或者数人代表群体起诉或应诉，法院所作判决对该群体所有成员均有约束力的诉讼。

4.第三人

第三人是指对他人之间的诉讼标的有独立的请求权，或者虽无独立的请求权，但案件的处理结果与其有法律上的利害关系因而参加到他人之间已经开始的民事诉讼中去，以维护自己合法权益的人。第三人分为有独立请求权的第三人和无独立请求权的第三人。有独立请求权的第三人在诉讼中的地位相当于原告，以起诉方式参加诉讼；无独立请求权的第三人可以申请参加诉讼，或者由法院通知参加诉讼。

5.诉讼代理人

无诉讼行为能力人由他的监护人作为法定代理人代为诉讼。法定代理人之间互相推诿代理责任的，由人民法院指定其中一人代为诉讼。

当事人、法定代理人可以委托一至二人作为诉讼代理人。委托他人代为诉讼，必须向人民法院提交由委托人签名或者盖章的授权委托书。授权委托书必须记明委托事项和权限。诉讼代理人代为承认、放弃、变更诉讼请求，进行和解，提起反诉或者上诉，必须有委托人的特别授权。

诉讼代理人的权限如果变更或者解除，当事人应当书面告知人民法院，并由人民法院通知对方当事人。离婚案件有诉讼代理人的，本人除不能表达意思的以外，仍应出庭；确因特殊情况无法出庭的，必须向人民法院提交书面意见。

六、民事诉讼证据

1.民事诉讼证据的概念和特征

民事诉讼证据，是指能够证明民事案件真实情况的客观事实。民事诉讼证据不仅是当事人证明自己主张的证据材料，也是法院认定争议的案件事实、作出裁决的根据，只有经过质证和认证的证据，才能作为认定案件事实和裁判的根据。

民事诉讼证据主要具有以下特征：

(1)客观性。即民事证据必须是客观存在的事实，在民事案件中，它是民事法律关系产生、发展、变化的客观记录，真实地表现民事法律关系以及纠纷发生和变化的过程。

(2)关联性。即民事证据必须与待证的案件事实有内在的联系。这种内在的联系具体表现为，证据应当是能够证明待证的案件事实的全部或一部的客观事实。

(3)合法性。包括两个方面的要求，一是证据应当按照法定要求取得，以法律禁止的手段取得的事实材料不可以作为民事诉讼证据；二是实体法要求某些法律行为必须采用法定形式的，作为证明这些法律行为的事实材料就应当具备相应的法定形式。

2.民事诉讼证据的分类

证据的种类，主要是指法律根据证据的外在表现形式和对待证事实的证明作用而对证据所划分的类别。《民事诉讼法》将民事诉讼的证据分为以下几类：

(1)书证、物证

书证、物证是以物品或者文字为表现形式的实物证据。物证是用于犯罪或与犯罪相关联的，能够证明犯罪行为和有关犯罪情节的物品或痕迹，如作案工具、赃款赃物、血迹、指纹、脚印等。书证是能够证明案件真实情况的文件或其他文字材料，如毒品犯罪分子进行联络的往来书信；贪污犯罪分子涂改的单据、账本等。物证的特点是，不具有任何主观的东西，而只以其客观存在来证明案件的事实。对物证必须妥善地加以保管，以保持物证的原有的形态。如果不能保持原来形态或者物证有可能灭失的，人民法院必须采取措施予以保全。

(2)证人证言

证人证言是知道案件真实情况的人，就其所了解的案件情况，向司法机关或有关人员作的陈述。《民事诉讼法》规定，凡是知道案件情况的人，都有义务出庭作证。

(3)当事人的陈述

当事人的陈述是指当事人在诉讼活动中就案件真实情况向司法机关及其工作人员所作的叙述。

(4)视听资料

视听资料是指能够作为证据的录音资料和录像资料。这是一种被固定、被保全的证据。它比较可靠,更接近于真实情况。但是视听资料必须经过审查,才能认定作为证据。

(5)电子数据

电子数据是指随着计算机及互联网的发展,在计算机或计算机系统运行过程中因电子化数据交换等产生的证明案件事实的信息,包括通过电子邮件、电子数据交换域名等形成或存储在电子介质中的信息。

(6)鉴定意见

鉴定意见是鉴定人运用自己具有的专门知识对案件中专门性问题所进行的分析、鉴别和判断。它是一种独立的证据。如法医鉴定、指纹鉴定、笔迹鉴定、化学物品鉴定、精神病鉴定等。

(7)勘验笔录

勘验是指人民法院为了解案件的事实,根据当事人的申请或依职权对事实发生的现场或者物品进行勘验、检查。勘验时应当保护他人的隐私和尊严。勘验应当制作笔录,勘验笔录是对客观事实的反映,能够证明案件的真实情况,是一种独立的证据。

3.举证责任的分担

举证责任有两个基本含义:一是指谁主张就由谁提供证据加以证明,即行为意义上的举证责任;二是指不履行举证责任的义务,应当承担的法律后果,即结果意义上的举证责任。

民事诉讼中,举证责任分担的一般规则为当事人"谁主张、谁举证"。在法律特别规定的情况下,实行举证责任的倒置,即原告提出的主张不由其提供证据加以说明,而由被告承担举证责任。目前,下列六种情况实行举证责任的倒置:一是因产品制造方法发明专利引起的专利侵权诉讼;二是因高度危险作业致人损害的侵权诉讼;三是因环境污染引起的损害赔偿诉讼;四是因建筑物或者其他设施以及建筑物上的搁置物、悬挂物发生倒塌、脱落、坠落致人损害的侵权诉讼;五是因饲养动物致人损害的侵权诉讼;六是法律规定被告承担举证责任的其他情形。人民法院虽然不承担举证责任,但在两种情况下应当调查收集证据:一是当事人及其诉讼代理人因客观原因不能自行收集证据;二是人民法院认为审理案件需要的证据。

4.举证责任的免除

在以下情形中,免除当事人的举证责任:

(1)一方当事人对另一方当事人陈述的案件事实和提出的诉讼请求,明确表示承认的;

(2)众所周知的事实和自然规律及定理;

(3)根据法律规定或已知的事实和日常生活经验法则,能推导出的另一事实;

(4)已为法院发生法律效力的裁判所确认的事实;

(5)已为有效公证书所证明的事实;

(6)已为仲裁机构生效裁决所确认的事实。

七、财产保全和先予执行

1.财产保全

财产保全,是指为及时有效地保护利害关系人或者当事人的合法权益,人民法院在诉讼前或者作出判决前,根据利害关系人、当事人的申请,或者主动依据职权,采取的限制有关财产处分或者转移的强制性措施。保全制度的意义主要在于维护利害关系人和当事人的合法权益,保证法院裁判能够得到真正的实现,避免损害的扩大。

财产保全分为诉讼财产保全和诉前财产保全。财产保全限于利害关系人、当事人请求的范围或与本案有关的财物。财产保全的措施有查封、扣押、冻结以及法律规定的其他方法。

2.先予执行

先予执行,是指人民法院在审理民事案件中,因当事人一方生产或生活上的急需,在作出判决前,裁定一方当事人给付另一方当事人一定的财物,或者立即实施或停止某种行为,并立即执行的措施。

人民法院裁定先予执行须具备以下条件:①当事人提出申请;②当事人之间权利义务关系明确,不先予执行将严重影响申请人的生活或者生产经营;③被申请人有履行能力。

申请先予执行的案件包括:①追索赡养费、扶养费、抚育费、抚恤金、医疗费用的案件;②追索劳动报酬的案件;③因情况紧急需要先予执行的案件。

八、一审程序

民事诉讼的一审程序分为普通程序和简易程序。

(一)普通程序

1.普通程序的概念和特点

普通程序是人民法院审理第一审民事案件通常适用的程序。

普通程序具有如下特点:①普通程序具有相对完整性;②普通程序具有相对独立性;③普通程序具有广泛适用性;④普通程序的适用具有排他性。

2.起诉和受理

起诉是原告向人民法院起诉,请求司法保护的诉讼行为。起诉应具备如下条件:①原告是与本案有直接利害关系的公民、法人和其他组织;②有明确的被告;③有具体的诉讼请求和事实、理由;④属于人民法院受理民事案件的范围和受诉人民法院管辖。

受理是人民法院对原告的起诉进行审查后,认为符合法律规定的起诉条件,决定立案审理的诉讼行为。起诉一经人民法院受理,民事诉讼程序即正式开始,民事诉讼法律关系得以发生,各民事诉讼法律关系主体将依法进行诉讼活动。

3.审理前的准备

这是指人民法院在对起诉进行审查,决定立案受理后至开庭审理前,为开庭的顺利进行和案件的正确、及时处理所进行的一系列活动。主要包括以下四种活动:①发送起诉状副本和答辩状副本;②告知当事人诉讼权利和合议庭组成人员;③认真审核材料,调查收集必要的证据;④更换和追加当事人。

4.开庭审理

这是指在审判人员的主持下,在当事人及其他诉讼参与人的参加下,人民法院依照法定程序对案件进行审理的活动。开庭审理分为四个既互相独立又互相联系的阶段:①预备阶段;②法庭调查阶段;③法庭辩论阶段;④评议和审判阶段。

5.宣告判决

人民法院对公开审理或者不公开审理的案件,一律公开宣告判决。当庭宣判的,应当在10日内发送判决书;定期宣判的,宣判后立即发给判决书。宣告判决时,必须告知当事人上诉权利、上诉期限和上诉的法院。宣告离婚判决,必须告知当事人在判决发生法律效力前不得另行结婚。

6.审理期限

人民法院适用普通程序审理的案件,应当在立案之日起6个月内审结。有特殊情况需要延长的,由本院院长批准,可以延长6个月;还需要延长的,报请上级人民法院批准。

(二)简易程序

1.简易程序的概念

简易程序,即简化了的普通程序,是基层人民法院及其派出法庭审理简单的民事案件所适用的程序。

2.简易程序的适用范围

简易程序的适用范围包含两层含义:一是可以适用简易程序的人民法院的范围,二是可以适用简易程序的民事案件的范围。

目前,根据《民事诉讼法》的规定,一方面,只有基层人民法院及其派出法庭可以适用简易程序审理民事案件。另一方面,简易程序适用于以下两类民事案件:①事实清楚、权利义务关系明确、争议不大的简单的民事案件;②当事人双方约定适用简易程序的其他民事案件。

3.简易程序的简易表现

与普通程序相比,简易程序的简易之处主要表现在:

(1)对简单的民事案件,原告可以口头起诉。

(2)当事人双方可以同时到基层人民法院或其派出的法庭,请求解决纠纷。基层人民法院或者它派出的法庭可以当即审理,也可以另定日期审理。

(3)在保障当事人陈述意见的权利的前提之下,基层人民法院和它派出的法庭可以用简便方式传唤当事人和证人、送达诉讼文书、审理案件。

(4)简单的民事案件由审判员一人独任审理。

(5)人民法院适用简易程序审理案件,应当在立案之日起 3 个月内审结。而且,基层人民法院和它派出的法庭审理简单的民事案件时,标的额为各省、自治区、直辖市上年度就业人员年平均工资 30%以下的,实行一审终审。

4.简易程序的价值

简易程序在起诉方式、传唤方式以及开庭审理等方面比普通程序简便易行,极大地方便了当事人进行诉讼。同时,快速、及时审结案件,可以减少当事人的讼累,提高办案效率,节省诉讼成本,并为人民法院集中力量审理好复杂、重大的民事案件腾出必要的时间和精力。

5.简易程序的转换

人民法院在审理过程中,发现案件不宜适用简易程序的,应当裁定转为普通程序。

九、二审程序和再审程序

(一)二审程序

1.二审程序的概念

二审程序又称为上诉审程序,是指上级人民法院根据当事人的上诉,对下一级人民法院未发生法律效力的判决、裁定进行审理和裁判的程序。

2.当事人上诉的条件

当事人提出上诉,必须符合下列条件:①必须是对法律规定可以提起上诉的裁判提出上诉;②上诉人和被上诉人必须是一审程序的当事人;③必须在法定期间内提起上诉;④必须提交上诉状。

3.二审程序的裁判类型

根据不同情况,人民法院对二审案件分别作出如下处理:①原判决、裁定认定事实清楚,适用法律正确的,以判决、裁定方式驳回上诉,维持原判决、裁定;②原判决、裁定认定事实错误或者适用法律错误的,以判决、裁定方式依法改判、撤销或者变更;③原判决认定基本事实不清的,裁定撤销原判决,发回原审人民法院重审,或者查清事实后改判;④原判决遗漏当事人或者违法缺席判决等严重违反法定程序的,裁定撤销原判决,发回原审人民法院重审。

(二)再审程序

1.再审程序的概念

再审程序,是指因法定机关对生效判决提出再审,或者当事人行使申诉权,申请再审,由再审法院再行审理的程序。

再审可以由人民法院、人民检察院和当事人依照审判监督程序提起。

2.再审程序与二审程序的区别

再审程序与二审程序的区别表现在五个方面:①审理对象不同;②提起的主体不同;③提起的期限不同;④提起的理由不同;⑤审理的法院不同。

十、执行程序

执行程序是人民法院的执行组织依照法律规定,对生效法律文书确定的内容,运用国家的强制力,依法采取执行措施,强制负有义务的当事人履行义务时所遵循的程序。

1.执行程序的启动条件

人民法院启动执行程序,必须符合如下条件:①民事执行必须要有根据;②民事执行的根据必须具有给付内容;③作为民事执行根据的法律文书,已经发生法律效力;④当事人推托或拒绝履行生效法律文书确定的义务。

2.执行根据

以下法律文书可以作为民事执行的根据:①人民法院制作的具有执行内容的法律文书,其中包括民事判决、裁定、调解书和支付令,刑事裁判中的财产部分;②其他机关制作的由人民法院执行的法律文书,包括公证机关依法赋予强制执行效力的债权文书,仲裁机构制作的依法由人民法院执行的仲裁裁决;③人民法院制作的承认并执行外国法院判决、裁定或者外国仲裁机构的裁决书。

3.执行措施

这是指法院强制义务人履行生效法律文书所规定义务的方法和手段,包括:①查询、冻结、划拨被执行人的存款;②扣留、提取被执行人的收入;③查封、扣押、冻结、拍卖、变卖被执行人的财产;④搜查被执行人的财产;⑤强制被执行人交付法律文书确定的财物或者票证;⑥强制被执行人迁出房屋或者退出土地;⑦强制执行法律文书确定的行为;⑧办理产权证照转移手续;⑨强制被执行人支付迟延履行金或迟延履行期间的债务利息。

4.执行中止与执行终结

执行中止,是指在执行过程中,因发生特殊情况,需要暂时停止执行程序,待特殊情况消失后,恢复执行程序。

执行终结,是指在执行过程中,由于出现某些特殊情况,执行工作无法继续进行或者没有必要继续进行时,结束执行程序。

5.执行和解和执行回转

执行和解,是指在执行过程中,由双方当事人自愿协商,互相谅解,达成协议,以解决争议,从而结束执行程序。

执行回转,是指在执行完毕后,将执行结果再回转过来,由当事人自动地或由执行人员采取措施,恢复到执行开始前的状态。

第二节 刑事诉讼法

一、刑事诉讼法的概念和目的

1.刑事诉讼与刑事诉讼法的概念

刑事诉讼是诉讼的一种,指国家专门机关在当事人及其他诉讼参与人的参加下,依照法律规定的程序,为解决被刑事追诉人的刑事责任问题而进行的专门活动。

刑事诉讼法,是指国家制定或认可的调整刑事诉讼活动的法律规范的总称。它调整的对象是公、检、法机关在当事人和其他诉讼参与人的参加下,揭露、证实、惩罚犯罪的活动。刑事诉讼法具有广义和狭义之分,其中狭义的刑事诉讼法仅指刑事诉讼法典。广义的刑事诉讼法指的是一切有关刑事诉讼的法律规范。

2.刑事诉讼法的目的

根据《刑事诉讼法》第一条的规定,刑事诉讼法的目的在于:①保证刑法的正确实施;②惩罚犯罪,保护人民;③保障国家安全和社会公共安全,维护社会主义社会秩序。

刑事诉讼法与其他法律一样,总体目标是维护社会秩序、自由、公平。为了发挥刑事诉讼法的应有功能,人类在不断总结经验的基础上形成了某些共识。包括对于刑事诉讼基本特征的理解,以及对刑事诉讼法的制定和解释所要遵循的基本规则。实践表明,如果对刑事诉讼本身缺乏正确的理解和认识,那么刑事诉讼法就无法发挥实现社会秩序、自由和公平的功能。

3.刑事诉讼法的任务

根据《刑事诉讼法》第二条的规定,对于刑事诉讼法的目的可以从三个方面理解:

(1)保证准确、及时地查明犯罪事实,正确应用法律,惩罚犯罪分子,保障无罪的人不受刑事追究。这是刑事诉讼法的直接任务。查明犯罪事实,是整个刑事诉讼的基础,在查明犯罪事实的基础上,还必须正确应用法律。“法律”包括刑法、刑事诉讼法以及办理案件需要适用的其他法律。准确查明事实,正确应用法律,是指对案件事实的认定和对犯罪人的行为定性应准确,并根据犯罪的具体情况适用刑法。此外,查明犯罪事实不仅要准确,还要及时。及时性是刑事司法效率价值的具体体现,通过保证刑事程序的迅速进行，一方面可以尽快解脱无辜者以及依法不应追究的犯罪嫌疑人、被告人，另一方面可以为达到适用刑罚的预期效果提供基本保障。

(2)教育公民自觉遵守法律，积极同犯罪行为作斗争。这是刑事诉讼法的重要任务。

(3)维护社会主义法制，尊重和保障人权，保护公民人身权利、财产权利、民主权利和其他权利，保障社会主义建设事业的顺利进行。这是刑事诉讼法的根本任务。维护社会主义法制就是维护社会主义法制的尊严，做到“有法必依，执法必严，违法必究”。

4.刑事诉讼法与刑法的关系

刑事诉讼法与刑法的根本区别在于，刑法是实体法，关注的是犯罪与刑罚问题；刑事诉讼法是程序法，关注的是追诉犯罪的程序，特别是追诉机关、审判机关的权力范围、当事人以及诉讼参与人的诉讼权利以及相互的法律关系。

刑事诉讼法与刑法的联系表现在两个方面：一是两者有共同的目的，即惩罚犯罪、保障人权、维护社会秩序和限制国家公权力；二是刑事诉讼法能够保障刑法的实施。不过，需要注意的是，刑事诉讼法还有其独立的价值。其价值主要体现在：第一，通过明确对刑事案件行使侦查权、起诉权、审判权的专门机关，为查明案件事实、适用刑事实体法提供了组织上的保障；第二，刑事诉讼法通过明确行使侦查权、起诉权、审判权主体的权力与职责及诉讼参与人的权力与义务，为查明案件事实及适用刑事实体法的活动提供了基本架构，同时，由于有明确的活动方式和程序，也为刑事实体法适用的有序性提供了保障；第三，规定了收集证据的方法与运用证据的规则，既为获取证据、明确案件事实提供了手段，又为收集证据、运用证据提供了程序规范；第四，关于规范系统的设计，可以在相当程度上避免、减少案件实体上的误差；第五，针对不同案件或不同情况设计不同的具有针对性的程序，使得案件处理简繁有别，保证处理案件的效率。

二、刑事诉讼的基本原则

1.刑事诉讼的基本原则的概念特点

刑事诉讼的基本原则，是指由刑事诉讼法所规定的，贯穿刑事诉讼的全过程或主要诉讼阶段，对刑事诉讼具有指导作用，在刑事诉讼立法和司法中应当遵循的基本准则。

刑事诉讼的基本原则，一般具有以下特点：

(1)体现刑事诉讼活动的基本规律。这些基本法律准则有着深厚的法律理论基础和丰富的思想内涵。例如，未经人民法院依法判决，对任何人都不得确定有罪原则，要求确定被告人有罪的权力由人民法院统一行使，其他任何机关、团体和个人都无法行使。这一原则所体现的理念和内涵为法治国家所普遍采纳，也体现了刑事审判活动的基本规律。

(2)必须由法律明确规定。刑事诉讼原则可以由法律明文规定,包括宪法或者宪法性文件,刑事诉讼法及其他法律、联合国文件、某些区域性组织的文件等,也可以体现于刑事诉讼法的指导思想、目的和任务之中。刑事诉讼的基本原则必须由法律作出明确规定。

(3)一般贯穿于刑事诉讼全过程或者主要诉讼阶段,具有普遍的指导性意义。刑事诉讼的基本原则是规范和调整整个刑事诉讼程序的原则,适用于刑事诉讼的各个阶段或者主要阶段,国家专门机关及其工作人员以及各诉讼参与人都应当遵守。

(4)具有法律约束力。基本原则虽然较为抽象和概括,但各项具体的诉讼制度和程序都必须与之相符合。而且,在具体诉讼制度没有作出详细规定的时候,可以直接适用刑事诉讼的基本原则,即刑事诉讼原则具有弥补法律规定不足和填补法律漏洞的功能。

2.刑事诉讼的基本原则

刑事诉讼法规定的基本原则主要包括两大类:一类是一般原则,即刑事诉讼和其他性质的诉讼必须共同遵守的原则,如以事实为根据,以法律为准绳原则;公民在法律面前一律平等原则;各民族公民有权使用本民族语言文字进行诉讼原则;审判公开原则;保障诉讼参与人的诉讼权利原则等。另外一类是刑事诉讼独有的原则,以下试作简要分析:

(1)侦查权、检察权、审判权由专门机关依法行使

《刑事诉讼法》第三条第一款规定:“对刑事案件的侦查、拘留、执行逮捕、预审,由公安机关负责。检察、批准逮捕、检察机关直接受理案件的侦查、提起公诉,由人民检察院负责。审判由人民法院负责。除法律特别规定的以外,其他任何机关、团体和个人都无权行使这些权力。”

(2)严格遵守法律程序

《刑事诉讼法》第三条第二款规定:“人民法院、人民检察院和公安机关进行刑事诉讼,必须严格遵守本法和其他法律的有关规定。”该原则的基本含义表现在:第一,人民法院、人民检察院和公安机关在进行刑事诉讼活动时,必须严格遵守刑事诉讼法和其他有关法律的规定,不得违反法律规定的程序和规则;第二,违反法律程序严重的,应当依法承担相应的法律后果。

(3)人民法院、人民检察权依法独立行使职权

《刑事诉讼法》第五条规定:“人民法院按照法律规定独立行使审判权,人民检察院依照法律规定独立行使检察权,不受行政机关、社会团体和个人的干涉。”

(4)分工负责、相互配合、相互制约

《刑事诉讼法》第七条规定:“人民法院、人民检察院和公安机关进行刑事诉讼,应当分工负责,互相配合,互相制约,以保证准确有效地执行法律。”其中,分工负责

是前提,配合和制约是三机关依法行使职权、顺利进行刑事诉讼的保证。分工负责、互相配合、互相制约原则贯穿于刑事诉讼的始终,最终目的是保证准确有效地执行法律。

(5)人民检察院依法对刑事诉讼实行法律监督

人民检察院是国家的法律监督机关,在刑事诉讼活动中,有权对公安机关的立案侦查、法院的审判和执行机关的执行活动是否合法进行监督。这种监督贯穿于刑事诉讼活动的始终。

(6)各民族公民有权使用本民族语言文字进行诉讼

《刑事诉讼法》第九条规定:"各民族公民都有用本民族语言文字进行诉讼的权利。人民法院、人民检察院和公安机关对于不通晓当地通用的语言文字的诉讼参与人,应当为他们翻译。在少数民族聚居或者多民族杂居的地区,应当用当地通用的语言进行审讯,用当地通用的文字发布判决书、布告和其他文件。"

(7)未经人民法院依法判决,对任何人都不得确定有罪

作为1996年修订后的《刑事诉讼法》确立的一项基本原则,该原则主要包括如下基本含义:第一,明确规定了确定被告人有罪的权力由人民法院统一行使,其他任何机关、团体和个人都无权行使;第二,人民法院判决被告人有罪,必须严格依照法定程序,在保障被告人享有充分的辩护权的基础上,依法组成审判庭进行公正、公开的审理。

(8)保证诉讼参与者的诉讼权利

《刑事诉讼法》第十四条规定:"人民法院、人民检察院和公安机关应当保障犯罪嫌疑人、被告人和其他诉讼参与人依法享有的辩护权和其他诉讼权利。诉讼参与人对于审判人员、检察人员和侦查人员侵犯公民诉讼权利和人身侮辱的行为,有权提出控告。"

三、刑事诉讼中的专门机关和诉讼参与人

1.刑事诉讼中的专门机关

我国现行《宪法》第一百三十五条规定:"人民法院、人民检察院和公安机关办理刑事案件,应当分工负责,互相配合,互相制约,以保证准确有效地执行法律。"《刑事诉讼法》对人民法院、人民检察院和公安机关的分工与职能作了更为详细的规定。

(1)公安机关

公安机关是国家的治安保卫机关,是各级人民政府的组成部门。公安机关是武装性质的国家治安行政力量和刑事司法力量,是掌管社会治安和国内安全保卫工作的专门机关。根据《宪法》的有关规定,人民检察院和人民法院由同级人大及其常委会产生并对其负责,在性质上属于司法机关,公安机关属同级人民政府的一个职能部门,在性质上属于行政机关。公安机关的职权包括:立案权、侦查权(分为侦查、预

审、拘留、执行逮捕并羁押)、执行权。

(2)人民法院

人民法院是国家的审判机关,代表国家独立行使审判权。《刑事诉讼法》第三条规定“审判由人民法院负责”;第十二条规定:“未经人民法院依法判决,对任何人都不得确定有罪。”可见,人民法院是刑事诉讼中唯一有权审理和判决有罪的专门机关。

人民法院的职权主要包括:刑事审理和裁判权;决定采取强制措施权;为调查核实证据,进行勘验、检查、扣押、鉴定和查询、冻结权(但无搜查权);执行权。

(3)人民检察院

人民检察院是国家的法律监督机关,代表国家行使法律监督权。人民检察院在机构设置上,分为最高人民检察院、地方各级人民检察院和专门的人民检察院。

人民检察院的职权主要包括:侦查权、批捕权、决定逮捕权、公诉权、诉讼监督权。

2.诉讼参与人

诉讼参与人主要指的是在刑事诉讼过程中享有一定诉讼权利,承担一定诉讼义务的除国家专门机关工作人员以外的人。诉讼参与人通过行使诉讼权利、承担诉讼义务,对刑事诉讼的进程和结局发挥着不同程度的影响和作用,保证刑事诉讼活动得以顺利、有效地进行。

诉讼参与人一般可以分为两大类:一是当事人,根据《刑事诉讼法》的规定,主要包括被害人、自诉人、犯罪嫌疑人、被告人、附带民事诉讼的原告人和被告人;二是其他诉讼参与人,主要是指除了公安司法人员以及当事人之外,参与诉讼活动并在诉讼中享有一定的诉讼权利,承担一定的诉讼义务的人,其主要包括法定代理人、诉讼代理人、辩护人、证人、鉴定人和翻译人员。

四、刑事诉讼管辖

1.刑事诉讼管辖的定义

刑事诉讼管辖,指按照《刑事诉讼法》的规定,公安机关、人民检察院和人民法院在直接受理刑事案件上的权限划分以及人民法院系统内部在审判第一审刑事案件上的权限划分。

2.刑事诉讼管辖的类型

管辖权在公检法机关之间及其内部的划分是我国刑事诉讼“分工负责,互相配合,互相制约”原则的重要体现。管辖可以划分为立案管辖和审判管辖。审判管辖又可以分为级别管辖、地区管辖、专门管辖、移送管辖和指定管辖。

(1)立案管辖

立案管辖,又称职能管辖或部门管辖,是指公安机关、人民检察院和人民法院之间在直接受理刑事案件上的权限划分。一般来说,立案管辖主要解决的是哪类刑事案件由公安司法机关中的哪一个机关立案受理的问题。

其中,人民法院直接受理三类刑事案件:

第一,告诉才处理的案件,包括公然侮辱、诽谤案,暴力干涉婚姻自由案,虐待案,侵占他人财物案。告诉才处理的案件,如果被害人死亡或者丧失行为能力,他的法定代理人、近亲属有权向法院起诉,人民法院应当受理。

第二,被害人有证据证明的轻微刑事案件,包括故意伤害案(轻伤);重婚案;遗弃案;妨害通信自由案;非法侵入他人住宅案;生产、销售伪劣商品案件(严重危害社会秩序和国家利益的除外);侵犯知识产权案件(严重危害社会秩序和国家利益的除外);属于《刑法分则》第四章、第五章规定的,对被告人可以判处三年有期徒刑以下刑罚的其他轻微刑事案件。

第三,被害人有证据证明对被告人侵犯自己人身、财产权利的行为应当依法追究刑事责任,且有证据证明曾经提出控告,而公安机关或者人民检察院不予追究被告人刑事责任的案件。

(2)级别管辖

级别管辖,是指各级人民法院在审判第一审刑事案件上的权限划分。

《刑事诉讼法》对级别管辖的规定如下:

第一,除由上级人民法院管辖的案件外,基层人民法院管辖所有第一审普通刑事案件。

第二,中级人民法院管辖两类刑事案件:一是危害国家安全、恐怖活动案件;二是可能判处无期徒刑、死刑的案件。

第三,高级人民法院管辖的第一审刑事案件是全省(自治区、直辖市)性的重大刑事案件。

第四,最高人民法院管辖的第一审刑事案件是全国性的重大刑事案件。

(3)地区管辖

地区管辖,是指同级人民法院之间在审理第一审刑事案件上的权限划分。

在确定地区管辖时,需要遵循以下两个原则:一是以犯罪地人民法院管辖为主、被告人居住地人民法院管辖为辅的原则;二是以最初受理的人民法院审判为主、主要犯罪地人民法院审判为辅的原则。

(4)移送管辖和指定管辖

移送管辖,是指本来受理案件的人民法院,出于实践中某些特殊情况的需要,将案件移送其他法院管辖。

指定管辖,是指当管辖不明或者有管辖权的法院不宜行使管辖权时,由上级人民法院以指定的方式确定案件的管辖法院。

(5)专门管辖

专门管辖,是指专门人民法院与普通人民法院之间、各种专门人民法院之间以及各专门人民法院系统内部在第一审刑事案件受理范围上的分工。在我国,管辖刑事案件的专门法院包括军事法院和铁路运输法院。

五、回避制度

1.回避制度的概念

刑事诉讼中的回避,是指侦查人员、检察人员、审判人员、书记员、翻译人员和鉴定人等因与案件或案件的当事人有某种利害关系或其他关系,可能影响公正处理案件,而不得参加该案诉讼活动的一种诉讼制度。回避制度体现了利益规避原则,其主要功能是防止因利益牵扯而可能影响公安司法人员等的客观公正性,保证公正行使职权,确保案件得到公正处理和当事人在诉讼中受到公正对待,以维护诉讼过程和诉讼结果的权威性和公信力。

2.回避制度的意义

回避制度是刑事诉讼的基本制度。该制度的确立,具有如下意义:①为诉讼公正提供了基本的制度保障,确保刑事案件在实体上能够得到客观公正的处理;②可以确保当事人诉讼权利的实现;③能够保证司法公正;④能够确保法律适用过程和法律制度得到当事人和社会公众的普遍尊重。

3.回避的事由

根据《刑事诉讼法》和相关司法解释的规定,有以下情形之一的,侦查人员、检察人员、审判人员、书记员、翻译人员和鉴定人应当回避:

(1)是本案的当事人或者是当事人的近亲属的。根据《刑事诉讼法》第一百零六条的规定:"当事人是指被害人、自诉人、犯罪嫌疑人、被告人、附带民事诉讼的原告人和被告人;近亲属是指夫、妻、父、母、子、女、同胞兄弟姐妹"。

(2)本人或者他的近亲属和本案有利害关系的。所谓利害关系,是指本案的处理结果会影响到审判人员、检察人员、侦察人员以及书记员、翻译人员、鉴定人或者近亲属的利益。

(3)担任过本案证人、鉴定人、勘验人、辩护人、诉讼代理人的。在同一个案例中,曾经担任证人、鉴定人、辩护人或者诉讼代理人的,对案件事实往往已经形成自己的看法,如果再以其他办案人员的身份参与对该案件的处理就很难做到客观公正。

(4)与本案当事人有其他关系,可能影响公正处理案件的。

(5)接受当事人及其委托的人的请客送礼或者违反规定会见当事人及其委托的人。《刑事诉讼法》第二十九条规定:"审判人员、检察人员、侦查人员不得接受当事人及其委托的人的请客送礼,不得违反规定回见当事人及其委托的人。审判人员、检察人员、侦查人员违反前款规定的,应当依法追究法律责任。当事人及其法定代理人有权要求他们回避。”

(6)法律另有规定的,如参加过本案侦查的侦查人员,不得承办本案的审查逮捕、起诉和诉讼监督工作;参与过本案侦查、审查起诉工作的侦查、检察人员,调至人民法院工作的,不得担任本案的审判人员。

4.回避的种类

根据回避实施方式的不同,通常将回避划分为三种:自行回避、申请回避和指令回避。

(1)自行回避。自行回避是指审判人员、检察人员、侦查人员等在刑事诉讼中遇有法定的回避情形时,自动要求退出诉讼活动的制度。

(2)申请回避。申请回避是指当事人及其法定代理人、辩护人、诉讼代理人认为审判人员、检察人员、侦查人员等有法定应当回避的情形时,向人民法院、人民检察院或者公安机关等提出申请,要求他们退出诉讼活动的制度。

(3)指令回避。指令回避是指审判人员、检察人员、侦查人员等遇有法定的回避情形时,没有自行回避,当事人等也没有申请回避,其所在机关的有关组织或负责人可以依职权命令其退出案件诉讼活动的制度。

六、刑事强制措施

1.刑事强制措施的概念与特点

刑事强制措施,是指公安机关、检察院、法院为了保证刑事诉讼的顺利进行,依法对刑事案件中的犯罪嫌疑人、被告人的人身自由采取限制或者剥夺的各种强制性方法。

我国刑事诉讼中的强制措施主要具有以下特点:

(1)主体的特定性。有权适用强制措施的主体只能是公安机关、人民检察院和人民法院,其他任何国家机关、团体和个人都无权采取强制措施,否则即构成对公民人身权利的侵犯,严重的构成犯罪。其中,拘传、取保候审、监视居住三种强制措施,公安机关、人民检察院和人民法院都可以采用。作为刑事强制措施的拘留只有公安机关和人民检察院才可以采用,由公安机关执行。逮捕只有人民检察院和人民法院才有权批准或决定适用。公安机关只有提请批准逮捕权或对逮捕决定的执行权。

(2)对象的唯一性。强制措施的适用对象是犯罪嫌疑人、被告人,对于其他诉讼参与人和案外人不得采用强制措施。公安司法机关在适用强制性措施时,要严格控制强制措施的适用对象,不得扩大适用范围。

(3)强制措施的内容是限制或者剥夺犯罪嫌疑人、被告人的人身自由,而不包括对物的强制处分。

(4)强制措施是预防性措施,而不是惩罚性措施,即适用强制措施的目的是保证刑事诉讼的顺利进行，防止犯罪嫌疑人、被告人逃避侦查、起诉和审判，进行毁灭、伪造证据，继续犯罪等妨害刑事诉讼的行为，而不在于惩罚犯罪嫌疑人、被告人。

(5)适用上具有法定性。《刑事诉讼法》对各种强制措施的适用机关、适用条件和程序都进行了严格的规定，其目的是严格控制强制措施的适用，防止滥用而侵犯人权，公安司法人员在适用时不得突破法律的规定。

(6)时间上具有临时性。强制措施是一种临时性措施，随着刑事诉讼的进程，强制措施可根据案件的进展情况予以变更或者解除。

2.刑事强制措施的适用范围

在决定是否采取刑事强制措施时，公安机关、人民检察院和人民法院应当充分考虑下列因素：①犯罪嫌疑人、被告人所实施的行为的社会危害性的大小；②犯罪嫌疑人、被告人逃避侦查、起诉、审判可能性的大小；③公安机关、人民检察院和人民法院对案件的掌握情况；④犯罪嫌疑人、被告人的身体状况或其他情况。

3.刑事强制措施的主要类型

(1)拘传

拘传是我国刑事诉讼强制措施体系中强制力最轻的一种，是指公安机关、人民检察院和人民法院对未被羁押的犯罪嫌疑人、被告人，依法强制其到案接受讯问的一种强制措施。

拘传具有如下特征：第一，拘传是强制犯罪嫌疑人、被告人到案接受讯问的强制方法。第二，拘传的适用对象是未被羁押的犯罪嫌疑人、被告人。对已经在押的犯罪嫌疑人、被告人进行讯问，可随时进行，不需要拘传。第三，经过合法传唤，无正当理由拒不到案并不是适用拘传的必要条件。

拘传应当遵行下列程序：第一，填写《拘传证》，并报负责人审批。第二，应当由2人以上的执行人员到被拘传人所在的市、县内执行拘传。第三，拘传持续的时间不得超过12小时；案情特别重大、复杂，需要采取拘留、逮捕措施的，传唤、拘传持续的时间不得超过24小时；不得连续拘传。第四，讯问结束后，应根据案件的情况作出不同处理：认为依法应当限制或剥夺其人身自由的，可以采用其他相应的强制措施；认为不宜适用其他强制措施的，应立即释放，不得变相扣押。

(2)取保候审

取保候审，指对于未被羁押的犯罪嫌疑人、被告人，采用保证人担保或者交纳保证金，并出具保证书的方式，保证其不逃避或者妨碍侦查、起诉和审判并保证随传随到的强制方法。取保候审只是限制犯罪嫌疑人、被告人的人身自由，是一种强制措施。

人民法院、人民检察院和公安机关对有下列情形之一的犯罪嫌疑人、被告人，可以取保候审：①可能判处管制、拘役或者独立适用附加刑的；②可能判处有期徒刑以上刑罚，采取取保候审不致发生社会危险性的；③患有严重疾病、生活不能自理,怀孕或者正在哺乳自己婴儿的妇女,采取取保候审不致发生社会危险性的;④羁押期限届满,案件尚未办结,需要采取取保候审的。取保候审由公安机关执行。

取保候审有两种方式:一种是保证人保证;另一种是保证金保证。对同一犯罪嫌疑人、被告人决定取保候审的,不能同时适用保证人保证和保证金保证。

被取保候审的犯罪嫌疑人、被告人应当遵守以下规定:第一,未经执行机关批准不得离开所居住的市、县;第二,住址、工作单位和联系方式发生变动的,在24小时以内向执行机关报告;第三,在传讯的时候及时到案;第四,不得以任何形式干扰证人作证;第五,不得毁灭、伪造证据或者串供。同时,人民法院、人民检察院和公安机关可以根据案件情况,责令被取保候审的犯罪嫌疑人、被告人遵守以下一项或者多项规定:不得进入特定的场所;不得与特定的人员会见或者通信;不得从事特定的活动;将护照等出入境证件、驾驶证件交执行机关保存。

(3)拘留

拘留,指公安机关在侦查过程中遇有法定的紧急情况时,对于现行犯或者重大嫌疑分子所采取的临时剥夺其人身自由的强制方法。

拘留的适用条件包含两个方面:一是拘留只适用于现行犯或者是重大嫌疑分子。二是情况紧急,即有下列情形之一:①正在预备犯罪、实行犯罪或者犯罪后即时被发觉的;②被害人或者在场亲眼看见的人指认他犯罪的;③在身边或者住处发现有犯罪证据的;④犯罪后企图自杀、逃跑或者在逃的;⑤有毁灭、伪造证据或者串供可能的;⑥不讲真实姓名、住址,身份不明的;⑦有流窜作案、多次作案、结伙作案重大嫌疑的。

(4)逮捕

逮捕,是指公安机关、人民检察院和人民法院,为防止犯罪嫌疑人或者被告人逃避侦查、起诉和审判,进行妨碍刑事诉讼的行为,或者发生社会危险性,而依法剥夺其人身自由,予以羁押的一种强制措施。逮捕是刑事诉讼强制措施中最严厉的一种。必须坚持“少捕”和“慎捕”的刑事政策,切实做到不枉不纵,既不能该捕不捕,也不能以捕代侦,任意逮捕。对无罪而错捕的,要依照国家赔偿法的规定对受害人予以赔偿。

逮捕的适用分为两种情形:第一,应当予以逮捕的情形,包括:①对有证据证明有犯罪事实,可能判处徒刑以上刑罚的犯罪嫌疑人、被告人,采取取保候审尚不足以防止发生下列社会危险性的,应当予以逮捕:a.可能实施新的犯罪的;b.有危害国家安全、公共安全或者社会秩序的现实危险的;c.可能毁灭、伪造证据,干扰证人作证或者串供的;d.可能对被害人、举报人、控告人实施打击报复的;e.企图自杀或者逃跑的。②对有证据证明有犯罪事实,可能判处十年有期徒刑以上刑罚的,或者有证据证明有犯罪事实,可能判处徒刑以上刑罚,曾经故意犯罪或者身份不明的,应当予以逮捕。第二,可以予以逮捕的情形,即,被取保候审、监视居住的犯罪嫌疑人、被告人违反取保候审、监视居住规定,情节严重的,可以予以逮捕。

(5)监视居住

监视居住,指人民法院、人民检察院、公安机关在刑事诉讼中限令犯罪嫌疑人、被告人在规定的期限内不得离开住处或者指定的居所,并对其行为加以监视、限制其人身自由的一种强制措施。2012 年修改后的《刑事诉讼法》将监视居住定位为逮捕的替代措施,只有犯罪嫌疑人、被告人符合逮捕条件但又具有特殊情形时才能适用监视居住。

人民法院、人民检察院和公安机关对符合逮捕条件,有下列情形之一的犯罪嫌疑人、被告人,可以监视居住:①患有严重疾病、生活不能自理的;②怀孕或者正在哺乳自己婴儿的妇女;③系生活不能自理的人的唯一扶养人;④因为案件的特殊情况或者办理案件的需要,采取监视居住措施更为适宜的;⑤羁押期限届满,案件尚未办结,需要采取监视居住措施的。此外,对符合取保候审条件,但犯罪嫌疑人、被告人不能提出保证人,也不交纳保证金的,也可以监视居住。

监视居住由公安机关执行。人民法院、人民检察院和公安机关对犯罪嫌疑人、被告人取保候审最长不得超过 12 个月,监视居住最长不得超过 6 个月。

七、一审程序

(一)一审程序概述

一审程序是人民法院对人民检察院提起公诉、自诉人提起自诉的案件进行初次审判时所遵循的程序。依据起诉主体的不同,第一审刑事案件可以划分为公诉案件和自诉案件。公诉案件是指由人民检察院向人民法院提起公诉的案件;自诉案件则指的是由被害人或其法定代理人向人民法院起诉并由人民法院直接受理的案件。

任何刑事案件起诉到法院,都要经过第一审程序的审判。如果在法定期限内当事人上诉或检察院抗诉的,则进入第二审程序。特殊情况下,一审程序的裁判要经过核准程序才能发生法律效力,如死刑复核程序。一审裁判生效后,还可能发生审判监督程序。

(二)一审程序的分类

根据《刑事诉讼法》的规定,刑事诉讼的一审程序分为普通程序和简易程序。

1.普通程序

一审普通程序是刑事审判的基本程序,各种其他程序未规定的,都要遵循一审程序的有关规定。普通程序主要由三个环节构成:

第一,庭前审查。庭前审查是刑事审判的必经阶段,其目的是筛选适合交由法院审判的案件。经过庭前审查,人民法院决定是否开庭审判。庭前审查程序有助于提高诉讼效率。

第二,法庭审判。这是法院通过开庭,在公诉人、当事人和其他诉讼参与人的参加下,依法确定被告人是否犯罪及其刑事责任的诉讼活动。

第三评议和宣判。评议是不公开进行的,宣判则无论案件是否公开审理,均公开进行。当庭宣判的,应当在5日内送达判决书;定期宣判的,宣判后立即送达判决书。公诉案件,受理后2个月内宣判,不超过3个月。一审判决无罪的,要立即释放。

2.简易程序

刑事诉讼简易程序,是指第一审人民法院审理刑事案件所适用的,比普通程序相对简单的审判程序。它是对普通程序的简化,仅适用于基层人民法院审理的第一审案件。

(1)简易程序的适用范围

基层人民法院管辖的刑事案件,符合下列条件的,可以适用简易程序审判:①案件事实清楚、证据充分的;②被告人承认自己所犯罪行,对指控的犯罪事实没有异议的;③被告人对适用简易程序没有异议的。人民检察院在提起公诉的时候,可以建议人民法院适用简易程序。

不过,有下列情形之一的,不得适用简易程序:①被告人是盲、聋、哑人,或者是尚未完全丧失辨认或者控制自己行为能力的精神病人的;②有重大社会影响的;③共同犯罪案件中部分被告人不认罪或者对适用简易程序有异议的;④其他不宜适用简易程序审理的。

(2)简易程序的特点

简易程序是对普通程序的简化。这种程序的简化主要体现在以下方面:①适用简易程序的案件,可以由审判员1人独任审判。人民法院审理第一审案件适用普通程序的,应当由审判员、陪审员3人以上组成合议庭。鉴于适用简易程序的案件都比较简单,因此,对可能判处3年有期徒刑以下(包括3年)刑罚的,可以组成合议庭进行审判,也可以由审判员1人独任审判。但是,对可能判处的有期徒刑超过3年的,应当组成合议庭进行审判。②适用简易程序审理公诉案件,人民检察院应当派员出席法庭。③简易程序的庭审阶段简化。适用普通程序审理刑事案件,必须严格按照法律规定的庭审的阶段顺序进行,以保障各方当事人和公诉机关的权利。而适用简易程序的案件,庭审可以省略一些环节,以迅速、准确审结案件。不过,在判决宣告前,应当听取被告人的最后陈述意见。④简易程序可以变更为普通程序。根据《刑事诉讼法》第二百一十五条的规定,人民法院在审理过程中,发现不宜适用简易程序的,应当转换至第一审普通程序重新进行审判。

(3)简易程序的审理期限

根据《刑事诉讼法》第二百一十四条的规定,适用简易程序审理案件,人民法院应当在受理后20日以内审结;对可能判处的有期徒刑超过3年的,可以延长至一个半月。

八、第二审程序

1.第二审程序的概念

第二审程序,又称上诉审程序,是指第二审人民法院根据上诉人的上诉或者人民检察院的抗诉,对第一审人民法院尚未发生法律效力的判决或裁定进行审判所应当遵循的程序。第二审程序并不是审理刑事案件的必要程序。一个案件是否经过第二审程序,关键在于上诉权人或第一审人民法院的同级人民检察院是否依法提起了上诉或者抗诉。提起上诉或者抗诉的,该案件就应当由第一审人民法院的上一级人民法院依第二审程序进行审理。

2.第二审程序的发起

上诉和抗诉是引起第二审程序发生的两种不同的诉讼机制。上诉是指上诉权主体不服地方各级人民法院尚未发生法律效力的第一审判决或者裁定,要求上一级人民法院对案件重新进行审判的诉讼活动。上诉权人在法定期限内依法提起上诉,就必须引起第二审程序。这里所讲的抗诉是指地方各级人民检察院认为同级人民法院第一审尚未发生法律效力的判决或者裁定确有错误时,提请上一级人民法院进行第二次审判的诉讼活动。抗诉必然引起第二审程序。

3.第二审程序的审判

(1)第二审程序的审判原则

对于第二审程序应当遵循的原则,综合各方学者的观点来看,其主要包括以下两个原则:

第一,全面审查原则。《刑事诉讼法》第二百二十二条规定:"第二审人民法院应当就第一审判决认定的事实和适用法律进行全面审查,不受上诉或者抗诉范围的限制。共同犯罪的案件只有部分被告人上诉的,应当对全案进行审查,一并处理。"这就是第二审程序中全面审查的原则。

第二,上诉不加刑原则。上诉不加刑原则是第二审人民法院审判只有被告人一方上诉的案件,在作出新的判决时,不得对被告人判处重于原告的刑罚的一项原则。《刑事诉讼法》第二百二十六条第一款规定:"第二审人民法院审理被告人或者他的法定代理人、辩护人、近亲属上诉的案件,不得加重被告人的刑罚。第二审人民法院发回原审人民法院重新审判的案件,除有新的犯罪事实,人民检察院补充起诉的以外,原审人民法院也不得加重被告人的刑罚。"这就是我国有关上诉不加刑的法律规定。

(2)第二审程序的审理

《刑事诉讼法》第二百二十三条第一款和第二款规定,第二审人民法院对于下列案件,应当组成合议庭,开庭审理:第一,被告人、自诉人及其法定代理人对第一审认定的事实、证据提出异议,可能影响定罪量刑的上诉案件;第二,被告人被判处死刑的上诉案件;第三,人民检察院抗诉的案件;第四,其他应当开庭审理的案件。第二审人民法院决定不开庭审理的，应当讯问被告人，听取其他当事人、辩护人、诉讼代理人的意见。根据上述规定，第二审的审理主要有两种方式：一种是开庭审理的方式；另一种是不开庭审理的方式。

九、死刑复核程序

1.死刑复核程序的概念与特点

(1)死刑复核程序的概念

死刑复核程序是人民法院对判处死刑的案件进行复查核准所遵循的一种特别审判程序。这一特别程序主要体现了立法者对死刑案件极其审慎的态度，能够最大限度地防止和纠正死刑案件可能产生的偏差和错误，从程序上保证死刑案件的质量，统一行使适用的标准，贯彻少杀、慎杀，防止错杀的方针。

(2)死刑复核程序的特点

第一，审理对象的特定性，只适用于死刑（死刑立即执行和死缓）。

第二，终审程序的特别性，是死刑案件的必经程序和终审程序。

第三，核准权的专属性，只能由最高人民法院适用。

第四，程序启动的自动性，由人民法院主动报请复核。

第五，报请方式的特殊性，即应当按照人民法院的组织系统逐级上报，不得越级报核。

2.死刑复核程序的意义

(1)有利于保证死刑适用的正确性，有利于从制度上保证死刑裁判的慎重和公正，对于保障在全社会实现公平和正义，巩固人民民主专政的政权，具有特别重要的意义。

(2)有利于控制和减少死刑的适用，实现我国少杀、慎杀以及"严格控制死刑"的死刑政策。

(3)死刑案件由最高人民法院统一行使核准权，有利于统一法律适用标准，有利于国家法制的统一。

3.最高人民法院复核死刑案件的程序

(1)立案庭立案。对于报送的死刑案件核准的各种诉讼文书和证据，由立案庭进行立案审查。

(2)组成合议庭。最高人民法院复核死刑案件，应当由审判员 3 人组成合议庭进行。

(3)讯问被告人。讯问被告人是死刑复核程序的必经程序。

(4)审查核实案卷材料。

(5)听取辩护人的意见。最高人民法院复核死刑案件，辩护律师提出要求的，应当听取辩护律师的意见。

(6)制作复核审理报告。

(7)作出核准的裁定。最高人民法院复核死刑案件,应当作出核准或者不核准死刑的裁定。对于不核准死刑的,最高人民法院可以发回重新审判或者予以改判。

十、审判监督程序

1.审判监督程序的概念

审判监督程序又称再审程序,是人民法院对已经发生法律效力的判决、裁定,如果发现在认定事实或者适用法律上确有错误,依法对该案件进行重新审判的程序。审判监督程序并不是每个案件的必经程序,只有对于已经发生法律效力而且确有错误的判决、裁定才能适用。因此,它是一种特殊程序。

2.审判监督程序的启动方式

为了维护生效判决、裁定的严肃性和稳定性,《刑事诉讼法》对提起审判监督程序的理由,作了较为严格的限制性规定。只有经过认真审查,发现已经生效的判决、裁定在认定事实或者法律适用上确有错误的,才具备提起审判监督程序的理由。根据《刑事诉讼法》第二百四十三条的规定,提起审判监督程序的方式主要有:

(1)自行再审。各级人民法院对本院生效的裁判,由院长提交审判委员会讨论决定再审。

(2)指令再审。最高人民法院对各级人民法院生效裁判、上级人民法院对下级人民法院生效裁判,可以指令再审。

(3)提审。最高人民法院对各级人民法院生效裁判、上级人民法院对下级人民法院生效裁判,可以提审。

(4)再审抗诉。最高人民检察院对各级人民法院生效裁判,上级人民检察院对下级人民法院的生效裁判,有权按照审判监督程序提出抗诉。

3.重新审判的程序和处理

(1)重新审判的程序

重新审判的案件,由原审人民法院审理的,应当另行组成合议庭进行。如果原来是第一审案件,应当依照第一审程序进行审判,所作的判决、裁定,可以上诉、抗诉;如果原来是第二审案件,或者是上级人民法院提审的案件,应当依照第二审程序进行审判,所作的判决、裁定,是终审的判决、裁定。人民法院开庭审理的再审案件,同级人民检察院应当派员出庭。

(2)重新审判的处理

再审案件经过重新审理后,人民法院可以根据具体情况分别作出以下处理:

①原判决、裁定的事实、法律、定罪、量刑均无误的,维持原判。

②原判决、裁定的事实和法律有错误,或量刑不当的,应当依法改判。

③原判决、裁定认定事实没有错误,但适用法律错误,或量刑不当,应撤销原判,依法改判。

④按照第二审程序审理的案件,原判决、裁定认定事实不清、证据不足的,可在查清事实后改判,也可裁定撤销原判,发回重审。

(3)重新审判的期限

人民法院按照审判监督程序重新审判的案件,应当在作出提审、再审决定及接受抗诉之日起3个月以内审结,需要延长期限的,不得超过6个月。对需要指令下级人民法院再审的,应当自接受抗诉之日起1个月以内作出决定,下级人民法院审理案件的期限适用前述规定。

十一、刑事诉讼执行

1.刑事诉讼执行的概念

刑事诉讼执行,指公安机关、人民法院以及其他相关国家机关依法实现已经发生法律效力的裁判所确定的内容而进行的活动。执行程序是指将已经发生法律效力的判决、裁定所确定的内容付诸实施以及在此过程中处理与之有关的减刑、假释等刑罚执行变更问题时应当遵循的步骤、方式和方法。

执行是刑事诉讼的最后阶段。执行程序包括两个方面的内容:一是将已经发生法律效力的判决、裁定所确定的内容付诸实施的程序;二是处理执行过程中刑罚变更等问题的程序。

2.刑事诉讼的执行机关及其权限分工

根据《刑事诉讼法》的规定,人民法院、公安机关等执行机关具有不同的分工,其具体职责如下:

(1)人民法院,负责死刑、罚金、没收财产的执行。

(2)公安机关,负责拘役、剥夺政治权利的执行。

(3)看守所,负责剩余刑期3个月以下的有期徒刑的执行。

(4)拘役所,负责拘役的执行。

(5)监狱,负责有期徒刑、无期徒刑、死刑缓期执行的执行。

(6)少管所,负责针对少年犯的刑罚的执行。

(7)社区矫正机构,负责管制、缓刑、假释、监外执行等的执行。

3.各类刑罚的执行方法

(1)死刑的执行

死刑立即执行的,最高人民法院核准后,由院长签发死刑命令,并由高级人民法院交原审法院在7日内执行。执行时,须同级人民检察院派员到场监督。采用枪决或注射方式执行死刑,公布但不示众。

死刑缓期执行的,送监狱服刑,考验期2年。考验期间故意犯罪的,则执行死刑;考验期满无故意犯罪的,则减刑为无期或有期徒刑。

(2)无期徒刑的执行

无期徒刑的执行与死刑缓期2年执行的要求基本相同。

(3)有期徒刑和拘役的执行

对于被判处有期徒刑的罪犯,由公安机关依法将其送交监狱执行刑罚。但在被交付执行前,剩余刑期在3个月以下的,由看守所代为执行。对于被判处拘役的罪犯,由公安机关执行。

(4)剥夺政治权利的执行

被剥夺政治权利的犯罪分子,由公安机关执行。

(5)罚金、没收财产的执行

罚金由人民法院直接执行。没收财产的判决,无论附加适用或者独立适用,都由人民法院执行。在必要的时候,可以会同公安机关执行。

(6)其他

对被判处管制、宣告缓刑、假释或者暂于监外执行的罪犯,应当依法实行社区矫正,由社区矫正机构负责执行。

第三节　行政诉讼法

一、行政诉讼与行政诉讼法的概念

行政诉讼是司法机关解决行政争议的一种法律制度。在我国,行政诉讼是指公民、法人或者其他组织认为行政机关或被授权组织及其工作人员的行政行为侵犯其合法权益,依法向法院提起诉讼,由法院依法行使行政审判权解决行政争议的活动。

行政诉讼法有狭义和广义之分。前者特指《中华人民共和国行政诉讼法》(下文简称《行政诉讼法》);后者指所有调整行政诉讼活动的法律规范的总称——除《行政诉讼法》外,还包括《宪法》《民事诉讼法》《人民法院组织法》《人民检察院组织法》以及其他法律中与行政诉讼相关的法律规范。具体而言,行政诉讼法是调整行政诉讼活动的法律规范系统,包括规定法院和诉讼参加人在行政诉讼过程中所进行的各种诉讼活动的规则,以及规范与此有关的各种诉讼关系的法律规则。

新中国第一部行政诉讼法典是1989年4月4日由第七届全国人大第二次会议通过的《行政诉讼法》。该法实施了25年之后,终于迎来了大幅度的修订,其中实现了多个方面的创举:第一,立法宗旨作出了重大调整,更加符合行政诉讼的定位;第二,受案范围有所扩大;第三,跨行政区域管辖写入了条文,为行政审判体制改革预留了制度空间;第四,当事人资格更加明晰;第五,完善了证据制度;第六,确立了立案登记制度,受理案件的门槛降低;第七,明确行政机关负责人依法出庭应诉制度,规定行政机关非法干扰审判活动的制裁措施；第八，健全判决制度，有利于实质性化解纠纷；第九，改革审理程序，诉讼程序更为科学；第十，明确可以适用《民事诉讼法》。

二、行政诉讼的基本原则

行政诉讼的基本原则包括两类：一类是与民事诉讼、刑事诉讼共有的原则；另一类是行政诉讼特有的原则。

（一）共有原则

1.人民法院独立行使审判权原则

这项原则的贯彻实施不仅关系到国家权力的相互制约和监督功能的发挥，更关系到国家审判机关是否能真正具有权威。特别是行政诉讼的被告是行政主体，如果法院和法官的独立性低，就不可能公正地审理和裁判案件。

2.以事实为根据，以法律为准绳原则

人民法院审理各类案件，都应当以事实为根据，以法律为准绳。为保障贯彻这一原则，法院在审理案件的过程中，应在独立审判的前提下，进一步改革证据规则，坚持对证据的质证，坚持直接言词原则，加强对证人的法律保护，同时加强立法机关对法律的解释，提高法官对法律法规内容、立法目的及效力层级的理解和法律适用水平。

3.合议、回避、公开审判和两审终审原则

行政诉讼除适用简易程序时采用独任制，其他情形下都实行合议原则。合议可由审判员 3 人以上单数组成合议庭，也可由审判员和人民陪审员组成合议庭。合议庭应是审判的主体，以少数服从多数方式决定案件的裁判结果。为保证案件的公开审理，行政诉讼同民事诉讼、刑事诉讼一样，应当坚持回避原则。当事人认为审判人员、书记员、翻译人员、鉴定人或勘验人与本案有利害关系或有其他关系可能影响公正审判时，有权要求回避。审判人员认为自己与本案有利害关系或有其他关系，应主动申请回避。人民法院审理行政案件，除涉及国家秘密、商业秘密、个人隐私和法律另有规定的外，一律公开进行。公开审判原则适用于法庭调查、法庭辩论和宣判等诉讼的各个阶段。人民法院审理行政案件实行两审终审制。

4.诉讼当事人法律地位平等原则

当事人在行政诉讼中的法律地位是平等的，当事人有平等的诉讼权利和诉讼义务。但这并不意味着原告与被告的诉讼权利和义务完全对应。

5.使用本民族语言、文字进行诉讼原则

各民族公民都有使用本民族语言、文字进行行政诉讼的权利。在少数民族聚居或者多民族共同居住的地区，人民法院应当用当地民族通用的语言、文字进行审理和发布法律文书。人民法院应当为不通晓当地民族通用语言、文字的诉讼参与人提供翻译。

6.辩论原则

在行政诉讼中,当事人有权针对案件事实的有无,证据的真伪,适用法律、法规的正确与否等诸方面相互进行辩论。

7.检察监督原则

根据《宪法》和《行政诉讼法》的规定,人民检察院有权对行政诉讼实行法律监督。人民检察院对法院已经发生法律效力的判决、裁定,发现违反法律、法规规定的,有权按照审判监督程序提出抗诉。

(二)特有原则

1.人民法院特定主管原则

人民法院只主管法律规定的特定的行政案件。根据这一原则,《行政诉讼法》通过概括性规定和列举性规定,对人民法院主管的行政案件的范围作出规定。

2.行政行为合法性审查原则

《行政诉讼法》第六条规定:“人民法院审理行政案件,对行政行为是否合法进行审查。”这就确立了行政行为的合法性审查原则。在理解该原则时,需要注意两点:

(1)“行政行为”的内涵与外延。修订后于 2015 年 5 月 1 日实施的《行政诉讼法》以“行政行为”概念取代了“具体行政行为”概念,旨在将双方行政行为和行政事实行为纳入行政诉讼的受案范围。至于行政法规和行政规章,依然不属于行政诉讼的受案范围。这是因为:第一,根据我国宪法和组织法确定的体制,对行政法规和行政规章的审查权交由权力机关和行政机关系统本身行使。第二,行政法规和行政规章涉及政策问题,不宜由法院判断。第三,行政法规和行政规章涉及不特定的相对方,甚至涉及一个或几个地区乃至全国的公民,其争议不适合通过诉讼途径解决。但是,根据《行政诉讼法》第五十三条的规定,行政相对人认为行政行为所依据的国务院部门和地方人民政府及其部门制定的规范性文件不合法,在对行政行为提起诉讼时,可以一并请求对该规范性文件进行审查。而且,《行政诉讼法》第六十三条第三款“人民法院审理行政案件,参照规章”的规定,意味着人民法院在行政诉讼过程中对规章拥有一定的审查权。

(2)行政诉讼中,人民法院只审查行政行为的合法性,而不审查行政行为的合理性。对于行政行为的合理性问题,人民法院要尊重行政主体的判断能力。

3.被告负举证责任原则

被告负举证责任,是指作为行政诉讼被告的行政主体负有提供赖以作出行政行为的证据和所依据的规范性文件的责任。由于行政诉讼的客体是行政行为,作为被告的行政主体是作出行政行为的主体,它最清楚其作出行政行为的事实与法律依据;相反,行政相对人不易了解行政行为的证据和依据。因此,被告具有较强的举证能力,在行政诉讼中,应当负举证责任。从行政法角度看,行政主体作出行政行为应有相应的事实和法律依据，才能有效成立，因此，当该行政行为被诉后，行政主体就须证明其行为确实是根据一定的事实和法律作出的符合法律的行为。否则，就可能败诉，承担不利的法律后果。被告负举证责任，既可以促使行政主体依法行政，防止其滥用职权，又可以对行政相对人的合法权益予以保障，使行政相对人不因行政主体滥用权力，自己又无法举证而得不到实际有效的司法保护。需要注意的是，被告仅对其作出的行政行为承担举证责任。对于因行政不作为引起的行政争议，以及行政赔偿争议等，则应由原告承担举证责任。

4.行政诉讼期间行政行为不停止执行原则

在行政诉讼中，当事人争议的行政行为不因原告提起诉讼而停止执行，这是由国家行政管理的特殊性决定的。现代国家的行政管理，要求效率性和连续性，如果行政行为一经当事人起诉即予停止执行，势必破坏行政管理的效率性和连续性，使法律秩序处于不稳定状态。如果遇到起诉情况较多时，甚至会导致行政管理陷入瘫痪，危害社会和公众的利益。只有在特殊情况下，行政诉讼期间才停止行政行为的执行。

5.不适用调解原则

不适用调解原则是指人民法院审理行政案件，不得采用调解作为审理程序和结案方式。可以用调解方式结案的只限于特定案件，如关于行政赔偿的诉讼。这是因为，调解在于由法院说服双方当事人相互让步，达到谅解而结案。这种方式一般不适用于行政诉讼。因为在行政诉讼中，被告不能处分自己的实体权利和义务。在实体法上，行政主体享有的是一种公共权力，行政主体的义务是基于公共利益的需要而必须履行的法定职责，处分这种权力和职责，则意味着违法失职；在涉外诉讼中，则意味着放弃国家主权。调解不同于协调沟通。法院在审理行政案件过程中，为了排除干扰，则应多做协调和沟通工作，以取得最佳审判效果。

三、行政诉讼的受案范围

行政诉讼的受案范围，又称行政审查权范围或者可诉行为范围，指人民法院受理行政争议的范围。这一范围，从法院与行政机关的关系上讲，是明确法院对行政机关的哪些行政行为拥有司法审查权；从公民、法人或者其他组织的角度而言，是对行政机关的哪些行政行为不服可以向法院起诉，以寻求司法救济。行政诉讼为公民权利受到行政权侵害时提供司法救济，行政诉讼的受案范围关系到公民权利受到司法保护的范围。因此，受案范围是体现行政诉讼制度进步的一个重要指标。

行政诉讼受案范围制约着管辖、证据、程序以及判决等规定，是行政诉讼法其他部分的前提和基础。行政诉讼的受案范围指的是法院受理行政诉讼案件的范围，并不包括非诉行政执行案件。

《行政诉讼法》是通过概括、列举加双重兜底的方式来确定受案范围的。其中，新《行政诉讼法》第二条是关于概括式的规定；第十二条第一款前十一项属于肯定式列举，第十三条属于否定式列举；所谓双重兜底，则是第十二条第一款第十二项的规定和第二款的规定。

1.对受案范围的概括性规定

《行政诉讼法》第二条规定："公民、法人或者其他组织认为行政机关和行政机关工作人员的行政行为侵犯其合法权益，有权依照本法向人民法院提起诉讼。前款所称行政行为，包括法律、法规、规章授权的组织作出的行政行为。"

2.对行政诉讼受案范围的肯定性列举

《行政诉讼法》第十二条从正面列举了纳入行政诉讼受案范围的 13 类案件：

(1)行政处罚案件，即对行政拘留、暂扣或者吊销许可证和执照、责令停产停业、没收违法所得、没收非法财物、罚款、警告等行政处罚不服提起的诉讼。

(2)行政强制案件，即对限制人身自由或者对财产的查封、扣押、冻结等行政强制措施和行政强制执行不服提起的诉讼。在《行政强制法》中，行政强制是上位概念，包括行政强制措施和行政强制执行。按照新《行政诉讼法》的规定，此两类行政强制行为都属于行政诉讼的受案范围。

(3)行政许可案件，即申请行政许可，行政机关拒绝或者在法定期限内不予答复，或者对行政机关作出的有关行政许可的其他决定不服提起的诉讼。行政许可主要分为两种行为；一是行政机关对申请人作出的是否准予许可的决定；二是就行政许可的变更、延续、撤回、注销、撤销等事项作出的行政行为。

(4)行政确认案件，即对行政机关作出的关于确认土地、矿藏、水流、森林、山岭、草原、荒地、滩涂、海域等自然资源的所有权或者使用权的决定不服提起的诉讼。

(5)对征收、征用决定及其补偿决定不服提起的诉讼。我国的征收、征用及其补偿制度是由 2004 年《宪法修正案》所确定的，《宪法》第十三条第三款规定，"国家为了公共利益的需要，可以依照法律规定对公民的私有财产实行征收或者征用并给予补偿。"在法律上，征收和征用的内涵和效果都有所不同，征收是指为了公共利益的需要，国家将私人所有的财产强制地征归国有，影响的是公民对财产的所有权；征用则是为了公共利益的需要，国家强制性地使用公民的私有财产，影响的是公民对财产的使用权。同时，实行征收、征用，需要遵守 3 个原则：一是公共利益需要；二是依照法定程序；三是依法给予补偿。

(6)行政不作为案件，即申请行政机关履行保护人身权、财产权等合法权益的法定职责，行政机关拒绝履行或者不予答复而提起的诉讼。从要件上进行分析，此种情形需要满足以下条件：第一，原告所要求行政机关保护的是其合法权益；第二，行政机关具有保护此合法权益的法定职责；第三，原告向有权行政机关提出了保护申请；第四，行政机关拒绝履行或者不予答复。

(7)认为行政机关侵犯其经营自主权或者农村土地承包经营权、农村土地经营权而提起的诉讼。

(8)排除或者限制竞争的案件,即认为行政机关滥用行政权力排除或者限制竞争而提起的诉讼。此类行为一般表现为行政机关实行地方保护主义,滥用行政权力,干预和破坏市场交易秩序。

(9)违法要求履行义务案件,即认为行政机关违法集资、摊派费用或者违法要求履行其他义务而提起的诉讼。

(10)行政给付案件,即认为行政机关没有依法支付抚恤金、最低生活保障待遇或者社会保险待遇而提起的诉讼。

(11)行政协议案件,即认为行政机关不依法履行、未按照约定履行或者违法变更、解除政府特许经营协议、土地房屋征收补偿协议等协议而提起的诉讼。目前,《最高人民法院关于规范行政案件案由的通知》已经将行政协议作为行政诉讼案由之一。

(12)认为行政机关侵犯其他人身权、财产权等合法权益而提起的诉讼。这里的"合法权益"不仅包括人身权和财产权,还包括经济文化和社会权利,如公民的知情权、社会保障权、公平竞争权、受教育权、劳动权等合法权益。

(13)法律、法规规定可以提起诉讼的其他行政案件。

3.对行政诉讼受案范围的否定性列举

《行政诉讼法》第十三条规定了人民法院不受理的四类诉讼:①国防、外交等国家行为;②行政法规、规章或者行政机关制定、发布的具有普遍约束力的决定、命令;③行政机关对行政机关工作人员的奖惩、任免等决定;④法律规定由行政机关最终裁决的行政行为。

四、行政诉讼的管辖

1.行政诉讼管辖的概念

行政诉讼管辖,是指上下级人民法院之间和同级人民法院之间受理第一审行政案件的分工和权限。它所解决的是公民、法人或其他组织认为属于人民法院受案范围的行政行为侵犯了自己的合法权益时,应当向哪一级、哪一个人民法院起诉的问题。

2.行政诉讼管辖的种类

依据法院对行政案件的纵横管辖关系的不同,可以分为级别管辖和地域管辖。《行政诉讼法》规定了级别管辖、地域管辖和裁定管辖三类管辖。

(1)级别管辖及其确定规则

级别管辖,指各级人民法院受理第一审行政案件的分工和权限,是在法院系统内部从纵向上解决第一审行政案件应当由哪一级法院审理的问题。

级别管辖的确定规则如下:

第一,基层人民法院管辖第一审行政案件。这样的管辖规定主要是为了便于当事人行使诉权,参加行政诉讼。因为,基层法院作为我国法院体系的基层单位,目前一共有3119个,特点是数量大、分布广。其次,当事人所在地、争议财产所在地、行为地一般都在基层法院的辖区内,由基层法院审理行政案件,既有利于当事人诉讼,同时也便于法院及时审理案件和执行裁判。

第二,《行政诉讼法》第十五条规定,中级人民法院管辖下列第一审行政案件:①对国务院部门或者县级以上地方人民政府所作的行政行为提起诉讼的案件;②海关处理的案件;③本辖区内重大、复杂的案件;④其他法律规定由中级人民法院管辖的案件。

第三,高级人民法院管辖本辖区内重大、复杂的第一审行政案件。

第四,最高人民法院管辖全国范围内重大、复杂的第一审行政案件。

(2)地域管辖及其确定规则

地域管辖,又称"普通地域管辖",指同级人民法院之间受理第一审行政案件的分工和权限。地域管辖与级别管辖之间既有联系也有区别。区别主要表现在:级别管辖是从纵向上来确定各级法院对案件的管辖权限,所解决是案件应当由哪一级法院管辖的问题。而地域管辖则是从横向上来确定同级法院之间对案件的管辖权限划分,所解决是案件应当由哪个地方的法院来管辖的问题。联系在于:地域管辖是在级别管辖的基础上划分的,只有确定了案件的级别管辖法院之后,才可能进一步确定地域管辖。地域管辖主要分为一般地域管辖和特殊地域管辖,特殊地域管辖又分为专属管辖和共同管辖。地域管辖主要采取"原告就被告"的原则。行政案件由最初作出行政行为的行政机关所在地的法院管辖。

具体来说,地域管辖的确定规则如下:

第一,行政案件由最初作出行政行为的行政机关所在地人民法院管辖。经复议的案件,复议机关改变原行政行为的,也可以由复议机关所在地人民法院管辖。

第二,对限制人身自由的行政强制措施不服提起的诉讼,由被告所在地或者原告所在地人民法院管辖。

第三,因不动产提起的行政诉讼,由不动产所在地人民法院管辖。所谓"因不动产提起的行政诉讼",是指因行政行为导致不动产物权变动而提起的诉讼。

当两个以上人民法院对同一案件都有管辖权时,原告可以选择其中一个人民法院提起诉讼。原告向两个以上有管辖权的人民法院提起诉讼的,由最先立案的人民法院管辖。

3.裁定管辖

行政诉讼的裁定管辖,是指通过人民法院的决定或者裁定来确定行政案件的管辖。裁定管辖的意义在于有效地解决管辖冲突,使行政案件的管辖能够顺利进行。所谓管辖冲突,是指两个以上法院对于同一个行政案件都认为应当属于自己管辖或都认为不属于自己管辖而产生的冲突。

《行政诉讼法》规定了移送管辖、指定管辖和管辖权的转移三种裁定管辖。

(1)移送管辖。《行政诉讼法》第二十二条规定:"人民法院发现受理的案件不属于本院管辖的,应当移送有管辖权的人民法院,受移送的人民法院应当受理。受移送的人民法院认为受移送的案件按照规定不属于本院管辖的,应当报请上级人民法院指定管辖,不得再自行移送。"

(2)指定管辖。指定管辖,是指上级法院依照职权决定将行政案件交由下级法院管辖的制度。指定管辖的实质是法律赋予上级法院在特殊情况下变更或者确定案件的管辖法院的权限,以便保证案件及时公正审判,保护当事人合法权益。指定管辖主要适用于两种情况:一是由于特殊原因,有管辖权的法院不能够行使管辖权;二是法院之间发生管辖争议而相互之间又协商不成。

(3)管辖权转移。《行政诉讼法》第二十四条规定:"上级人民法院有权审理下级人民法院管辖的第一审行政案件。下级人民法院对其管辖的第一审行政案件,认为需要由上级人民法院审理或者指定管辖的,可以报请上级人民法院决定。"所以,管辖权转移是在管辖权明确无纠纷的前提下发生的转移,体现了管辖制度在坚持原则基础上的灵活性。管辖权转移应当满足两个条件:一是必须是该行政诉讼案件的管辖权明确无异议,没有发生管辖争议;二是转移的法院与接收的法院之间应当具有上下级的隶属关系。

五、行政诉讼参加人

行政诉讼参加人是行政诉讼当事人以及诉讼代理人的总称。诉讼当事人包括原告、被告、第三人、诉讼代表人等;诉讼代理人包括法定代理人、指定代理人和委托代理人。行政诉讼中的翻译人、鉴定人、证人和法律规定的其他人,与诉讼没有法律上的利害关系,一般称为诉讼参与人,不具有诉讼参加人的法律地位。

1.原告

原告是认为行政机关的行政行为侵犯其合法权益,向人民法院提起行政诉讼的公民、法人和其他组织。原告资格是指公民、法人或者其他组织就行政争议所具有的向法院提起行政诉讼从而成为行政诉讼原告的法律能力。原告资格不同于原告,原告是一种诉讼地位,而原告资格则指的是一种法律能力。一般来说,享有原告资格的法律条件是:一是原告必须是在行政管理法律关系中处于被管理者地位的公民、法人或者其他组织;二是与被诉行政行为之间存在着利害关系。

2.被告

在行政诉讼中,被告是指由原告指控作出了侵犯其合法权益的行政行为并由人民法院通知其应诉的行政机关或法律、法规、规章授权的组织。概括而言,行政诉讼被告就是理论上具有独立行政主体资格的行政机关和法律、法规、规章授权的组织。

3.第三人

《行政诉讼法》第二十九条规定:“公民、法人或者其他组织同被诉行政行为有利害关系但没有提起诉讼,或者同案件处理结果有利害关系的,可以作为第三人申请参加诉讼,或者由人民法院通知参加诉讼。人民法院判决第三人承担义务或者减损第三人利益的,第三人有权依法提起上诉。”所以,行政诉讼的第三人主要是指同提起诉讼的行政行为有利害关系,在行政诉讼过程中申请参加或由人民法院通知参加诉讼的公民、法人或其他组织。可见,第三人的这种利害关系既包括与被诉行政行为的利害关系,也包括与诉讼结果的利害关系。

4.诉讼代表人

关于诉讼代表人,《行政诉讼法》第二十八条规定:“当事人一方人数众多的共同诉讼,可以由当事人推选代表人进行诉讼。代表人的诉讼行为对其所代表的当事人发生效力,但代表人变更、放弃诉讼请求或者承认对方当事人的诉讼请求,应当经被代表的当事人同意。”代表人诉讼是指一方当事人人数众多、甚至起诉时尚无法确定的共同诉讼中,由当事人推选或者商定出代表人代为一定范围内的诉讼行为,其诉讼行为及于其所代表的当事人的法律制度。

5.诉讼代理人

诉讼代理人,指在行政诉讼中,以被代理人的名义参加诉讼,其行为后果直接由被代理人承担的法律行为。诉讼代理人有三种情况:①法定代理人。法定代理人是为没有诉讼行为能力的公民设定的代理其进行诉讼的人。②指定代理人。指定代理人是经人民法院指定,代无诉讼行为能力的公民进行诉讼的人。③委托代理人。委托代理人是接受当事人、法定代理人的委托,代为进行诉讼的人。可以被委托为诉讼代理人的人员包括:律师、基层法律服务工作者,当事人的近亲属或者工作人员,当事人所在社区、单位以及有关社会团体推荐的公民等。

六、行政诉讼程序

1.起诉和受理

(1)起诉的条件及期限

行政诉讼中的起诉,主要指的是公民、法人或者其他组织认为行政机关的行政行为侵犯其合法权益,依法请求法院行使国家审判权给予司法救济的诉讼行为。它是原告单方面请求法院启动行政诉讼程序的意思表示,是其行使法律赋予的诉权的具体表现。

根据《行政诉讼法》的相关规定,起诉需要满足以下条件:第一,提起诉讼的是《行政诉讼法》上适格的原告;第二,有明确的被告;第三,有具体的诉讼请求和事实根据;第四,属于法院受案范围和受诉法院管辖。

起诉必须在法定的期限内提出,对超过法定期限的起诉,法院有权拒绝受理。

按照《行政诉讼法》的规定,当事人直接向法院提起行政诉讼的,应当自知道或者应当知道作出行政行为之日起6个月内提出。经过复议程序不符复议决定的一般起诉期限为15日,即在收到复议决定纸质日15日内向法院提起诉讼。若复议机关逾期不作决定的,申请人可以在复议期满之日起15日内向法院提起诉讼。另外,复议期间逾期不作决定的,申请人既可以选择起诉原行政行为,也可以针对复议机关的复议不作为行为提起诉讼。

(2)受理

受理是指法院对公民、法人或者其他组织的起诉进行登记和审查,对符合法定条件的起诉决定立案审理,从而引起诉讼程序开始的职权行为。

法院在收到公民、法人或者其他组织的起诉状后,应当予以审查,对起诉进行审查后,应当根据不同的情形作出处理:第一,当事人依法提起诉讼的,法院应当根据《行政诉讼法》第五十一条的规定,一律接受起诉状。法院在接到起诉状时对符合《行政诉讼法》规定的起诉条件的,应当登记立案。第二,对不符合起诉条件的,作出不予立案的裁定,裁定应当载明不予立案的理由,原告对不予立案裁定不服的,有权提起上诉。第三,对于当场不能判断是否符合起诉条件的,应当接受起诉状,出具注明收到日期的书面凭证,并在7日内决定是否立案;7日内是否符合起诉条件仍旧不能作出判断的,法院应当先予立案。第四,起诉状内容如果欠缺或者有其他错误的,应当给予指导和释明,并一次性告知当事人需要补正的内容、补充的材料和期限。不得未经指导和释明即以起诉不符合条件为由不接受起诉状。

2.第一审程序

第一审程序是人民法院对行政案件进行初次审理的程序。第一审程序是人民法院审理行政案件的必经程序,是实现人民法院行政审判职能的中心环节,作为审理行政案件通常适用的最基本程序,它完整地反映了行政诉讼程序的基本结构。

第一审程序分为普通程序和简易程序。

(1)普通程序包括开庭前的准备、法庭调查、法庭辩论、合议庭评议和宣告判决等步骤。在普通程序中,无论哪一级人民法院,都应当依法组成合议庭,一律实行开庭审理,不能书面审理;除法律规定不公开审理的案件外,应一律公开审理,并应当在立案之日起6个月内作出第一审判决,鉴定、处理管辖权异议和中止诉讼的期间不计算在内。有特殊情况需要延长的,由高级人民法院批准,高级人民法院审理第一审案件需要延长的,由最高人民法院批准。

(2)简易程序是与普通程序相对应的程序,主要是指特定的法院在审理事实清楚、权利义务关系明确、争议不大的第一审行政案件时适用的一种简便易行的诉讼程序。我国《行政诉讼法》第八十二条规定,人民法院审理下列第一审行政案件时可以适用简易程序:被诉行政行为是依法当场作出的;案件涉及款额2000元以下的;

属于政府信息公开案件的。除此之外，当事人各方同意适用简易程序的，也可以适用简易程序。但是，发回重审、按照审判监督程序再审的案件不能适用简易程序。适用简易程序审理的行政案件，由审判员1人独任审理，并应当在立案之日起45日内审结。同时，人民法院在审理过程中，发现案件不宜适用简易程序的，应当裁定转为普通程序。

3.第二审程序

行政诉讼第二审程序，又称上诉审程序，是指当事人不服地方各级法院尚未生效的第一审判决或裁定，依法向上一级法院提起上诉，上一级法院据此对案件进行再次审理所适用的程序。我国实行二审终审制，所以二审程序又被称之为“终审程序”。

二审程序并不是每一个行政案件的必经程序。第一审法院作出裁决、裁定后，当事人在法定上诉期内不上诉，或者被第一审法院的上一级法院驳回上诉的，都不会引起二审程序。当事人不服法院第一审判决的，有权在判决书送达之日起15日内向上一级法院提起上诉；当事人不服法院第一审裁定的，有权在裁定书送达之日起10日内向上一级法院提起上诉。逾期不提起上诉的，法院的第一审判决或者裁定发生法律效力。当事人提出上诉，既可以通过原审法院提出，也可以直接向第二审法院提出。当事人直接向第二审法院上诉的，第二审法院应当在5日内将上诉状移交给原审法院。

人民法院对上诉案件，认为事实清楚的，可以实行书面审理。

第二审程序全部实行合议制，并且合议庭全部由审判员组成，不实行陪审制。法院对上诉案件，应当开庭审理。但是，如果经过阅卷、调查和询问当事人，对没有提出新的事实、证据或者理由，合议庭认为不需要开庭审理的，也可以不开庭审理。

第二审程序中，人民法院不受上诉范围的限制，应对原审人民法院的判决、裁定和被诉行政行为进行全面审查。

第二审人民法院审理上诉案件，应当在收到上诉状之日起3个月内作出终审判决。有特殊情况需要延长的，由高级人民法院批准，高级人民法院审理上诉案件需要延长的，由最高人民法院批准。

4.审判监督程序

行政诉讼审判监督程序，又称为再审程序，是指人民法院对已经发生法律效力的判决、裁定，发现违反法律、法规规定，依照法律规定进行再次审理的程序。审判监督程序并不是必须经过的审理程序，不具有审级的性质，是第一审、第二审以外的检验法院办案质量的一种监督程序。按照启动方式的不同，可以将再审划分为三种：当事人申请启动的再审；法院依职权启动的再审；检察院抗诉启动的再审。

法院按照审判监督程序再审的案件，发生法律效力的判决、裁定是由第一审法院作出的,按照一审程序审理,所作的判决、裁定,当事人可以上诉;发生法律效力的判决、裁定是由第二审法院作出的,按照二审程序审理,所作的判决、裁定是发生法律效力的判决、裁定;上级法院按照审判监督程序提审的,按照二审程序审理,所作的判决、裁定是发生法律效力的判决、裁定。根据法律规定,原审法院审理再审案件,必须另行组成合议庭。

5.行政诉讼的判决、裁定、决定

(1)行政诉讼判决,是指人民法院代表国家对被诉的行政行为是否合法作出的具有法律约束力的判定以及对被诉行政行为的效力作出的权威性处理。

行政诉讼判决可分为驳回判决、撤销判决、重作判决、履行判决、给付判决、变更判决、行政赔偿判决、确认判决和适用于行政协议纠纷的判决等类型。各判决类型的适用条件不同,其中,撤销判决适用于以下六种情形:第一,主要证据不足的;第二,适用法律、法规错误的;第三,违反法定程序的;第四,超越职权的;第五,滥用职权的;第六,明显不当的。

(2)行政诉讼裁定,是人民法院在行政诉讼过程中,针对行政诉讼的程序性问题所作出的裁判。

(3)行政诉讼决定,是人民法院对行政诉讼过程中就判决、裁定以外所涉及诉讼的事项作出的司法处理。

七、国家赔偿

1.国家赔偿责任的概念和特点

国家赔偿责任也称之为国家侵权赔偿责任,简称国家赔偿,它是指国家机关及其工作人员在执行职务、行使国家管理职权过程中给公民、法人或者其他组织造成损害,由国家承担赔偿,并由该机关具体履行的法律责任。在国家赔偿责任中,实施侵权行为的是国家机关工作人员或其他公务人员,但是履行赔偿义务的主体是国家机关,承担赔偿责任的最终主体是国家,赔偿金由国库统一开支。所以国家赔偿奉行的是一种“国家责任、机关赔偿”的特殊模式。

国家赔偿具有以下特点:

(1)国家赔偿责任的违法或者过错行为以职务行为为依托。只有在行使国家职权过程中发生的侵权行为导致损害,才会发生国家赔偿责任,如果是工作人员的个人行为,其构成的是民事侵权。

(2)国家赔偿责任的最终主体是国家。

(3)国家赔偿责任的赔偿范围有限。《中华人民共和国国家赔偿法》(下文简称《国家赔偿法》)对国家赔偿责任的行为主体和赔偿范围都进行了限制。例如,国家立法机关、军事机关的行为和行政机关的抽象行政行为等都不属于国家赔偿的范围。

(4)国家赔偿具有双重功能。一方面是对国家机关及其工作人员侵权行为的法律制裁功能;另一方面是对受害人合法权益的救济功能。

(5)国家赔偿责任的赔偿方式和标准均为法定。

2.国家赔偿责任的构成要件

国家赔偿责任的构成要件,是指国家承担赔偿责任的必要条件。构成要件作为国家赔偿制度的核心内容,其主要包括行为主体要件、瑕疵行为要件、损害结果要件以及因果关系要件。在完全具备上述要件的情况下,国家就需要承担赔偿责任。

(1)行为主体要件

行为主体要件主要是指实施侵权行为能够引起国家承担赔偿责任的机关或者个人。我国确定的是二元制主体结构,即侵权主体为国家机关和国家机关工作人员。就国家机关而言,包括行政机关和司法机关。换言之,我国的国家赔偿制度由行政赔偿和司法赔偿构成。

(2)瑕疵行为要件

国家承担赔偿责任的行为,仅限于执行职务行为。所谓执行职务,主要是指国家机关或国家机关工作人员履行或不履行其职责和职务的行为。按照《行政诉讼法》的规定,国家完全不承担赔偿责任的行为包括立法行为,国家行为,司法机关的民事、行政错判行为以及法定期限内的刑事拘留行为。

(3)损害结果要件

目前,《国家赔偿法》规定的赔偿范围包括遭受损害的人身权利、财产权利以及其他利益。但是并非以上权利遭受损害就可以获得国家赔偿,而是必须满足一定的条件,该条件主要包括三个方面:第一,损害必须具有现实性和确定性。即损害必须是已经发生的或者已经现实存在的,而不是想象中的或者未来可能发生但又不能确定的。《国家赔偿法》坚持的是"生存权保障"原则,对财产损害只赔偿直接损失,不赔偿可得利益的损失。而对于人身损害,既赔偿直接损失,还赔偿因为人身损害而造成的现实可得利益的损害。第二,遭受损害权益的合法性。非法的权益不能获得国家赔偿。第三,损害具有可计算性。

(4)因果关系要件

国家赔偿责任中的因果关系必须符合两个条件:一是因果之间具有逻辑关系;二是因果之间具有直接的相关性,即依正常人的经验和理解,行为和结果之间具有牵连。因此,国家赔偿中的因果关系,实质上是国家机关与受害人之间的权利义务关系。

3.国家赔偿责任的归责原则

国家赔偿责任的归责原则,是指国家承担赔偿责任的根据,是贯穿整个国家赔偿法律制度的指导方针。我国确立的是违法归责为主和结果归责、过错归责为辅的原则。

(1)违法归责原则,主要是指确定国家侵权赔偿责任时,以国家机关及其工作人员的职务行为是否违法作为认定的标准。此处的"违法"中的"法"不仅是法律、法规,还包括所有对特定机关和工作人员具有约束力的规范、规定、命令及法律原则。

(2)结果归责原则。主要是指确定国家赔偿责任时,在法律有特别规定的情况下,以国家机关及其工作人员的职务行为所造成的损害结果作为认定的标准。国家赔偿法中的结果责任,相当于侵权法中的无过错责任。

(3)过错归责原则。主要是指确定国家赔偿责任时,以国家机关及其工作人员行使职务行为时存在主观过错作为认定标准。

八、司法赔偿

1.司法赔偿的概念和特征

司法赔偿是指司法机关及其工作人员在行使侦查权、检察权、审判权和看守、监狱管理职权时违法给无辜的公民、法人或者其他组织的生命、健康、自由和财产造成损害的,国家应当承担的赔偿责任。

按照《国家赔偿法》的规定,司法赔偿主要具有以下四个特征:

(1)司法赔偿的侵权行为主体是司法机关及其工作人员。司法赔偿本质上是对因司法权违法行使造成的损害的赔偿,而司法权是是由司法机关及其工作人员来行使的,因此侵权主体是司法机关及其工作人员。司法机关及其工作人员主要包括:第一,行使刑事侦查权的公安机关、国家安全机关、军队保卫部门及其工作人员;第二,行使检察权(仅限于刑事检察权)的人民检察院及其工作人员;第三,行使审判权的人民法院(包括专门人民法院,如军事法院)及其工作人员;第四,看守所及其工作人员;第五,行使监狱管理权的机关及其工作人员。此为司法赔偿的形式特征。

(2)司法赔偿的原因是司法机关及其工作人员在司法活动中违法行使司法权或出现特定情况时侵害了公民、法人或者其他组织的合法权益。在我国,公安机关具有治安行政管理与刑事侦查两种职能,分别体现为行政权行使主体与司法权行使主体,其在履行治安管理活动过程中违法侵害他人合法权益的,产生行政赔偿责任;在履行刑事侦查职能时违法侵害他人合法权益的,产生司法赔偿责任。

(3)司法赔偿范围法定。最初,《国家赔偿法》对刑事赔偿范围限定严格,只对无罪被羁押者以及错误判处死刑并已经执行的人给予赔偿。修订后的《国家赔偿法》拓宽了刑事赔偿的范围,除了仍旧规定再审改判无罪且原判刑罚已经执行的,方能给予赔偿外,对刑事拘留和逮捕不再实行无罪羁押要求,而分别实行违法归责和结果归责制度。在民事诉讼、行政诉讼中,国家只对人民法院违法采取妨害诉讼的强制措施、保全措施以及执行措施等造成的损害给予赔偿,对因错误判决造成的损害以及其他诉讼行为造成的损害则不予赔偿。

(4)司法赔偿以独特的非诉程序进行。该程序分为侵权机关及侵权行为人所在机关自我确认行为违法并赔偿的程序;上级机关对赔偿的复议程序;人民法院赔偿委员会对赔偿的决定程序。

2.司法赔偿的归责原则

司法赔偿的归责原则所关注的是以何种标准和依据来确定国家对司法侵权行为所承担的赔偿责任。从各个国家或地区关于司法赔偿的归责原则的规定,可以得出如下结论:①大多数国家对司法赔偿采取无过错责任归责原则;②因法官的行为导致司法赔偿责任的,则以过错责任原则为归责标准。修订后的《国家赔偿法》改变了原《国家赔偿法》把违法归责原则作为我国国家赔偿唯一归责原则的制度安排,而实行多元的归责原则。“对公民采取逮捕措施后,决定撤销案件、不起诉或者判决宣告无罪终止追究刑事责任”,国家应当承担赔偿责任。此规定事实上采取的就是结果归责原则。

3.司法赔偿范围

司法赔偿范围是指司法机关及其工作人员在行使职权时侵犯公民、法人或者其他组织合法权益并造成损害的,国家承担赔偿责任的范围。司法赔偿范围针对的问题是国家对什么样的司法侵权行为造成的哪些损害承担赔偿责任,包括侵权行为的范围和损害的范围两个方面。从法律规定来看,司法赔偿范围包括积极事项与消极事项。积极事项是指国家依法应当承担司法赔偿责任的事项,而消极事项则是指国家依法不承担赔偿责任的事项。具体来说,司法赔偿主要包括:

(1)刑事司法赔偿的范围。主要包括:第一,侵犯人身权的刑事赔偿。根据《国家赔偿法》的规定,我国刑事赔偿范围中侵犯人身权的赔偿限于侵犯公民人身自由权和生命健康权。具体包括:违法拘留;逮捕后终止追究刑事责任;无罪错判、原判刑罚已经执行的;刑讯逼供、殴打和虐待等暴力行为;违法使用武器、警械等。第二,侵犯财产权的刑事赔偿。具体包括:违法对财产采取查封、扣押、冻结、追缴等措施;再审无罪,原判罚金、没收财产已经执行等。

(2)民事、行政司法赔偿范围。《国家赔偿法》第三十八条规定:“人民法院在民事诉讼、行政诉讼过程中,违法采取对妨害诉讼的强制措施、保全措施或者对判决、裁定及其他生效法律文书执行错误,造成损害的,赔偿请求人要求赔偿的程序,适用本法刑事赔偿程序的规定。”具体包括:第一,违法采取排除妨害诉讼强制措施的司法赔偿;第二,违法采取保全措施的司法赔偿;第三,错误执行判决、裁定和其他生效法律文书的司法赔偿。

4.司法赔偿请求人和赔偿义务机关

司法赔偿请求人是指人身权和财产权被违法司法行为侵害,依法享有国家赔偿请求权的人,包括公民、法人和其他组织。《国家赔偿法》第二十条针对刑事赔偿规定,赔偿请求人的确定依照本法第六条的规定。依《国家赔偿法》关于赔偿请求人确定的一般标准,可以认为司法赔偿中的国家赔偿请求人也可以依照《国家赔偿法》关于行政赔偿请求人的规定确定。具体来说，受害的公民、法人或者其他组织有权要求赔偿；受害的公民死亡的，其继承人和其他有扶养关系的亲属有权要求赔偿；受害的法人或者其他组织终止的，承受其权利的法人或者其他组织有权要求赔偿。

司法赔偿义务机关是指在国家赔偿中代表国家接受赔偿请求、具体承担赔偿义务并支付赔偿费用的国家机关。结合《国家赔偿法》第二十一条的规定、最高人民法院发布的相关司法解释中的规定以及批复中所表明的法律见解，司法赔偿义务机关主要包括：第一，对公民采取拘留措施的，依照国家赔偿规定应当给予国家赔偿的，作出拘留决定的机关为赔偿义务机关；第二，对公民采取逮捕措施后决定撤销案件、不起诉或者判决宣告无罪的，作出逮捕决定的机关为赔偿义务机关；第三，再审改判无罪的，作出原生效判决的人民法院为赔偿义务机关；第四，二审改判无罪，以及二审发回重审后作出无罪处理的，作出一审有罪判决的人民法院为赔偿义务机关；第五，人民法院在民事诉讼、行政诉讼的过程中，违法采取对妨害诉讼的强制措施、保全措施或者对判决、裁定以及其他生效法律文书执行措施造成损害的，作出该行为的人民法院为赔偿义务机关；第六，司法工作人员违法行使职权造成公民、法人或者其他组织人身权、财产权损害的，该工作人员所在的机关为赔偿义务机关。

5.司法赔偿程序

司法赔偿程序是指公民、法人或者其他组织行使司法赔偿请求权，要求有关的国家侦查、检察、审判、看守所、监狱管理机关履行司法赔偿责任，以及赔偿请求人对处理不服要求有关机关处理的程序。根据《国家赔偿法》的规定，我国的司法赔偿程序主要包括司法赔偿处理程序、司法赔偿复议程序、司法赔偿决定程序和司法赔偿追偿程序。

(1)司法赔偿处理程序。是指司法赔偿义务机关受理和处理受害人赔偿请求的程序。具体来说，其主要包括司法赔偿请求的提出、司法案赔偿请求的受理、赔偿义务机关初步审查和司法赔偿请求的处理等步骤。

(2)司法赔偿复议程序。是指司法赔偿请求人不服赔偿义务机关的裁决或者未与其达成协议的，有权向赔偿义务机关的上一级机关提出复议申请，由复议机关进行审查并对司法赔偿争议作出决定的程序，其主要包括复议申请的提出和受理、对复议申请的审理和决定等步骤。

(3)司法赔偿决定程序。是指赔偿委员会受理司法赔偿请求，作出决定的程序。这是我国《国家赔偿法》规定的最终解决和确定司法赔偿问题所适用的程序，具体包括申请、立案、审理、决定和执行等步骤。

(4)司法追偿程序。是指司法赔偿义务机关在履行赔偿责任后依法责令有责任的工作人员承担部分或者全部赔偿费用的制度。司法追偿主要包括立案、调查、初步决定、听取被追偿人的意见、作出决定、通知、申诉、执行等步骤。

参 考 文 献

[1] 张文显.法理学[M].6 版.北京:高等教育出版社,2012.
[2] 姜明安.行政法与行政诉讼法[M].6 版.北京:北京大学出版社,2015.
[3] 杨紫烜.经济法[M].5 版.北京:北京大学出版社,2015.
[4] 江伟,肖建国．民事诉讼法[M].5 版.北京:中国人民大学出版社,2015.
[5] 高其才.法律基础[M].4 版.北京:清华大学出版社,2016.
[6] 鲁晓慧.法律基础[M].北京:中国水利水电出版社,2012.
[7] 王全兴.劳动法[M].4 版.北京:法律出版社,2017.
[8] 王全兴.经济法基础理论专题研究[M].北京:中国检察出版社,2002.
[9] 李河冰.法律基础与案例教程[M].北京:机械工业出版社,2012.
[10] 张千帆.宪法学[M].3 版.北京:法律出版社,2015.
[11] 陈光中.刑事诉讼法[M].6 版.北京:北京大学出版社,高等教育出版社,2016.
[12] 刘春田.知识产权法[M].3 版.北京:高等教育出版社,2014.
[13] 高铭暄,马克昌.刑法学[M].8 版.北京:北京大学出版社,高等教育出版社,2017.
[14] 冯玉军.法律基础[M].北京:宗教文化出版社,2013.
[15] 谷春德,杨晓青.思想道德修养与法律基础[M].3 版.北京:法律出版社,2015.
[16] 陈桂明.法律基础知识[M].北京:北京师范大学出版社,2001.
[17] 李树青.法律基础[M].北京:高等教育出版社,2005.
[18] 孟庆瑜,冯惠敏,孟庆池.刑法(总论)案例教程[M].北京:中国民主法制出版社,2016.
[19] 王国枢.刑事诉讼法学[M].3 版.北京:北京大学出版社,2010.
[20] 范健,王建文.商法学[M].北京:法律出版社,2015.
[21] 周永坤.法理学——全球视野[M].4 版.北京:法律出版社,2016.
[22] 付子堂.法理学进阶[M].5 版.北京:法律出版社,2016.
[23] 魏振瀛.民法[M].6 版.北京:北京大学出版社,高等教育出版社,2016.
[24] 夏利民.法律基础[M].3 版.北京:北京大学出版社,2017.
[25] 孙国华,朱景文.法理学[M].4 版.北京:中国人民大学出版社,2015.
[26] 肖光辉.法理学[M].北京:中国政法大学出版社,2011.
[27] 李昌麒.经济法学[M].3 版.北京:法律出版社,2016.
[28] 郑玉波.民法总论[M].台北:三民书局,1995.
[29] 佟柔.中国民法学・民法总则[M].北京:中国人民公安大学出版社,1990.